# Dans chaque unit… …sion, tu trouveras :

## *Pour la lecture*

**Deux textes à lire** sur le thème de l'unité.

**Des questions de compréhension** et des activités pour lire le texte à haute voix, donner ton avis et débattre.

**Des lectures en réseau** pour découvrir des œuvres complètes en lien avec l'unité de ton manuel et des textes de genres différents.

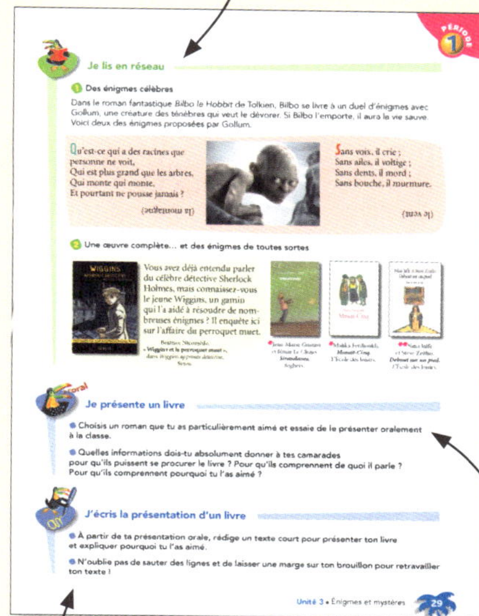

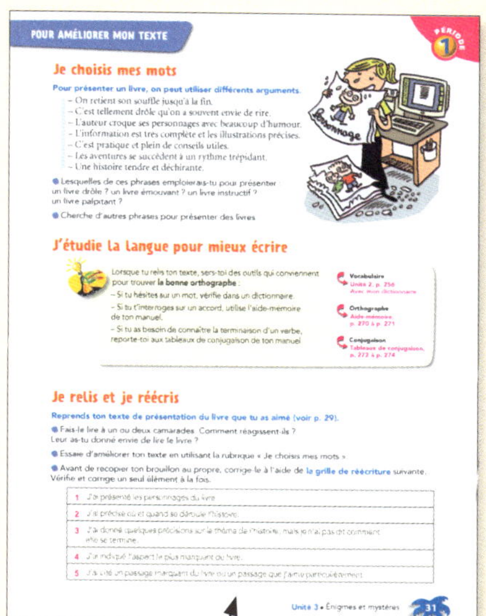


## *Pour l'expression*

**Une activité d'expression orale** en lien avec les activités d'écriture pour apprendre à bien s'exprimer dans des situations variées.

**Deux activités d'écriture,** une courte très guidée en début d'unité et une longue, plus ouverte, ensuite.

**Deux séquences « Pour bien écrire »** pour acquérir des connaissances utiles pour écrire.

**Une page de méthode pour améliorer les productions écrites :** des ressources en vocabulaire, des conseils pratiques pour utiliser les outils de la langue et une grille de réécriture.

## II. Étude de la langue

Des unités de **grammaire**, d'**orthographe**, de **conjugaison** et de **vocabulaire** sur deux pages pour comprendre le fonctionnement de la langue française et apprendre à utiliser les outils de la langue.

### *Au recto*

Un texte à lire et **des questions de repérage** pour observer la notion en contexte.

**Des manipulations** pour comprendre et s'approprier la notion.

### *Au verso*

**Les règles** à apprendre avec **des exemples** d'utilisation.

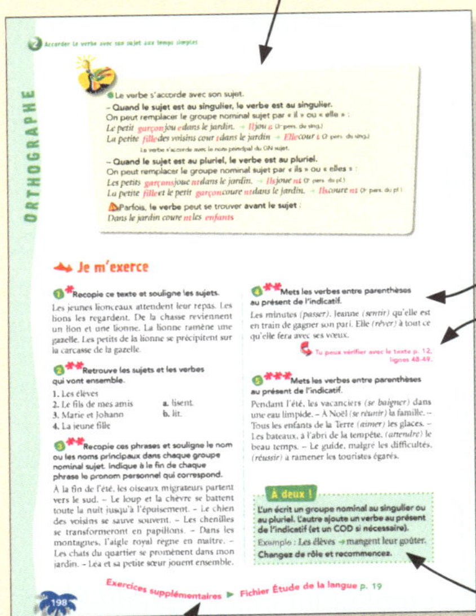


**Des exercices d'entraînement** classés en **trois niveaux de difficulté** pour travailler de manière progressive.

**Une passerelle** pour vérifier les réponses dans un texte de la partie Lecture/Expression.

Un exercice à faire avec un camarade pour **apprendre à travailler en équipe** et à **confronter les points de vue.**

Pour **consolider les connaissances,** des exercices supplémentaires dans **le fichier Étude de la langue.**

## AVANT-PROPOS

Amener un élève à lire juste, à écrire juste et à parler juste suppose que, parallèlement aux activités de lecture et d'expression, on lui fasse découvrir avec rigueur les mécanismes de la grammaire, de l'orthographe, de la conjugaison et du vocabulaire.
Ces objectifs sont certes complémentaires, mais ne doivent en aucun cas être confondus. Chaque démarche possède sa propre logique, sa propre progression. C'est en les respectant chacune qu'elles s'éclaireront l'une l'autre.

**Cette nouvelle édition de l'*Île aux mots*** propose donc une distribution encore plus claire que la précédente entre lecture, écriture, parole et étude de la langue, tout en explicitant les passerelles pédagogiques entre ces deux parties. Elle renouvelle ainsi le pari d'une alliance sans ambiguïté entre la rigueur d'analyse et la richesse d'expression.

Alain Bentolila

Collection

# L'île aux mots

# FRANÇAIS CM1

CYCLE 3

Sous la direction
d'**ALAIN BENTOLILA**

**Roger BASTIEN**
IEN

**Paul BENAYCH**
Directeur de site IUFM

**Robert CHISS**
Directeur d'école

**Jacques CRINON**
Professeur des universités

**Daniel GALLET**
IEN

**Jean-Claude LALLIAS**
Formateur à l'IUFM de Créteil

**Soizic PACHET**
Formatrice à l'IUFM

**Nadine ROBERT**
Conseillère pédagogique

**Sylvie SEBAG**
Enseignante à l'IUFM de Créteil-Paris 12,
diplômée d'études approfondies
en littérature comparée


Nathan

# SOMMAIRE

## LECTURE ET EXPRESSION

| Lire 2e texte | Lire en réseau | Parler et dire | Écrire 2e situation | Pour bien écrire 2e étape | Pour améliorer mon texte |
|---|---|---|---|---|---|
| par G. Massignon) / **Identifier les personnages et retenir les informations les plus importantes** / pages 6 et 7 | | | | | |
| Canal différent (2) N. de Hirshing) | Des histoires de pactes | Des arguments | Un texte pour donner son avis | Retravailler son brouillon | Corriger un brouillon |
| .es souris tête en l'air R. Dahl) | Des contes absurdes | Une histoire étonnante | Une histoire étonnante | Raconter au passé | Repérer les fautes d'orthographe |
| Ali de Bassora P. Thiès) | Des énigmes de toutes sortes | La présentation d'un livre | La présentation d'un livre | Présenter un livre | Trouver la bonne orthographe |
| Cosette V. Hugo) | Des portraits | Le portrait d'une personne | La description d'une personne | Présenter un personnage ou un objet | Accorder les mots du GN en genre |
| Histoires naturelles J. Renard) | Des histoires d'animaux | Des définitions de mots | La description d'un animal à la manière de… | Enrichir une description | Accorder les mots du GN en nombre |
| Petit-Lynx, Ode au Saint-Laurent, Comme un arbre dans la ville | Des poèmes du monde | Un poème que l'on a choisi | Un poème | Utiliser des comparaisons et des métaphores | Trouver la lettre finale muette d'un mot |
| **et identifier ce que ressentent les personnages** / pages 62 et 63 | | | | | |
| .e troisième voyage de Sindbad le marin | Des histoires de géants | La description de personnages imaginaires | Un récit imaginaire | Raconter au passé | Placer les points et les virgules |
| .e petit bandit de grands chemins D. King-Smith) | Des histoires « en arbre » | Des suites d'histoires | Un récit « en arbre » | Organiser un texte en paragraphes | Accorder les verbes aux temps simples |
| .e comte de Monte-Cristo (A. Dumas) | Des romans d'aventures | Les suites possibles d'une histoire | La suite d'un roman d'aventures | Créer le suspense | Accorder l'adjectif attribut du sujet |
| **Repérer et interpréter les paroles et les pensées des personnages** / pages 96 et 97 | | | | | |
| .es nouvelles farces de Zozo la Tornade A. Lindgren) | Des histoires de bêtises | Un souvenir de bêtise | Un récit amusant | Rendre son récit amusant | Accorder les verbes aux temps composés |
| .es fugues de Théo P. Härtling) | Des histoires de disputes | Un souvenir de dispute | Un récit avec des dialogues | Faire parler les personnages dans un récit | Écrire le participe passé et l'infinitif des verbes |
| .es sifflets de Monsieur Babouch J.-P. Milovanoff) | Des pièces de théâtre | La suite d'une scène de théâtre | Une scène de théâtre | Donner des précisions sur la mise en scène | Accorder les noms et les verbes au pluriel |
| pages 130 et 131 | | | | | |
| n relisant ta lettre (S. Gainsbourg), Lettre à sa mère (W. Faulkner), Carte postale (G. Apollinaire) | Des lettres | Un débat | Une lettre personnelle | Rédiger une lettre personnelle | Accorder les verbes à la 2e personne du singulier |
| J'ai passé une soirée explosive » | Des journaux pour les enfants | Une interview | La transcription d'une interview | Rédiger une interview | Utiliser la ponctuation |
| Jean-François Champollion et les hiéroglyphes | Des biographies | Le jeu de la biographie mystère | Une biographie imaginaire | Décrire un moment de la vie d'une personne | Accorder les verbes avec « qui » |

# SOMMAIRE ÉTUDE DE LA LANGUE

## GRAMMAIRE



## ORTHOGRAPHE



## CONJUGAISON



## VOCABULAIRE




ISBN 978-2-09-121762-7

# PÉRIODE 1

C'est la rentrée des classes !

➜ Tu vas lire **des contes** et **des récits** dans lesquels il se passe des choses étranges…

Tu vas apprendre, quand tu lis une histoire, à comprendre ce que veulent les personnages et à repérer les informations importantes.

➜ Prépare-toi aussi à écrire **des textes pour donner ton avis,** à inventer **une histoire** et à rédiger **la fiche de présentation d'un livre**.

Pour améliorer tes textes, tu apprendras à corriger un brouillon et à chercher la bonne orthographe d'un mot.

En route pour l'aventure de la lecture et de l'écriture…

# Atelier de lecture

## Le loup et le renard dans le puits

*Ce conte traditionnel a connu bien des variantes. Voici comment on le racontait autrefois en Franche-Comté.*

Le loup a trouvé le renard, le loup a dit au renard :

– Ah, te voici, bien, je vais faire deux bouchées de toi.

– Oh, je te demande pardon, je te demande pardon.

– Eh bien, trouve-moi quelque chose.

– Je te trouverai.

– Qu'est-ce que tu veux bien me trouver ? Je veux que tu me trouves une meule de fromage.

– Oh, je saurai bien te la trouver.

– Alors, c'est parfait.

Ils ont traversé trois vergers, ils sont allés tourner devant chez Benjamin (c'étaient les Favret qui restaient là dans le temps) et puis ils ont traversé le jardin des Chalandre (entre Benjamin et Fortunat). Les voilà dans la cour de Fortunat. Il y avait un puits [...]. C'était un puits à deux seaux avec une chaîne et une poulie.

– Là où tu me mènes, je ne vois rien.

– Si, attends. Attends, c'est ici au fond, il y a quelque chose, il y a du fromage, je te le garantis.

La lune donnait[1], elle plombait directement dans le puits ; le renard lui dit :

– Regarde.

– Eh bien, descends.

– Oh ! quelle meule de fromage, qu'elle est grosse, regarde cette meule de fromage, lui crie-t-il depuis le fond.

Alors, il dit au loup :

– Monte dans l'autre seau.

Comme le loup était plus lourd que le renard, il a été vite au fond, puis le renard au-dessus.

– Eh bien, tu voulais me manger ; eh bien, ce coup-ci, remonte ; je suis sauvé.

Le loup disait bien :

– Remonte-moi. Quand je te retrouverai, je veux te croquer.

Mais il ne l'a pas retrouvé. Il a été noyé.

*De bouche à oreilles, Anthologie de contes populaires français*, établie par Geneviève Massignon © José Corti.

1. **La lune donnait :** la lune était visible.

## J'identifie les personnages et leurs intentions

**1** **Qui sont les personnages de ce conte ?**

**2** **Que veut chacun de ces personnages ?**

**3** **Le renard dit-il la vérité aux lignes 17-18 ? Pour quelle raison ?**

> Pour bien comprendre une histoire, il faut :
> **1.** Identifier les personnages.
> **2.** Savoir ce qui les fait agir, ce qu'ils veulent ou ce qu'ils recherchent.

## Je retiens les informations les plus importantes

**4** **Parmi les informations données par le conteur, certaines sont indispensables pour comprendre ce qui se passe dans l'histoire.**
**Cite les sept informations les plus importantes.**

**5** **Cite deux informations moins importantes. À quoi servent-elles ?**

**6** **Raconte oralement l'histoire à un ou une camarade en suivant ces consignes :**
**– garde les actions essentielles ;**
**– modifie les détails pour que ton histoire se déroule aujourd'hui, dans un endroit que tu connais.**

> Pour bien comprendre une histoire, il faut retenir les informations les plus importantes (celles qu'il ne faudrait surtout pas oublier pour raconter ou résumer l'histoire).
> D'autres informations ajoutent des détails (par exemple, elles aident à imaginer les lieux).

## Je comprends les mots difficiles

**7** **Cherche cette phrase dans le texte.**

La lune donnait, elle plombait directement dans le puits. (l. 19-20)

**Sans t'aider du dictionnaire, essaie de formuler cette phrase d'une autre manière.**

**Explique comment tu fais pour comprendre le sens du mot « plomber ».**

> Deux moyens peuvent t'aider à faire des hypothèses sur le sens d'un mot :
> – le reste du texte (le contexte) en te représentant la situation : *un puits, et la lune qui se reflète dans l'eau, au fond* ;
> – des mots de la même famille : *le verbe « plomber » est de la famille du nom « plomb ». De quelle couleur est le plomb ? À quoi sert un fil à plomb ?*

# 1 Un étrange pacte

## Canal différent (1)

Comme tous les jours, Jeanne met deux minutes avant de retrouver ses clefs dans son cartable. Quel fouillis à l'intérieur ! Un vrai bric-à-brac ! Pourtant, elle préfère les ranger là ; elle les a perdues trop souvent quand elle les mettait dans sa poche.

Chez elle, il n'y a personne. Normal. Papa et maman ne rentreront du travail que plus tard. Mais Jeanne ne s'ennuie jamais ; elle a son petit programme.

Premièrement, elle file dans la cuisine chercher son goûter : jus d'orange, pain et chocolat.

Deuxièmement, elle pose le tout sur un plateau.

Et troisièmement, elle s'installe confortablement devant la télé.

Elle appuie sur l'interrupteur, mais, à sa grande surprise, son émission préférée n'apparaît pas. Il n'y a qu'une image fixe avec une musique de fond. [...] Elle se tape sur le front.

– Zut ! J'avais oublié ! Papa m'avait dit qu'il y avait grève à la télé aujourd'hui ! Qu'est-ce que je suis nouille !

De rage, elle se met à appuyer sur les boutons de chaque chaîne en passant très vite de l'une à l'autre, puis sur tous les boutons à la fois. C'est alors qu'apparaît une image différente de celles qu'elle avait vues auparavant. Il s'agit d'une bouche, filmée en très gros plan, et qui sourit. Jeanne ne saurait dire s'il s'agit d'un homme ou d'une femme.

Sur l'écran, la bouche prononce d'un ton joyeux :

– Bonjour ! Ici Canal différent !

Pour s'amuser, Jeanne fait une grimace et répète sur le même ton que la voix :

– Bonjour ! Ici c'est Jeanne !

Mais bien vite elle arrête ses pitreries, car la bouche vient de lui répondre :

– Bonjour, Jeanne ! Comment vas-tu ?

Jeanne reste quelques secondes muette de surprise. La bouche lui a-t-elle vraiment parlé ? À moins que ce ne soit un hasard ?

Jeanne avale péniblement sa salive et finit par demander :

– C'est à moi que vous parlez ?

– Bien sûr ! répond la bouche. Tu es ici sur Canal différent ! La seule chaîne qui parle et joue directement avec ses téléspectateurs !

Nicolas de Hirshing, *Canal différent*, coll. « Folio cadet » © Gallimard.

## Comprenons le texte ensemble

1. Où et à quel moment cette histoire se déroule-t-elle ?

2. Que se passe-t-il de surprenant ?

3. Comment s'appelle la chaîne de télévision sur laquelle apparaît la bouche ? Qu'est-ce qui justifie ce nom, selon toi ?

4. Comment Jeanne réagit-elle lorsque la bouche lui répond ?

**Je dis le texte** Lis silencieusement les lignes 23 à 35 et repère les réactions de Jeanne. Puis, avec un ou une camarade, lis seulement le dialogue entre Jeanne et la bouche en tenant compte des réactions de Jeanne.

5. Retrouve le passage où l'on quitte la réalité quotidienne pour entrer dans un monde fantastique.

**Je donne mon avis** Aimes-tu regarder la télévision ? Quelles émissions préfères-tu ?

## Je réécris un récit en changeant de personne

- **Relis le début du texte jusqu'à la ligne 11. Puis, à voix haute ou silencieusement, relis en remplaçant « Jeanne » par « je », comme si tu racontais toi-même l'histoire :**

Comme tous les jours, je mets deux minutes avant de retrouver mes clefs…

- **Recopie le début de l'histoire telle que tu viens de la raconter.**
- **Dans le texte que tu viens d'écrire, recherche ce qui pourrait te concerner : que fais-tu quand tu rentres de l'école ? Discutes-en avec tes camarades.**

# J'organise un texte en paragraphes

## Reconnaître les paragraphes

### J'observe

**1 Relis le début de *Canal différent* jusqu'à la ligne 11 (p. 8).**

**a.** Combien y a-t-il de paragraphes ? Comment les repères-tu ?

**b.** Ces paragraphes ont-ils la même longueur ?

**2 Essaie de mettre les paragraphes dans un autre ordre. Que remarques-tu ?**

Un texte est composé de paragraphes. Un paragraphe correspond à un moment du récit, à une idée ou à une information nouvelles. L'ordre des paragraphes correspond souvent à la succession des actions.

### Je m'exerce

**Dans ce passage, les paragraphes ont été oubliés. Retrouve-les.**

Lennie repartit en direction du bureau d'accueil du motel et entra. La télévision y était allumée, et il en profita pour faire une petite halte. L'émission en cours consistait en un jeu de hasard. Lennie la connaissait fort bien. On y voyait cinq voitures neuves, présentées sur un podium tournant. Le concurrent sur la sellette devait en choisir une et tenter de la faire démarrer. Si le moteur se mettait en marche, la voiture était à lui. Une seule des cinq voitures était en état de démarrer. – C'est la Grand Am, décida Lennie sans l'ombre d'une hésitation.

B. Byars, *Comme à la télé* © Castor Poche-Flammarion.

## Disposer un texte en paragraphes

### J'observe

**Lis et observe ce brouillon d'élève qui a recopié un passage de *Canal différent*.**

Canal différent

Chez elle, il n'y a personne. Normal. Papa et maman ne rentreront du travail que plus tard. Mais Jeanne ne s'ennuie jamais, elle a son petit programme. Premièrement, elle file dans la cuisine chercher son goûter : jus d'~~ar~~ orange, pain et chocolat. Deuxièmement, elle pose le tout sur un plateau. Et troisièmement, elle s'installe confortablement devant la télé.

**a.** Retrouves-tu les paragraphes du texte ? Pourquoi ?

**b.** Qu'est-ce qui permet de repérer les paragraphes dans un texte ?

Pour marquer les paragraphes, on commence la première phrase en début de ligne en laissant un espace (ou « alinéa ») par rapport au début de ligne. On peut, en plus, sauter une ligne entre les paragraphes.

### Je m'exerce

**Recopie le passage de *Comme à la télé* (Je m'exerce, colonne de gauche) en respectant les paragraphes et leur présentation.**

# Canal différent (2)

[…] Jeanne n'a jamais rien entendu de pareil, mais il lui faut se rendre à l'évidence : la bouche ne ment pas puisqu'elle discute avec elle.

– Et… qu'est-ce que vous faites comme jeux ?

– Des épreuves… très simples. Et pour chaque réussite tu auras droit à un vœu ! Un vœu qui se réalisera, quel qu'il soit !

Les idées de Jeanne tourbillonnent dans sa tête. Un vœu ? Ce n'est pas possible ! Ce serait… magique ! Elle n'arrive pas à y croire. Mais la bouche la persuade en lui démontrant :

– Tu ne croyais pas non plus que je pouvais te parler, et pourtant c'était vrai. Alors, crois-moi pour le reste aussi !

– Et si je les rate, les épreuves ?

La bouche pousse un petit soupir, comme si cela n'avait pas grande importance.

– En ce cas, tu perdras deux petits centimètres de ta taille. Ce n'est pas grand-chose, deux centimètres, et, de toute façon, nous ne te demanderons que des choses faciles à réaliser !

Jeanne fait la moue. Rapetisser comme ça, ça ne lui dit trop rien. Elle n'a pas envie de finir par ressembler à une fourmi. D'un autre côté, cela ne peut lui arriver que si elle se trompe souvent.

Or la bouche lui a promis que les épreuves étaient faciles. Au bout de quelques secondes, elle prend sa décision.

– C'est bon ! J'accepte !

– Bravo ! J'en étais sûre ! répond la bouche. Maintenant, veux-tu bien avancer ta main vers l'écran ?

Jeanne obéit. Sa main touche presque la vitre. Elle sent des picotements au bout de ses doigts.

– Encore ! ordonne la bouche. Avance encore !

Jeanne se prépare à toucher l'écran de sa main mais, à sa grande surprise, elle la voit s'enfoncer dans l'image ! Elle ne voit plus ses doigts, ne les sent plus ! C'est comme si le récepteur avait avalé sa main ! L'écran devient rouge pendant un bref instant, puis la bouche réapparaît.

– Merci, Jeanne ! Tu peux la retirer ! À partir de maintenant, tu es notre candidate ! Veux-tu que nous commencions tout de suite à jouer ? propose la bouche. […]

– D'accord ! On y va !

– Bien ! Pour la première épreuve, il te suffit de fixer le plafond, juste au-dessus de moi, pendant dix minutes, et sans JAMAIS regarder l'écran.

Jeanne soupire de soulagement.

– Ouf ! Ça, c'est facile ! D'accord, on commence !

Jeanne lève les yeux et fixe un coin du plafond. Elle se jure de rester comme ça pendant les dix minutes du jeu. Tout à coup, elle entend une musique qu'elle connaît bien sortir du récepteur. C'est celle de son feuilleton préféré ! Elle fait un mouvement pour baisser la tête, mais bien vite elle se rattrape.

« Ne pas regarder ! Surtout ne pas regarder ! » se répète-t-elle.

Les minutes passent. Jeanne sent qu'elle est en train de gagner son pari. Elle rêve à tout ce qu'elle fera avec ses vœux ; des milliers de choses ! Soudain, dans le poste, un journaliste annonce d'une voix paniquée :

– Grave incendie à l'école de la rue Chomel ! Toutes les classes sont détruites et le directeur M. Laplace est sérieusement blessé !

Elle baisse les yeux une seconde et voit sur l'écran… la bouche qui lui sourit moqueusement.

– Tu as perdu, petite Jeanne ! Quel dommage !

Jeanne rougit de rage et de honte. La bouche l'a bien roulée !

– Mais… ce n'était pas vrai alors pour l'école ?

– Bien sûr que non ! Il ne faut pas croire tout ce qu'on te dit !

Brusquement, Jeanne pousse un cri. Elle vient de sentir une douleur à la tête, comme si on lui avait tiré les cheveux.

Nicolas de Hirshing, *Canal différent*, coll. « Folio cadet » © Gallimard.

## Comprenons le texte ensemble

1. Que va-t-il arriver à Jeanne si elle gagne l'épreuve ? Et si elle perd ?

2. Dans quel but la bouche demande-t-elle à Jeanne d'approcher sa main de l'écran ? Qu'arrive-t-il à la main de Jeanne ?

**Je donne mon avis** Jeanne devrait-elle avoir peur ?

3. Comment Jeanne perd-elle la première épreuve ?

**Je donne mon avis** Que penses-tu de la ruse utilisée par la bouche ?

4. Pourquoi Jeanne sent-elle une douleur à la tête ?

5. La bouche te paraît-elle sympathique ou antipathique ? Rassurante ou inquiétante ? Justifie ta réponse en t'appuyant sur le texte.

**Je dis le texte** Lis silencieusement les lignes 4 à 25 et repère les réactions de Jeanne et de la bouche. Puis, avec un ou une camarade, lis seulement le dialogue entre Jeanne et la bouche en tenant compte de leurs réactions.

## Je lis en réseau

### 1 Un extrait d'album

**J'aime bien être petite**

Un jour, une maman demanda à sa petite fille ce qu'elle voulait être quand elle serait grande.

– Pour le moment, je veux rester petite, dit-elle.

– Et pourquoi ? dit la maman. C'est agréable de devenir grand. Pourquoi veux-tu rester petite ?

– Parce que c'est ce que je suis. Et quand on est petit, on peut faire plein de choses qu'on ne peut pas faire quand on est grand, répondit la petite fille. [...]

Je peux sauter, dit la petite fille. Je peux sauter quand je suis contente. Les grandes personnes ne sautent jamais quand elles sont contentes. [...]

– Pourquoi encore aimes-tu être petite ? demanda la maman.

– Parce que je peux m'asseoir sous la table et faire comme si c'était ma maison. Et passer mon doigt le long des roses sur le tapis. Les grandes personnes ne peuvent pas s'asseoir sous la table.

Charlotte Zolotow, *J'aime bien être petite*, D. R.

### 2 Une œuvre complète... et d'autres histoires de pactes

Hans Joachim Schädlich, ***Le coupeur de mots***, Castor Poche-Flammarion.

Paul rencontre un étrange personnage qui lui propose un pacte : il se charge de ses devoirs de classe pendant une semaine en échange de ses prépositions et de ses articles définis. Semaine après semaine, Paul va perdre ainsi tous les mots jusqu'à ne plus pouvoir communiquer...

** Grimm, « **La jeune fille sans mains** », dans *Contes*, Gallimard Jeunesse.

** Natalie Babbitt, ***10 histoires de diable***, Castor Poche-Flammarion.

*** Carlo Collodi, ***Les aventures de Pinocchio***, Gallimard Jeunesse.

## à l'oral — J'argumente

- Relis les lignes 18 et 19 de *Canal différent* page 11.
Selon toi, quels sont les avantages à redevenir petit ? Et quels sont les inconvénients ?

- Avec tes camarades, cherche des arguments « pour » et des arguments « contre », puis organisez un débat dans la classe.

## J'écris un texte pour donner mon avis

- À partir des arguments que tu as trouvés avec tes camarades, écris un texte pour expliquer les avantages et les inconvénients d'être petit.

- Pour organiser ton texte, utilise l'expression « d'un autre côté », comme Jeanne (ligne 19).

- N'oublie pas de sauter des lignes et de laisser une marge sur ton brouillon pour retravailler ton texte !

# Je retravaille mon brouillon

## Supprimer, remplacer

### J'observe

● Lis le brouillon de Sophie.

Je ~~m'aimerait~~ n'aimerais pas être petite ~~parsque~~ parce que je ne pourrais plus ~~plus~~ ouvrir la porte chez moi. ~~Mes~~ Mais d'un autre côté, quand on était bébé, on ~~s'occuper~~ s'occupait de nous et on nous ~~portée~~ portait.

**a.** Quelles erreurs Sophie a-t-elle corrigées ?

**b.** Comment Sophie a-t-elle corrigé ses erreurs ?

Lorsque l'on corrige un brouillon, il faut :

1. Relire son texte et repérer les erreurs : *les fautes d'orthographe*, *les mots en trop*…
2. Barrer proprement ce qui ne convient pas.
3. Écrire la correction au-dessus.

### Je m'exerce

● **Corrige le brouillon de Romain en respectant les conseils donnés.**

J'aimerais bien être petit. Si j'étais petit, je ne pourrais pas porté mon cartable, je risquerais de me faire écraser et ma maman s'inquièterait. Mais si je suis grand, je pourrai porter un bébé, je pourrai tenir une télécommande.

## Ajouter

### J'observe

● Lis les brouillons de Maxime (1) et de Jessica (2).

1\. Si je voulais ouvrir la porte, je ne pourrais pas car j'aurais de X petits bras.
X tout

2\. Je veux être grand pour pouvoir aller à la piscine tout seul X. Mais j'hésite un peu.
X et aussi conduire une voiture

**a.** Qu'est-ce que Maxime et Jessica ont ajouté sur leur brouillon ? Les éléments ajoutés sont-ils de même longueur ?

**b.** Ces ajouts sont-ils utiles ? Pourquoi ?

Lorsque l'on corrige un brouillon, on peut ajouter des éléments plus ou moins longs : *un mot*, *une phrase* ou *un paragraphe*.
On indique avec une croix l'endroit où les éléments doivent être placés.
En ajoutant des éléments à un texte, on le rend souvent plus clair et plus intéressant.

### Je m'exerce

● **Lis ce texte.**

Ce 35 mai tombait un jeudi. L'oncle Ringelhut, qui attendait ce jour-là la visite de son neveu, était allé à sa rencontre. Konrad avait l'air préoccupé, mais l'oncle ne s'en était pas aperçu, et songeait au déjeuner.

D'après E. Kästner, *Le 35 mai*, Hachette Jeunesse.

**a.** Recopie le texte sur une feuille de brouillon en sautant des lignes et en laissant une marge.

**b.** Améliore le texte en ajoutant les mots de la liste aux endroits qui conviennent.

*Konrad – Ils marchaient donc l'un à côté de l'autre dans la rue du Rempart. – avec délice – bon – qui les attendait*

## Je choisis mes mots

**Voici des verbes et des expressions pour introduire des arguments et donner ses impressions.**

ce serait fabuleux de… – je rêverais de… – j'aurais peur de… – ce serait effrayant de… – j'aurais très envie de… – je trouverais merveilleux de… – ce serait prodigieux de… – je craindrais de… – ce serait inquiétant de… – je n'aimerais pas…

- Cherche d'autres verbes et d'autres expressions.
- Repère, en t'aidant du tableau ci-dessous, les verbes et les expressions que tu pourrais associer à des arguments « pour » et ceux que tu pourrais associer à des arguments « contre ».

| Impressions positives | Impressions négatives |
|---|---|
| … | … |

## J'étudie la langue pour mieux écrire

Un texte est rarement parfait dès la première version.

Pour pouvoir l'améliorer à la relecture, **on saute des lignes** et **on laisse une marge** assez large sur le brouillon.

Améliorer un texte, c'est :
- améliorer **le contenu** de l'histoire et le vocabulaire employé ;
- améliorer **la forme** en respectant les règles de la grammaire, de l'orthographe et de la conjugaison.

Unités 1, p. 165, p. 195, p. 225, p. 255
À quoi sert la grammaire ? / l'orthographe ? / la conjugaison ? / le vocabulaire ?

## Je relis et je réécris

**Reprends ton texte sur les avantages et les inconvénients d'être petit (voir p. 13).**

- Fais-le lire à un camarade. Ton texte est-il clair ?
Relève, avec son aide, les passages que tu peux améliorer pour mieux te faire comprendre.
- Essaie d'améliorer ton texte en utilisant la rubrique « Je choisis mes mots ».
- Vérifie que tu sais corriger ton brouillon en utilisant **la grille de réécriture** suivante.
Vérifie et corrige un seul élément à la fois.

| | |
|---|---|
| 1 | Pour supprimer un mot ou une phrase, je l'ai barré proprement. |
| 2 | Pour corriger ou modifier un mot ou une phrase, je l'ai réécrit sur la ligne au-dessus. |
| 3 | Pour ajouter un mot ou une phrase dans mon texte, j'ai indiqué avec une croix l'endroit où ils doivent être placés. |

# 2 Contes modernes

## Les déménageurs

*C'est l'histoire d'un écrivain qui « déménage » de la tête. Heureusement, il a des amis déménageurs.*

[…] Mes amis les déménageurs se sont retroussé les manches et ils ont dit en chœur : « Maintenant, au boulot ! »

Ils ont pris le gros camion, et ils sont entrés avec lui dans ma tête. Une fois là, ils se sont mis à tirer, à pousser, à déplacer, à bousculer, à basculer, à rouler, à transbahuter… Ça me faisait dans les oreilles un vacarme effroyable ! Pendant ce temps, je gardais la bouche ouverte, pour leur donner de l'air, et les yeux bien écarquillés, afin qu'ils puissent voir où ils mettaient les pieds !

Enfin, le camion est sorti, au ralenti, et les déménageurs aussi. Alors, ils se sont mis à décharger tout ce qu'ils avaient chargé. Il y en avait, il y en avait ! Je ne savais pas que ma tête pouvait contenir tant de choses ! Le trottoir en était couvert, depuis le coin de la rue Ternaux jusqu'à la bouche de métro !

– Qu'est-ce qu'il faut faire de tout ça, maintenant ? m'ont demandé les déménageurs. Si on laisse là tout le saint-frusquin[1], les éboueurs l'emporteront demain matin.

– Vous avez raison ! je leur ai dit.

J'ai commencé par faire un tri, car il y avait des trucs pourris. J'ai mis à part ce que je voulais garder, et puis j'ai demandé :

– Vous n'êtes pas fatigués ?

– Nous, fatigués ? Jamais !

– Vous pouvez me remettre ça dans la tête ? […]

Ils ont donc rechargé le camion avec tout ce qui était bon, puis ils sont rentrés dans ma tête et ils ont déchargé, reposé, halé[2], glissé, replacé, ajusté… À la fin, ils étaient claqués, et moi, de mon côté, j'avais une bonne envie d'aller me coucher !

Lorsqu'enfin ils sont ressortis, je leur ai demandé :

– Vous avez tout rangé ?

Ils m'ont répondu : Non, nous n'avons pas pu. Il y a tout ça en surplus !

– Quoi, tout ça ?

– Regarde !

1. **le saint-frusquin :** expression ancienne pour désigner les affaires, les habits d'une personne.

2. **haler :** tirer à l'aide de cordes.

J'ai regardé dans le camion, et j'ai vu… Oh, là là ! tant de choses, dont ma tête ne voulait plus !

Un enterrement
Un renard
Une sorcière
Deux pharmaciens
Quatre diables
Un bateau
Une ogresse
La fille de l'ogresse
Un four à pain
Une cage
Beaucoup de gros mots
Une cinquantaine de fessées
Un bonhomme de neige
Une paire de bottes
Une robe
Un manteau
Un grand coffre
Une deuxième sorcière
Une araignée […]

Et beaucoup, beaucoup d'autres choses ! Quand j'ai vu ça, moi, j'en aurais pleuré. Je me suis mis à crier :

– Qu'est-ce que je vais pouvoir faire de tout ce bric-à-brac ? […]

– J'ai une idée ! Tu écris des livres ?

– Oui, j'ai dit, j'en écris…

– Eh bien, colle tout ça dans un livre ! Comme ça, celui qui en voudra, eh bien, il se servira !

Pierre Gripari, *Les contes de la Folie Méricourt*, illustrations de Claude Lapointe


## Comprenons le texte ensemble

1 Qui sont les personnages de cette histoire ? Quels métiers exercent-ils ?

2 Peux-tu t'imaginer ce déménagement ? Qu'est-ce qui le rend presque vrai ?

3 Qui est le narrateur de cette histoire (celui qui raconte) ?

4 Pourquoi est-il nécessaire de ranger ce qu'il y a dans la tête de cet homme ?

**Je donne mon avis** Qu'est-ce qu'« inventer des histoires » ? Aimes-tu en inventer toi-même ?

**Je donne mon avis** Trouves-tu cette histoire plutôt fantastique ou plutôt comique ?

## J'écris le scénario d'une histoire étonnante

- **Retrouve dans le texte la liste écrite sur trois colonnes. De quoi s'agit-il ?**
- **Tu vas inventer le scénario d'une petite histoire à partir des éléments de cette liste. Choisis trois ou quatre éléments et essaie de les associer de façon étonnante.**
- **Écris le scénario de ton histoire (c'est-à-dire les étapes de ton histoire, sans les développer) : pourquoi et comment ces éléments vont-ils se rencontrer ? Que va-t-il leur arriver ?**

# J'organise la suite des actions

## Utiliser des mots et des expressions qui organisent le récit

### J'observe

**Lis le début du conte *Les déménageurs*. Les différentes actions sont données dans le désordre.**

**1.** Et puis voilà qu'un autre jour, je rencontre mon ami Paul. Nous nous disons bonsoir, il me parle, je lui parle, nous nous parlons, et je lui dis, ma foi, je ne sais plus quoi. Il me répond :
– Non, mais dis donc, tu déménages !

**2.** Un beau matin, je rencontre mon ami Pierre. Nous nous disons bonjour, il me parle, je lui parle, nous nous parlons. Il me dit :
– Non, mais ça ne va pas ! Tu déménages !
– Pas du tout, je reste ici. J'aime beaucoup ce quartier !

**3.** Cette fois, j'étais inquiet. Toute la nuit, j'ai mal dormi.

**4.** Pendant les jours qui ont suivi, j'ai rencontré des tas d'amis. À tous ceux que je voyais, je commençais par demander :
– Dis-moi : tu ne sais pas pour où je déménage ?

**5.** Mais lui, au lieu de répondre, il hausse les épaules et s'en va.
Je ne comprenais pas bien, mais ce n'était pas grave.
De toute façon, j'en étais sûr, je ne déménageais pas, mon ami Pierre s'était trompé.

**6.** Et il s'en va sans tourner la tête.

D'après P. Gripari, *Les contes de la Folie Méricourt*


**a.** Retrouve le bon ordre des actions.

**b.** Qu'est-ce qui t'a permis de retrouver l'ordre dans lequel se déroulent les actions ?

Pour bien faire comprendre l'ordre des actions et leur lien, on peut utiliser des mots et des expressions qui organisent le récit : *alors*, *enfin*, *et*, *mais*, *pendant ce temps*, *une fois*, *à ce moment-là*…

### Je m'exerce

**1** Dans *Les déménageurs* (pp. 16-17), relève les mots et les expressions qui organisent le récit.

**2** Enrichis cette liste en recherchant d'autres mots ou expressions dans d'autres textes.

**3** Complète le début de ce conte avec les mots et les expressions qui conviennent.

*pendant ce temps – mais – et c'est ainsi qu' – le dimanche après-midi – souvent – un jour*

Il était une fois une petite fille aux bottes rouges qui vivait à l'orée de la forêt. Son père, qui était bûcheron, lui avait offert une hachette.
… , la petite fille l'accompagnait dans les bois et cognait, cognait contre les énormes troncs.
… , son père en profitait pour fumer tranquillement une cigarette.
« Plus tard, disait-il, tu seras une fameuse bûcheronne ! »
… , la petite fille allait chez sa grand-mère qui habitait une chaumière, au cœur de la forêt. … , la vieille dame lui confectionna une jolie cape assortie à ses bottes. Une cape avec un chaperon rouge !
Pour son anniversaire, ses parents lui offrirent un beau vélo. Ah, elle avait fière allure, cette petite fille, pédalant à travers champs, toute rouge sur son vélo rouge ! […]
… elle filait si vite qu'on ne voyait d'elle que son chaperon. … on la surnomma le Petit Chaperon rouge.

T. Ross, *Le Petit Chaperon rouge*, trad. de M. R. Farré

# Les souris tête en l'air

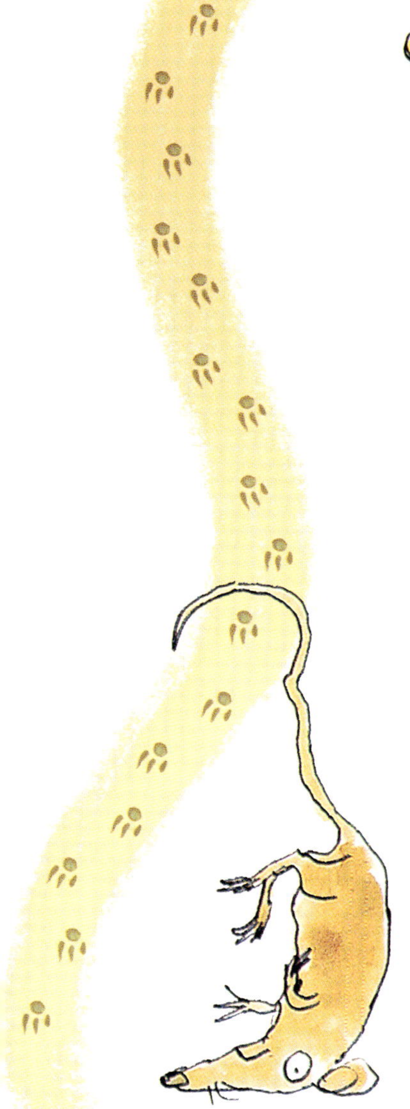

Il était une fois un vieil homme de quatre-vingt-sept ans qui se nommait Basile. Il avait mené jusqu'alors une vie douce et paisible. C'était un homme à la fois très pauvre et très heureux. Quand Basile découvrit qu'il avait des souris dans sa maison, il ne s'inquiéta pas outre mesure. Mais les souris proliféraient[1] et commençaient à l'importuner, jusqu'au jour où il décida qu'il était temps de s'en débarrasser.

« Voilà qui dépasse les bornes, se dit-il. Elles y vont vraiment un peu fort. » Il sortit en clopinant pour se rendre à la boutique du bas de la rue où il se procura quelques pièges, un morceau de fromage et un peu de colle.

De retour chez lui, il mit de la colle sous les pièges qu'il fixa ensuite au plafond. Puis il les garnit soigneusement de quelques morceaux de fromage pour attirer les souris, enclencha le mécanisme et sortit.

Cette nuit-là, quand les souris sortirent de leurs trous et aperçurent les pièges au plafond, elles crurent à une grossière plaisanterie. Elles couraient en tous sens sur le plancher en se poussant du museau et en montrant le plafond avec leurs pattes avant, en se tordant de rire. Après tout, c'était plutôt stupide, ces pièges tendus au plafond !

Quand Basile descendit le lendemain matin et qu'il vit qu'il n'y avait pas une seule souris attrapée, il se contenta de sourire, prit une chaise, posa de la colle sous ses pieds et la fixa à l'envers au plafond, à côté des pièges. Il fit de même avec la table, la télévision et la lampe. Il prit en fait tous les objets qui se trouvaient sur le plancher et les colla à l'envers au plafond. Il colla même un petit tapis qui se trouvait là.

La nuit suivante, quand les souris sortirent de leurs trous, elles riaient encore et plaisantaient au souvenir de ce qu'elles avaient vu la veille. Mais cette fois-ci, comme elles levaient les yeux au plafond, leur rire s'arrêta net.

– Juste ciel ! s'écria l'une, regardez là-haut ! Ne voilà-t-il pas le plancher !

– Bonté divine, s'écria une autre, nous devons nous trouver au plafond !

1. **proliférer :** devenir de plus en plus nombreux, se multiplier.

– Je crois que la tête me tourne, fit une troisième.

– Tout le sang me monte au cerveau ! dit encore une autre.

– Voilà qui est terrible ! dit la souris la plus âgée, qui portait de longues moustaches. Oui, vraiment terrible ! Nous devons immédiatement faire quelque chose !

– Je vais m'évanouir si je reste plus longtemps sur la tête, s'écria une jeune souris.

– Et moi aussi !

– Je ne peux pas le supporter !

– À l'aide ! Au secours ! Faites quelque chose, vite !

Elles devenaient hystériques[2] à présent.

– Je sais ce que nous allons faire, dit la souris la plus âgée. Nous allons toutes nous mettre sur la tête et, de toutes les façons, nous serons dans le bon sens.

Très obéissantes, toutes les souris se mirent aussitôt sur la tête et, au bout de quelque temps – ce qui fut assez long –, elles eurent une congestion cérébrale[3] et s'effondrèrent l'une après l'autre sur le sol.

Quand Basile descendit le lendemain matin, le sol était jonché de souris. Il les ramassa promptement et les fourra dans son panier. N'oubliez donc pas ceci : quand le monde a l'air de marcher sur la tête, assurez-vous que vous gardez encore plus solidement les pieds sur terre.

Roald Dahl, « Les souris tête en l'air », dans *Les souris tête en l'air et autres histoires d'animaux*, trad. M. Esclapez, illustrations de Quentin Blake

2. **hystériques :** très excitées, au bord de la crise de nerfs.

3. **congestion cérébrale :** nom d'une maladie causée par une trop grande quantité de sang dans le cerveau.

## Comprenons le texte ensemble

**1** Qui est Basile ? Comment te l'imagines-tu ? Est-ce un personnage sympathique ou antipathique ? Justifie ta réponse en t'appuyant sur le texte.

**2** En quoi consiste la ruse de Basile ? Pourquoi se déroule-t-elle en deux temps ?

**3** Les souris « se tordent de rire » (ligne 17). Imagine les paroles qu'elles échangent.

**Je dis le texte** Lis le texte à voix haute de la ligne 14 à la ligne 18. Fais plusieurs essais : vite, lentement ; voix forte, voix douce…

**4** Quel est le sens de l'expression « garder les pieds sur terre » (lignes 53-54) ?

**5** Les souris ont-elles « gardé les pieds sur terre » ? Explique la morale de cette histoire.

**6** Comment expliques-tu le titre de l'histoire ? Quel sens a-t-il ?

**7** Pourrait-on rapprocher ce récit du conte *Les déménageurs* (pp. 16-17) ? Quel est leur point commun ?

## Je lis en réseau

### 1 Un poème

**La belle fête**

L'étoile qui tombit
– Pardieu la belle fête !
l'étoile qui tombit
le cheval qui sautit
le fleuve qui coulit
ils m'ont donné à rire
ils m'ont donné à rire
Bell'dame !
à rire et à chanter.

La branche qui cassit
– Pardieu la belle fête !
la branche qui cassit
le cheval qui chutit
le char qui se rompa
le pont qui s'écroulit,
ils m'ont point tant fait rire,
ils m'ont point tant fait rire,
Bell'dame !
tant rire que trembler. [...]

Jean Tardieu, « Monsieur Monsieur », dans *Le fleuve caché*
© Gallimard.

### 2 Une œuvre complète… et des contes absurdes

Trois pièces de théâtre
où l'auteur joue avec
le langage et l'absurde.
Des mots en trop,
des mots qui manquent,
des mots qui vivent
leur propre vie…

Jean Tardieu, ***Finissez vos phrases !***, Gallimard Jeunesse.

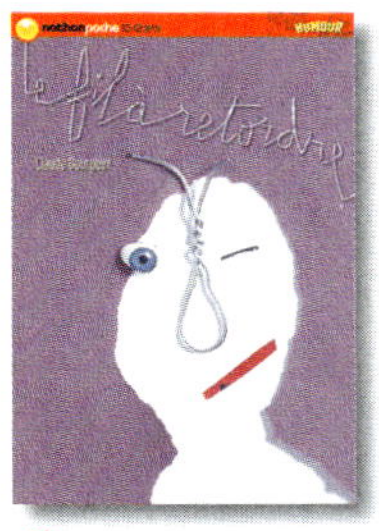

* Claude Bourgeyx, ***Le fil à retordre***, Nathan Jeunesse.

** Jürg Schubiger, ***Quand le monde était jeune…***, La Joie de lire.

** Sid Fleischman, ***Le faiseur de pluie***, L'École des loisirs.

## à l'oral — Je raconte une histoire étonnante

- **À partir du scénario que tu as écrit (voir p. 17), présente ton histoire oralement à tes camarades.**
- **Fais en sorte qu'ils sachent de qui et de quoi tu parles, qu'ils comprennent bien l'enchaînement des actions et qu'ils s'imaginent bien tout ce qui s'est passé.**
- **Tu peux commencer par :** Un jour…, Un beau matin…, etc.

## J'écris une histoire étonnante

- **Rédige maintenant cette histoire.**
- **Utilise le passé.**

# Je raconte au passé

## Utiliser le passé simple

### J'observe

**Les verbes conjugués de ce texte ne sont pas tous au même temps. Classe-les en deux colonnes : *les verbes qui désignent des actions soudaines / les autres verbes.***

Il était une fois un vieil homme de quatre-vingt-sept ans qui se nommait Basile et qui menait une vie douce et paisible. Il sortit en clopinant pour se rendre à la boutique du bas de la rue où il se procura quelques pièges, un morceau de fromage et un peu de colle.
De retour chez lui, il mit de la colle sous les pièges qu'il fixa ensuite au plafond. Puis il les garnit soigneusement de quelques morceaux de fromage pour attirer les souris, enclencha le mécanisme et sortit.

D'après R. Dahl, *Les souris tête en l'air et autres histoires d'animaux.*

Pour raconter les actions qui se succèdent, on utilise souvent le passé simple : *il sortit*, *il fixa*.
L'imparfait sert plutôt à décrire et à présenter les personnages, le cadre de l'action ou le « décor » : *il était une fois*, *il se nommait*.

### Je m'exerce

**Réécris le passage de ce conte en utilisant le passé simple pour les actions des personnages. Vérifie les terminaisons du passé simple dans les tableaux de conjugaison (p. 272 à p. 274).**

Ils ont traversé trois vergers, ils sont allés tourner devant chez Benjamin et puis ils ont traversé le jardin des Chalandre (entre Benjamin et Fortunat). Les voilà dans la cour de Fortunat. Il y avait un puits.

G. Massignon, « Le loup et le renard dans le puits », dans *De bouche à oreilles, Anthologie de contes populaires français* © José Corti.

## Utiliser le passé composé

### J'observe

**Relis le début du conte *Les déménageurs*.**

Mes amis les déménageurs se sont retroussé les manches et ils ont dit en chœur : « Maintenant, au boulot ! »
Ils ont pris le gros camion, et ils sont entrés avec lui dans ma tête. Une fois là, ils se sont mis à tirer, à pousser…

P. Gripari, *Les contes de la Folie Méricourt* © Grasset Jeunesse.

**a.** Relève les verbes qui indiquent ce que font les déménageurs.

**b.** Ces verbes sont-ils au passé simple ? À quel temps du passé sont-ils conjugués ?

Pour raconter au passé, on peut utiliser le passé composé. Ce temps est très employé à l'oral. Il est aussi utilisé à l'écrit lorsque l'on veut rendre son récit plus simple, plus familier.
**Attention :** si l'on décide de raconter au passé composé, il ne faut pas utiliser le passé simple dans le même texte !

### Je m'exerce

**1 Raconte cet épisode des *Souris tête en l'air* (p. 19) de manière plus familière, au passé composé.**

Quand Basile descendit le lendemain matin et qu'il vit qu'il n'y avait pas une seule souris attrapée, il se contenta de sourire, il prit une chaise, posa de la colle sous ses pieds et la fixa à l'envers au plafond, à côté des pièges. Il fit de même avec la table, la télévision et la lampe. Il prit en fait tous les objets qui se trouvaient sur le plancher et les colla à l'envers au plafond. Il colla même un petit tapis qui se trouvait là.

**2 Fais de même avec le début des *Souris tête en l'air* de la ligne 1 à la ligne 15.**



Conjugaison Unités 7 à 11, p. 237 à p. 245

## Je choisis mes mots

**Dans de nombreuses expressions, on utilise des mots au sens figuré.**

**Avec le mot « tête » :** « être tête en l'air » signifie « être distrait, oublier des choses ».

- Voici d'autres expressions qui emploient le mot « tête » au sens figuré. Cherche leur signification et continue la liste.

avoir la grosse tête – perdre la tête – avoir la tête dure – faire la tête – faire tourner la tête – en mettre sa tête à couper – faire dresser les cheveux sur la tête – faire une tête d'enterrement – se mettre martel en tête – avoir la tête dans les nuages – à la tête du client – avoir ses têtes – faire sa tête de cochon…

- Choisis trois des expressions ci-dessus pour écrire trois phrases.
Écris ensuite des phrases avec les expressions que tu as trouvées.

## J'étudie la langue pour mieux écrire

Quand on écrit un texte, il faut écrire les mots avec **la bonne orthographe**. L'orthographe **permet au lecteur de bien comprendre** ce que l'on veut dire. Il peut arriver que tu ne sois pas sûr de l'orthographe d'un mot.

Dans ce cas, **souligne le mot au crayon** sur ton brouillon. Une fois ton texte terminé, cherche la bonne orthographe des mots que tu as soulignés.

**Orthographe**
Unité 1, p. 195
À quoi sert l'orthographe ?

## Je relis et je réécris

**Reprends ton histoire étonnante (voir p. 21).**

- Lis-la à tes camarades. Est-ce qu'ils ont bien compris toute ton histoire ?
- Avant de recopier ton brouillon au propre, corrige-le à l'aide de **la grille de réécriture** suivante.

| | |
|---|---|
| 1 | J'ai bien précisé de qui et de quoi je parle dans mon histoire. |
| 2 | J'ai utilisé des mots ou des expressions qui organisent le récit afin de bien comprendre l'ordre des actions. |
| 3 | J'ai organisé mon texte en paragraphes pour bien faire ressortir les différents moments du récit. |
| 4 | J'ai choisi de raconter soit au passé simple, soit au passé composé et je n'ai pas mélangé ces deux temps. |

# 3 Énigmes et mystères

## L'affaire des pâtisseries

Comme tous les matins, à six heures précises, madame Leroi s'apprêtait à ouvrir sa boulangerie-pâtisserie. Tout en frottant ses yeux encore ensommeillés, elle fit tourner la clé dans la serrure. Elle entra, bâilla un bon coup et repoussa la porte derrière elle. Au bruit que fit celle-ci en claquant elle sursauta, puis sourit de son effroi. Elle tâtonna pour trouver le bouton de l'interrupteur et appuya : la lumière éclaira la boutique. Madame Leroi, horrifiée, fit un bond en arrière et se colla contre la porte…

Son magasin avait été sauvagement saccagé. Les vitres étaient brisées et il n'y avait plus un seul gâteau sur les plateaux où elle les avait déposés la veille au soir. Le sol était couvert de débris de verre, de brioches écrasées, maculé de crème pâtissière, affreusement souillé de mousse au chocolat. Sur cette immonde marmelade, madame Leroi, terrifiée, distingua très nettement des empreintes… Elle hurla.

En entendant son cri, monsieur Pierrot, le propriétaire du café d'en face, se précipita à son secours. Arrivé sur le seuil de la boutique, il reçut dans ses bras madame Leroi évanouie, mais la lâcha aussitôt. Il avait vu les empreintes.

À la même heure, on entendit des cris d'épouvante rue de la République, puis place Du Breuil, et enfin au coin de la rue Collet et de l'avenue Pernais, c'est-à-dire dans les trois autres pâtisseries.

Le commissaire Nullos, prévenu immédiatement, se rendit sur les lieux avec ses hommes. Après un examen approfondi des empreintes laissées dans les quatre boutiques, il n'y eut plus aucun doute possible : durant la nuit, un tigre s'était promené dans la ville et avait dévalisé les pâtisseries…

Le commissaire, avec une logique implacable[1], raisonna rapidement : la ville étant située dans une zone civilisée et non en pleine savane, le tigre appartenait donc au zoo le plus proche. Évidemment, le fauve aurait dû s'attaquer à de la viande plutôt qu'à des gâteaux, mais Nullos laissa de côté cet aspect du problème. Après tout, il avait vu bien d'autres

1. **implacable :** que rien ne peut arrêter.

choses biscornues au cours de ses enquêtes. Il interrogea le directeur du zoo, mais celui-ci fut catégorique :

– Commissaire, affirma-t-il, je suis persuadé qu'aucun de mes félins n'a pu s'échapper cette nuit. Ils répondent tous présent à l'appel du matin.

Le commissaire n'avait guère confiance. Il fit installer des portes blindées sur les cages des tigres, mobilisa toutes ses brigades aux diverses entrées du zoo et, pour sa part, passa une nuit tranquille, croyant le dossier classé.

Mais le lendemain matin, le standard téléphonique du commissariat faillit exploser : six autres pâtisseries avaient été assaillies pendant la nuit. On y avait trouvé les mêmes empreintes que la veille.

Sarah Cohen-Scali, *La Puce, détective rusé* © Casterman.

## Comprenons le texte ensemble

**Lecture du début du texte jusqu'à la ligne 21 :**

1 Décris la situation du début de ce texte. Quel titre pourrais-tu donner à ce passage (lignes 1 à 21) ?

2 Quelles sont les réactions des victimes ?

**Je donne mon avis** Leurs réactions sont-elles normales par rapport à l'horreur du « crime » commis ?

**Lecture de la ligne 22 jusqu'à la fin :**

3 Quelles sont les différentes informations que nous apporte l'enquête du commissaire ?

4 Quels mots désignent « le tigre » (lignes 27 à 36) ?

5 Pourquoi le commissaire passe-t-il une nuit tranquille ?

6 Cette tranquillité était-elle justifiée ? Pourquoi ?

7 Pourquoi l'auteure de ce roman a-t-elle nommé son personnage « Nullos » ?

**Je donne mon avis** Quels passages t'ont fait rire ou sourire ?

**Je dis le texte** Lis à voix haute les deux premiers paragraphes. Trouve le moyen de créer la surprise ; mets en évidence les mots qui indiquent l'effroi.

## Je donne des informations sur un livre

- **Quels sont les derniers livres que tu as lus ? De quoi parlaient-ils ? À quel genre appartenaient-ils : contes, récits d'aventures, romans policiers, BD, poésies, documentaires… ?**
- **En groupe, discutez de ces lectures et établissez une liste de livres dont vous conseillez la lecture aux autres.**
- **Donne, par écrit, les informations nécessaires pour savoir de quoi ces livres parlent et pour les trouver à la bibliothèque et en librairie.**

# Je reconnais le genre des livres

## Classer des récits

### J'observe

● **Lis ces présentations de récits. Cherche comment classer ces livres.**

**Thierry Jonquet,**
***Lapoigne à la foire du Trône*,**
coll. « Folio junior »,
Gallimard Jeunesse.
Lapoigne et son ami Bébert entrent en collision avec des types très louches qui détiennent une jeune fille en otage. Quand les deux héros la libèrent, elle leur apprend qu'un attentat se prépare à la foire du Trône…

**Colin McNaughton,**
***Jolly Roger et les pirates de l'écu d'or*,**
coll. « Folio cadet », Gallimard Jeunesse.
Dans le rôle principal : Jolly Roger, un sacripant de neuf ans. Avec la participation exceptionnelle des pirates les plus patibulaires, les plus répugnants, les plus chevelus et les plus balafrés du monde ! Une histoire renversante, menée toutes voiles dehors…

**Yves Pinguilly,**
***Contes et légendes de Bretagne*,**
coll. « Contes et légendes »,
Nathan Jeunesse.
En Bretagne, le diable s'en prend à ceux qui aiment la vie et l'amour. Et « l'Ankou », la mort, fait finalement preuve d'une grande justice en emportant le pauvre comme le riche, le jeune comme le vieux. Treize contes diaboliques…

**Paul Thiès,**
***Pas de whisky pour Méphisto*,**
coll. « Mini Syros polar », Syros.
Nous, maman et Méphisto, Miloud et son père, on habite au 13, rue Saint-Fiacre. Un jour, il y a un cambriolage, en face, chez le bijoutier. Deux heures du matin. Deux coups de revolver. Deux millions envolés. Et des policiers partout.

**Brigitte Évano,**
***Contes et légendes de l'Égypte ancienne*,**
coll. « Contes et légendes »,
Nathan Jeunesse.
Le pays du Nil, fleuve divin : Dieux tout-puissants et magiciens, pharaons désignés par le ciel, paysans courageux… Osiris puis Horus affrontent Seth, le cruel dieu rouge. Tout l'univers fabuleux d'un pays mythique.

**Yves Pinguilly,**
***Le secret de la falaise*,**
coll. « Nathan poche », Nathan Jeunesse.
En vacances au bord de la mer, Étienne, Ern et Magali escaladent les falaises comme de vrais alpinistes. Au creux de la roche, ils trouvent une vieille boîte rouillée contenant un message énigmatique. Et si c'était la carte d'un trésor ? Les trois amis décident de partir à sa recherche.

On peut classer les livres par grandes catégories : par auteur, par éditeur, par collection.
On peut aussi les classer en fonction du genre des récits :
*récit d'aventures*, *conte*, *roman policier*, *roman de science-fiction*, etc.

### Je m'exerce

● **Reprends la liste des livres que tu as établie avec tes camarades (voir p. 25).
Classe-les d'abord par grandes catégories, puis en fonction de leur genre.**

# Ali de Bassora

*À Bassora, le cadi (juge) Omar est réputé pour son amour immodéré de l'argent et son adresse à s'emparer des biens des plaideurs[1] qui ont affaire à lui.*

Un jour, trois personnes vinrent le consulter. Une foule nombreuse les accompagnait.

Le père des visiteurs venait de mourir en laissant en héritage dix-sept chameaux et un problème insoluble : « À l'aîné de mes fils je lègue la moitié de mes bêtes, au second un tiers, au dernier un neuvième. » Depuis deux mois la corporation des chameliers se cassait la tête à se demander comment diviser un chameau en deux ou en trois sans le massacrer.

Le cadi écouta gravement les explications des héritiers, réfléchit un moment et se tourna vers Ali[2], alors âgé d'une dizaine d'années. Le garçon se tenait à ses côtés, attendant respectueusement ses ordres.

– Cours à l'écurie et demande que l'on te confie l'un des chameaux, n'importe lequel. Conduis-le devant le palais.

Ali s'inclina avec soumission :

– Bien, maître.

Pendant que le gamin détalait sur ses pieds nus, le juge s'adressait à l'assistance :

– Que l'on mène les animaux du défunt face à ma demeure. Un instant après, la petite troupe de chameaux, à laquelle s'ajoutait celui d'Ali, attirait tous les regards. Le cadi se tourna vers l'aîné des fils.

– Écarte la moitié des bêtes.

L'homme obéit. Neuf des animaux lui revenaient, en vertu du calcul suivant : $\frac{17 + 1}{2} = 9$[3]

1. **un plaideur :** une personne qui défend sa cause devant un tribunal.
2. **Ali :** nom de l'esclave du cadi Omar.
3. c'est-à-dire : 17 + 1, divisé par 2 ; le résultat est 9.

Puis au second fils :

– Pour toi, un tiers.

Un raisonnement identique lui accordait six chameaux, soit le tiers de dix-huit.

Le dernier fils accomplit lui-même son calcul : $\frac{18}{9}$[4] et écarta deux chameaux.

Les assistants laissèrent échapper un murmure d'admiration : chaque héritier recevait son dû et le cadi retrouvait son propre animal, les trois frères n'en conservant que dix-sept (9 + 6 + 2) au total.

– Affaire conclue. Ali, ramène cette bête. Le gamin s'exécuta à toute allure. Il connaissait bien son maître et devinait que l'affaire n'en resterait pas là. Il revint juste à temps pour savourer la sentence[5] finale.

Le regard pétillant de malice, Omar proclama :

– Par son testament, le père a voulu éprouver les capacités de ses fils. Il semble évident qu'à eux trois, ils ne possèdent pas la moitié de l'intelligence du défunt. Ils ne peuvent par conséquent conserver que la moitié de ses chameaux. Je condamne donc chacun à me verser une somme équivalant à la moitié de sa part d'héritage.

Les malheureux se disposaient à repartir, l'oreille basse, lorsque le cadi poursuivit impitoyablement :

– Cette somme constitue mon salaire, pas celui du chameau que j'ai été forcé de déranger.

Les curieux riaient à gorge déployée.

– Bravo ! Combien pour ce pauvre chameau ? Quand le verra-t-on rendre à son tour la justice ? Qu'on lui passe une robe de juge ! Vive le cadi-chameau !

Imperturbable, le cadi prononça :

– Chaque consultant versera cent dinars au chameau… et me les confiera. Je me charge de les faire fructifier loyalement au nom de l'animal.

Paul Thiès, *Ali de Bassora, voleur de génie* © Rageot Éditeur.

4. c'est-à-dire : 18 divisé par 9 ; le résultat est 2.

5. **une sentence :** une décision d'un juge.

## Comprenons le texte ensemble

1 Où se déroule l'histoire ? Relève dans le texte et dans l'illustration les informations qui te permettent de répondre.

2 Pourquoi l'héritage pose-t-il problème aux trois fils ?

3 Comment le cadi Omar arrive-t-il à une solution ? Aide-toi de l'illustration.

4 Les héritiers ont-ils eu une bonne idée en allant voir le cadi ? Pourquoi ?

**Je donne mon avis** Que penses-tu des sentences prononcées par le cadi Omar ? Comment trouves-tu le cadi : sympathique, drôle, honnête, intelligent, juste ?

5 À quel genre appartient ce texte : conte, roman policier, récit d'aventures, etc. ?

**Je donne mon avis** As-tu aimé cette histoire ? Explique pourquoi.

## Je lis en réseau

### 1 Des énigmes célèbres

Dans le roman fantastique *Bilbo le Hobbit* de Tolkien, Bilbo se livre à un duel d'énigmes avec Gollum, une créature des ténèbres qui veut le dévorer. Si Bilbo l'emporte, il aura la vie sauve. Voici deux des énigmes proposées par Gollum.

Qu'est-ce qui a des racines que
personne ne voit,
Qui est plus grand que les arbres,
Qui monte qui monte,
Et pourtant ne pousse jamais ?

(la montagne)

Sans voix, il crie ;
Sans ailes, il voltige ;
Sans dents, il mord ;
Sans bouche, il murmure.

(le vent)

### 2 Une œuvre complète… et des énigmes de toutes sortes

Vous avez déjà entendu parler du célèbre détective Sherlock Holmes, mais connaissez-vous le jeune Wiggins, un gamin qui l'a aidé à résoudre de nombreuses énigmes ? Il enquête ici sur l'affaire du perroquet muet.

Béatrice Nicomède,
« **Wiggins et le perroquet muet** »,
dans *Wiggins apprenti détective*,
Syros.

* Jean-Marie Gustave et Jémia Le Clézio, ***Sirandanes***, Seghers.

* Malika Ferdjoukh, ***Minuit-Cinq***, L'École des loisirs.

** Nina Jaffe et Steve Zeitlin, ***Debout sur un pied***, L'École des loisirs.

## à l'oral — Je présente un livre

- **Choisis un roman que tu as particulièrement aimé et essaie de le présenter oralement à la classe.**
- **Quelles informations dois-tu absolument donner à tes camarades pour qu'ils puissent se procurer le livre ? Pour qu'ils comprennent de quoi il parle ? Pour qu'ils comprennent pourquoi tu l'as aimé ?**

## J'écris la présentation d'un livre

- **À partir de ta présentation orale, rédige un texte court pour présenter ton livre et expliquer pourquoi tu l'as aimé.**
- **N'oublie pas de sauter des lignes et de laisser une marge sur ton brouillon pour retravailler ton texte !**

# J'écris la fiche de présentation d'un livre

## Faire comprendre de quoi parle un roman

### J'observe

**Lis la fiche de présentation d'un roman réalisée par Jérémie.**

Rebonjour François,
de Christiane Nöstlinger

François a six ans. Un matin d'été, François et Gaby vont au parc. François veut faire de la balançoire. À côté des balançoires, il y a une pancarte. François va voir un grand qui lui déchiffre la pancarte. Il dit à Gaby : « Je sais lire. » Gaby se moque de lui. « Je vais te le prouver... » François apprend des livres par cœur. Deux jours plus tard, il lit tous ces livres à Gaby.

**a.** Repère les informations utiles pour faire comprendre de qui et de quoi parle le livre.

**b.** Y a-t-il des informations inutiles ?

**c.** Manque-t-il des informations ? Lesquelles ?

Lorsque l'on présente un roman, il est important de préciser qui sont les personnages, où et quand se passe l'histoire et ce qui va arriver. Mais il vaut mieux éviter de raconter la fin pour donner envie au lecteur de la découvrir seul !

### Je m'exerce

**Présente *Ali de Bassora* (pp. 27-28) en n'oubliant aucune de ces indications :**
**– les personnages (sous forme de liste avec une brève présentation de chacun) ;**
**– le lieu où se déroule l'histoire ;**
**– l'époque ;**
**– ce que raconte l'histoire.**

## Communiquer le plaisir que donne un roman

### J'observe

**Dans ce texte, quel passage choisirais-tu pour donner envie à d'autres de lire le livre ? Explique ton choix.**

Je décidai de fêter le printemps en me baignant dans le fleuve. Après avoir nagé et plongé, je m'étendis sur une petite plage de sable isolée. J'avais de quoi manger : une épaule de mouton froide, une galette de miel, un beau quartier de pastèque.

Une fois rassasié, je fermai les yeux et m'endormis. Au bout d'un moment, il me sembla que quelque chose de lourd pesait sur mon ventre. J'ouvris les yeux et aperçus tout près de mon visage une épouvantable rangée de dents. Et je respirai une bouffée d'haleine fétide qui m'étouffa.

C'était un caïman ! Un caïman qui quittait la rivière et m'avait pris pour un simple bout de bois. Je conservai mon calme et attendis. Le maudit animal glissait, rampait, m'écorchait de ses écailles. Au bout d'une minute, il avançait toujours sur moi. Au bout d'une heure, tous mes muscles me faisaient mal. La nuit tombée, il continua. Je n'ai été délivré qu'à midi : la queue de l'animal frôla mon menton et je pus me relever.

D'après P. Thiès, *Ali de Bassora, voleur de génie*

Pour donner envie à d'autres de lire un livre, on peut leur citer un passage marquant. C'est souvent ce type d'extrait que l'on choisit de mettre sur la quatrième de couverture d'un livre pour attirer les lecteurs !

### Je m'exerce

**Recopie un passage des textes de cette unité (pp. 24-25 et pp. 27-28) que tu aurais envie de lire à des camarades qui ne connaîtraient pas l'histoire afin de leur en donner une idée.**

## Je choisis mes mots

**Pour présenter un livre, on peut utiliser différents arguments.**

– On retient son souffle jusqu'à la fin.
– C'est tellement drôle qu'on a souvent envie de rire.
– L'auteur croque ses personnages avec beaucoup d'humour.
– L'information est très complète et les illustrations précises.
– C'est pratique et plein de conseils utiles.
– Les aventures se succèdent à un rythme trépidant.
– Une histoire tendre et déchirante.

- Lesquelles de ces phrases emploierais-tu pour présenter : un livre drôle ? un livre émouvant ? un livre instructif ? un livre palpitant ?
- Cherche d'autres phrases pour présenter des livres.

## J'étudie la langue pour mieux écrire

Lorsque tu relis ton texte, sers-toi des outils qui conviennent pour trouver **la bonne orthographe** :
– Si tu hésites sur un mot, vérifie dans un dictionnaire.
– Si tu t'interroges sur un accord, utilise l'aide-mémoire de ton manuel.
– Si tu as besoin de connaître la terminaison d'un verbe, reporte-toi aux tableaux de conjugaison de ton manuel.

**Vocabulaire**
Unité 2, p. 256
Avec mon dictionnaire

**Orthographe**
Aide-mémoire,
p. 270 à p. 271

**Conjugaison**
Tableaux de conjugaison,
p. 272 à p. 274

## Je relis et je réécris

**Reprends ton texte de présentation du livre que tu as aimé (voir p. 29).**

- Fais-le lire à un ou deux camarades. Comment réagissent-ils ? Leur as-tu donné envie de lire le livre ?
- Essaie d'améliorer ton texte en utilisant la rubrique « Je choisis mes mots ».
- Avant de recopier ton brouillon au propre, corrige-le à l'aide de **la grille de réécriture** suivante. Vérifie et corrige un seul élément à la fois.

| | |
|---|---|
| 1 | J'ai présenté les personnages du livre. |
| 2 | J'ai précisé où et quand se déroule l'histoire. |
| 3 | J'ai donné quelques précisions sur le thème de l'histoire, mais je n'ai pas dit comment elle se termine. |
| 4 | J'ai indiqué l'aspect le plus marquant du livre. |
| 5 | J'ai cité un passage marquant du livre ou un passage que j'aime particulièrement. |

# Le Renard et le Bouc

Capitaine Renard allait de compagnie
Avec son ami bouc des plus haut encornés.
Celui-ci ne voyait pas plus loin que son nez ;
L'autre était passé maître en fait de tromperie.
La soif les obligea à descendre en un puits.
Là chacun d'eux se désaltère.
Après qu'abondamment tous deux en eurent pris,
Le renard dit au bouc : « Que ferons-nous, compère ?
Ce n'est pas tout de boire, il faut sortir d'ici.
Lève tes pieds en haut, et tes cornes aussi :
Mets-les contre le mur : le long de ton échine
Je grimperai premièrement ;
Puis sur tes cornes m'élevant,
À l'aide de cette machine
De ce lieu-ci je sortirai.
Après quoi je t'en tirerai.
– Par ma barbe, dit l'autre, il est bon ; et je loue
Les gens bien sensés comme toi.
Je n'aurais jamais, quant à moi,
Trouvé ce secret, je l'avoue. »
Le renard sort du puits, laisse son compagnon,
Et vous lui fait un beau sermon
Pour l'exhorter à patience.
« Si le Ciel t'eût, dit-il, donné par excellence
Autant de jugement que de barbe au menton,
Tu n'aurais pas à la légère
Descendu dans ce puits. Or, adieu : j'en suis hors.
Tâche de t'en tirer, et fais tous tes efforts :
Car, pour moi, j'ai certaine affaire
Qui ne me permet pas d'arrêter en chemin. »

En toute chose il faut considérer la fin.

Jean de La Fontaine, *Fables*, III, 5.

Lithographie de Benjamin Rabier, 1906.

# PÉRIODE 2

Tu vas découvrir des textes de genres différents.

➜ Tu vas lire des récits, des articles de dictionnaires et des poèmes.

Tu vas apprendre, quand tu lis une histoire, à identifier les personnages et à comprendre qui ils sont.

➜ Tu vas aussi écrire des descriptions, des définitions et des poèmes qui jouent sur les mots et les sons.

Pour améliorer tes textes, tu apprendras à vérifier les accords en genre et en nombre dans le groupe nominal et à trouver la dernière lettre d'un mot quand on ne l'entend pas.

# Atelier de lecture

Illustration de
Arthur Rackham, 1919.

## Cendrillon

Il était une fois un gentilhomme qui épousa en secondes noces une femme, la plus hautaine et la plus fière qu'on eût jamais vue. Elle avait deux filles de son humeur, et qui lui ressemblaient en toutes choses. Le mari avait de son côté une jeune fille, mais d'une douceur et d'une bonté sans exemple ; elle tenait cela de sa mère, qui était la meilleure personne du monde.

Les noces ne furent pas plus tôt faites, que la belle-mère fit éclater sa mauvaise humeur ; elle ne put souffrir les bonnes qualités de cette jeune enfant, qui rendaient ses filles encore plus haïssables. Elle la chargea des plus viles occupations de la maison : c'était elle qui nettoyait la vaisselle et les montées, qui frottait la chambre de madame et celles de mesdemoiselles ses filles. Elle couchait tout en haut de la maison, dans un grenier, sur une méchante paillasse, pendant que ses sœurs étaient dans des chambres parquetées[1], où elles avaient des lits des plus à la mode et des miroirs où elles se voyaient depuis les pieds jusqu'à la tête. La pauvre fille souffrait tout avec patience et n'osait s'en plaindre à son père qui l'aurait grondée, parce que sa femme le gouvernait[2] entièrement.

Lorsqu'elle avait fait son ouvrage, elle s'en allait au coin de la cheminée et s'asseoir dans les cendres, ce qui faisait qu'on l'appelait communément dans le logis Cucendron. La cadette, qui n'était pas si malhonnête que son aînée, l'appelait Cendrillon ; cependant Cendrillon, avec ses méchants habits, ne laissait pas d'être cent fois plus belle que ses sœurs, quoique vêtues très magnifiquement.

Il arriva que le fils du roi donna un bal et qu'il y invita toutes les personnes de qualité : nos deux demoiselles en furent aussi priées[3], car elles faisaient grande figure dans le pays. Les voilà bien aises et bien occupées à choisir les habits et les coiffures qui leur siéraient le mieux[4]. [...] Elles appelèrent Cendrillon pour lui demander son avis, car elle avait bon goût. Cendrillon les conseilla le mieux du monde, et s'offrit même à les coiffer ; ce qu'elles voulurent bien. En les coiffant, elles lui disaient :

– Cendrillon, serais-tu bien aise d'aller au bal ?

– Hélas, mesdemoiselles, vous vous moquez de moi, ce n'est pas là ce qu'il me faut.

– Tu as raison, on rirait bien si on voyait un cucendron aller au bal.

Une autre que Cendrillon les aurait coiffées de travers ; mais elle était bonne, et elle les coiffa parfaitement bien.

Charles Perrault, *Cendrillon*.

1. **parquetées :** garnies d'un parquet.
2. **gouverner quelqu'un :** le diriger, le dominer.
3. **prier :** inviter.
4. **qui leur siéraient le mieux :** qui leur iraient le mieux.

## J'identifie les personnages

**1** Quels personnages apparaissent dans le premier paragraphe (lignes 1 à 6) ?

**2** Quels sont les liens entre ces personnages ?

**3** Qui est le personnage principal ? Comment s'appelle-t-il ?

**4** Quel personnage est désigné par « elle » à la ligne 18 ?

## Je comprends qui sont les personnages

**5** **Relève les mots et les expressions qui désignent Cendrillon de la ligne 7 à la ligne 17.**
**Ces différentes expressions produisent-elles le même effet ?**

**6** **Relève les mots et les expressions qui désignent la femme et ses filles de la ligne 1 à la ligne 12.**
**Qu'est-ce qui justifie le choix de ces différents mots ?**

**7** **Cendrillon et les deux sœurs diffèrent en tout : établis la liste de tous les éléments qui les opposent.**

Les personnages peuvent être désignés par leur nom (*Cendrillon*), mais aussi par un pronom (*elle*, *la*…) ou par un groupe nominal (*cette jeune enfant*).
Les différentes manières de nommer permettent de donner des renseignements sur le personnage, sur sa situation ou son caractère et d'orienter les sentiments du lecteur : *la belle-mère hautaine et qu'il faut servir est appelée « Madame »* alors que *la jeune fille est appelée « la pauvre fille »*.

## Je comprends les mots difficiles

**8** **Cherche ces mots dans le texte.**

souffrir (l. 8) – les montées (l. 11) – méchante (l. 13) – malhonnête (l. 21) – méchants (l. 22).

**Indique le sens qu'ont ces mots dans le texte de Charles Perrault écrit en 1697.**
**Puis indique le sens qu'ils ont aujourd'hui et emploie-les dans une phrase.**
**Vérifie dans un dictionnaire.**

Dans les textes anciens, des mots que l'on connaît bien ont parfois un sens un peu différent du sens d'aujourd'hui.
On cherche d'abord à comprendre ces mots à partir du texte et du sens que l'on connaît, puis on peut vérifier dans un dictionnaire. En général, les dictionnaires utilisent les abréviations *« vx »* [vieux] ou *« vieilli »* pour indiquer que l'on n'emploie plus ce mot dans ce sens de nos jours.

# 4 Des jouets merveilleux

## La maison des ours

La maison des ours est sur une table au fond de la classe. C'est le père de la maîtresse qui l'a faite pour elle, il y a très longtemps quand elle était petite. La maîtresse, c'est Miss Thompson. Sauf qu'elle s'appelait Blanche, en ce temps-là. Et bien sûr elle n'était pas du tout comme elle est maintenant. Je le sais, parce que dans la maison, tout au fond, au-dessus de la cheminée, il y a une image minuscule (un portrait, comme dit la maîtresse) dans un petit cadre doré, et c'est une fille de mon âge avec des longues boucles en tire-bouchon. Dessus, il y a écrit LA MAISON DE BLANCHE, et le portrait, c'est celui de Blanche, Miss Thompson quand elle était petite.

Seulement, ce n'est plus la maison de Blanche, c'est la mienne. C'est mon portrait qui devrait être là, au-dessus de la cheminée. Et sur la plaque, il devrait y avoir : LA MAISON DE FRAN ELLEN. C'est la maison de trois ours aussi, bien sûr, puisqu'ils y habitent. C'est notre maison à nous quatre. Les trois ours et moi. Et personne d'autre.

Pour le moment, ils sont dehors, les ours. Ils grimpent les marches de l'entrée. Ils sont en porcelaine, la maîtresse dit, il ne faut surtout pas les faire tomber. Ils sont marron clair, et leur fourrure brille, et ils ont le museau qui rit. Oh ! ils ne riront pas, tout à l'heure, quand ils vont voir Boucle d'or dans le lit du bébé.

Parce qu'elle est là aussi, toute petite et rose, avec ses cheveux peints en jaune, tout durs. Elle a les yeux qui s'ouvrent et qui se ferment, des yeux bleus. [...]

Dans cette maison, c'est le père de Miss Thompson qui a tout fabriqué : les murs, le toit, les meubles, tout. Sauf les rideaux et les dessus-de-lit, les tapis et les coussins, parce que ça, c'est sa mère qui les a cousus. [...]

La maison des ours a trois pièces, deux en bas et une en haut. Elle est tout ouverte à l'arrière pour qu'on puisse toucher dedans. En bas, c'est la cuisine et le séjour, en haut la chambre, une grande grande chambre.

À la porte d'entrée, il y a un petit marteau pour frapper, comme dans les maisons très vieilles, et un minuscule paillasson avec BIENVENUE écrit dessus. Toutes les fenêtres ont des carreaux, des vraies vitres en verre, et elles s'ouvrent comme des vraies. Miss Thompson dit que jamais personne n'a cassé un carreau, et que c'est parce que son père s'était donné un mal fou à tout bien ajuster, tout bien clouer, coller. Un travail d'horloger, elle explique, et c'est pour ça que depuis trente ans que la Maison des Ours est là, dans la salle 7, depuis trente ans que les élèves jouent avec, il n'y a même pas eu un carreau de cassé.

Peut-être. Peut-être que c'est, comme elle dit, parce que son père avait fait du beau travail. Mais moi je pense que c'est aussi parce que les élèves font rudement attention, avec. Parce qu'ils l'aiment bien, cette maison. Parce que, depuis trente ans, ils l'ont bien tous aimée. Pas autant que moi, bien sûr. Pas si fort.

Marilyn Sachs, *La maison en danger* © Castor Poche-Flammarion.

## Comprenons le texte ensemble

**1** Comment s'appelle la narratrice (le personnage qui raconte l'histoire) ? Comment le sais-tu ? Que sait-on d'elle ?

**2** Les personnages de la maison sont ceux d'un conte célèbre. Connais-tu ce conte ? Quelle scène du conte est évoquée dans le texte ?

**3** Quels adjectifs conviennent pour parler de la maison des ours : neuve ? solide ? minuscule ? réaliste ? Cite les passages qui te permettent de répondre.

**4** Fran Ellen aime-t-elle la maison des ours ? Comment le sait-on ?

**Je donne mon avis** As-tu déjà éprouvé une passion aussi forte pour un jouet ?

## J'écris la description d'une maison

- **Relis plusieurs fois les lignes 28 à 34 de *La maison des ours*.**
- **Essaie de « voir » dans ta tête une vraie maison que tu connais et décris-la en imitant la description du texte :**

La maison de ... a ... , ... et ... . Elle est ... pour que ... . En bas, c'est ... , en haut ... . À la porte d'entrée, il y a ... , comme ... , et ... . Toutes les fenêtres ont ... .

# Je présente un personnage ou un objet

## Décrire un personnage ou un objet

### J'observe

**Lis ce texte relevé dans un catalogue de jouets.**

**Maison de poupées géante**

*Description détaillée* :

Cette magnifique maison de poupées meublée est constituée de deux bâtiments séparés que l'enfant peut associer selon ses envies. La première partie représente une maison de poupées sur trois niveaux, et la deuxième partie sur deux niveaux. Cette magnifique maison possède un toit très ouvert et est équipée de deux escaliers. Elle est conçue pour être accessible par tous les côtés. Les meubles sont modernes et équipent cinq pièces différentes.

*Dimensions du produit* :

**Longueur :** 36 centimètres
**Largeur :** 78 centimètres
**Hauteur** : 60 centimètres

**a.** Compare ces informations avec celles données par l'auteure pour décrire la maison des ours (p. 37, lignes 28 à 34).

**b.** Quelles différences remarques-tu entre ces deux descriptions ?

Selon le type de texte, les descriptions sont différentes :
– Dans un catalogue, par exemple, on donne les caractéristiques précises (techniques) d'un objet car il s'agit d'informer le lecteur.
– Dans un roman, la description ne donne pas forcément tous ces détails pour laisser une large place à l'imagination du lecteur.

### Je m'exerce

**1** **Relève, dans la description de la maison des ours (p. 37, lignes 28 à 34), les informations qui pourraient être utilisées dans un catalogue de jouets.**

**2** **Si tu voulais décrire « la maison de poupées géante » dans un roman, quels détails supprimerais-tu ?**

## Utiliser des comparaisons

### J'observe

**Lis les deux versions de ce texte.**

**1.** La poupée s'appelait, bien sûr, Fleur de Houx. Elle n'aurait pas pu s'appeler autrement, avec sa robe de Noël rouge comme ses chaussures, ses chaussettes et son jupon verts, toute rouge et verte comme une couronne de houx. Elle mesurait quarante centimètres, ses cheveux étaient blonds comme de l'or, ses yeux bruns en verre pouvaient s'ouvrir et se fermer, et ses dents avaient l'air de perles de porcelaine blanche.

D'après R. Godden, *Prune et Fleur de Houx*, trad. de T. Brisac, coll. « Folio cadet » © Gallimard.

**2.** La poupée s'appelait Fleur de Houx. Elle n'aurait pas pu s'appeler autrement, avec sa robe de Noël rouge comme ses chaussures, ses chaussettes et son jupon verts, toute rouge et verte. Elle mesurait quarante centimètres, ses cheveux étaient blonds, ses yeux bruns en verre pouvaient s'ouvrir et se fermer, et ses dents étaient blanches.

**a.** Laquelle de ces deux descriptions te permet le mieux de te représenter la poupée ?

**b.** Quel procédé est employé dans la première version du texte pour décrire la poupée ?

Pour décrire un personnage ou un objet, on peut faire des comparaisons en utilisant des mots ou des expressions tels que : *comme*, *aussi*… *que*, *pareil à*, *ressembler à*, *avoir l'air de*… Ces comparaisons aident le lecteur à bien s'imaginer ce qui est décrit.

### Je m'exerce

**Complète ce texte en introduisant des comparaisons.**

**1.** Ses yeux aussi verts que … pouvaient s'ouvrir et se fermer, ses cheveux étaient blonds comme … . Sa robe de velours rouge était pareille à … .

Gravure de Marie Adrien, XIXe siècle.

# Cosette

*La petite Cosette est orpheline. Les Thénardier, à qui elle a été confiée, la traitent durement. Chargée de donner à boire au cheval, elle n'a pas encore accompli son travail.*

– Vas-tu venir ? cria la Thénardier.

Cosette sortit de l'espèce de trou où elle s'était cachée. La Thénardier reprit :

– Mademoiselle Chien-faute-de-nom, va porter à boire à ce cheval.

– Mais, Madame, dit Cosette faiblement, c'est qu'il n'y a pas d'eau.

La Thénardier ouvrit toute grande la porte de la rue.

– Eh bien, va en chercher !

Cosette baissa la tête, et alla prendre un seau vide qui était au coin de la cheminée. Ce seau était plus grand qu'elle, et l'enfant aurait pu s'asseoir dedans et y tenir à l'aise. […]

Puis elle resta immobile le seau à la main, la porte ouverte devant elle. Elle semblait attendre qu'on vînt à son secours.

– Va donc ! cria la Thénardier.

Cosette sortit. La porte se referma.

La file de boutiques en plein vent qui partait de l'église se développait jusqu'à l'auberge Thénardier. Ces boutiques, à cause du passage prochain des bourgeois allant à la messe de minuit, étaient toutes illuminées de chandelles[1] brûlant dans des entonnoirs de papier, ce qui, comme disait le maître d'école de Montfermeil attablé en ce moment chez Thénardier, faisait « un effet magique ». En revanche, on ne voyait pas une étoile au ciel.

La dernière de ces baraques, établie précisément en face de la porte des Thénardier, était une boutique de bimbeloterie[2], toute reluisante de clinquants, de verroteries[3] et de choses magnifiques en fer-blanc. Au premier rang, et en avant, le marchand avait placé, sur un fond de serviettes blanches, une immense poupée haute de près de deux pieds qui était vêtue d'une robe de crêpe[4] rose avec des épis d'or sur la tête et qui avait de vrais cheveux et des yeux en émail. Tout le jour, cette merveille avait été étalée à l'ébahissement des passants de moins de dix ans, sans qu'il se fût trouvé à Montfermeil une mère assez riche ou assez prodigue[5] pour la donner à son enfant. Éponine et Azelma[6] avaient passé des heures à la contempler, et Cosette elle-même, furtivement, il est vrai, avait osé la regarder.

1. **une chandelle :** un bâton de suif contenant une mèche que l'on faisait brûler pour s'éclairer.
2. **une boutique de bimbeloterie :** un bazar.
3. **la verroterie :** du verre coloré imitant les pierres précieuses.
4. **le crêpe :** un tissu léger de soie ou de laine.
5. **prodigue :** qui dépense beaucoup.
6. **Éponine et Azelma :** noms des filles des Thénardier.

Au moment où Cosette sortit, son seau à la main, si morne et si accablée qu'elle fût, elle ne put s'empêcher de lever les yeux sur cette prodigieuse poupée, vers la dame, comme elle l'appelait. La pauvre enfant s'arrêta pétrifiée. Elle n'avait pas encore vu cette poupée de près. Toute cette boutique lui semblait un palais ; cette poupée n'était pas une poupée, c'était une vision. C'était la joie, la splendeur, la richesse, le bonheur, qui apparaissaient dans une sorte de rayonnement chimérique[7] à ce malheureux petit être englouti si profondément dans une misère funèbre et froide. Cosette mesurait avec cette sagacité[8] naïve et triste de l'enfance l'abîme qui la séparait de cette poupée. Elle se disait qu'il fallait être reine ou au moins princesse pour avoir une « chose » comme cela. Elle considérait cette belle robe rose, ces beaux cheveux lisses, et elle pensait : Comme elle doit être heureuse, cette poupée-là ! Ses yeux ne pouvaient se détacher de cette boutique fantastique. Plus elle regardait, plus elle s'éblouissait. Elle croyait voir le paradis. Il y avait d'autres poupées derrière la grande qui lui paraissaient des fées et des génies. Le marchand qui allait et venait au fond de sa baraque lui faisait un peu l'effet d'être le Père éternel[9]. Dans cette adoration, elle oubliait tout, même la commission dont elle était chargée. Tout à coup, la voix rude de la Thénardier la rappela à la réalité :

– Comment, péronnelle[10], tu n'es pas partie ! Attends ! Je vais à toi ! Je vous demande un peu ce qu'elle fait là ! Petit monstre, va !

Victor Hugo, *Les Misérables*.

7. **chimérique :** irréalisable.
8. **la sagacité :** la capacité à deviner les choses.
9. **Père éternel :** Dieu.
10. **une péronnelle :** une jeune fille sotte et bavarde.

## Comprenons le texte ensemble

**1** À quel moment de l'année se situe ce récit ? À quelle époque ? Relève dans le texte les informations qui te permettent de répondre.

**2** Au début du texte, pourquoi Cosette n'obéit-elle pas tout de suite à Mme Thénardier ?

**3** Retrouve dans le texte les différents noms et expressions qui désignent Cosette. Comment te l'imagines-tu ? L'illustration de la page 39 correspond-elle à ce que tu imagines ?

**Je dis le texte** Lis à voix haute le passage qui parle de la poupée (lignes 35 à 47). Aide-toi de ta lecture pour répondre à la question 4.

**4** Relève dans le texte les mots utilisés pour parler de la poupée (lignes 35 à 47). Qui la voit ainsi ? Pourquoi ?

**5** Trouve les passages du texte qui racontent la vie quotidienne de Cosette. Puis relève les passages où l'on s'échappe avec elle dans le rêve.

## Je lis en réseau

### 1 Une description

**L'ours vu par un naturaliste du XVIII^e siècle**

L'ours est non seulement sauvage, mais solitaire ; il fuit par instinct toute société, il s'éloigne des lieux où les hommes ont accès, il ne se trouve à son aise que dans les endroits qui appartiennent encore à la vieille nature. Une caverne antique dans des rochers inaccessibles, une grotte formée par le temps dans le tronc d'un vieux arbre, au milieu d'une épaisse forêt, lui servent de domicile ; il s'y retire seul, y passe une partie de l'hiver sans provisions, sans en sortir pendant plusieurs semaines. Cependant, il n'est point engourdi ni privé de sentiment, mais comme il est naturellement gras, […] cette abondance de graisse lui fait supporter l'abstinence, et il ne sort de sa bauge que lorsqu'il se sent affamé.

Georges-Louis Leclerc de Buffon, *Le petit Buffon illustré*, Éditions de l'Aube.

### 2 Une œuvre complète… et d'autres portraits en textes et en images

Colette Vivier, ***La maison des petits bonheurs***, Casterman.

Le journal d'Aline, 11 ans. Elle nous parle de ses bonheurs, de ses soucis… C'est par ses yeux que nous faisons connaissance avec sa famille, ses voisins, ses camarades de classe, sa maîtresse et avec les lieux où elle vit, dans le Paris des années 1930…

Agnès Rosenstiehl, ***Têtes***, Autrement Jeunesse.

Rumer Godden, ***Prune et Fleur de Houx***, Gallimard Jeunesse.

Pascale Estellon, ***Portraits à créer***, Le Seuil Jeunesse.

## à l'oral — Je fais le portrait d'une personne

- Pense à une personne : un camarade, une personne célèbre…
- Tes camarades te posent des questions pour trouver à qui tu penses. Attention : tu ne dois répondre que par « oui » ou par « non » !
- Chacun doit retenir les traits caractéristiques de cette personne. Le premier qui trouve a gagné !

## J'écris la description d'une personne

- Tu veux offrir un jouet à un ami. Quel jouet vas-tu choisir ? Pourquoi ?
- Décris ton ami pour que l'on comprenne bien pourquoi tu veux lui offrir ce jouet et pas un autre : son physique, ses goûts, ses habitudes, son caractère.

# Je présente un personnage ou un objet

## Choisir ce que l'on veut montrer

### J'observe

**1 Relis *La maison des ours* de la ligne 28 à la fin (p. 37).**

a. Comment trouves-tu la maison des ours d'après la description de Fran Ellen ? Donne tes impressions et tes sentiments.

b. Pourquoi Fran Ellen décrit-elle la maison de cette manière ?

**2 Dans *Cosette* (pp. 39-40, lignes 26 à 44), relève tout ce que l'on apprend de la poupée. Que représente cette poupée pour Cosette ?**

Dans une description ou un portrait, l'auteur choisit de montrer certains éléments dans le but de créer une impression chez le lecteur :
– *l'immense poupée avec une belle robe rose* permet au lecteur de bien s'imaginer la poupée et de comprendre la réaction de Cosette devant elle ;
– *la maison avec le minuscule portrait* et *les vraies vitres* donnent l'impression d'une vraie maison très soignée et permettent de comprendre l'admiration de Fran Ellen devant ce jouet exceptionnel.

### Je m'exerce

**1 Lis ces deux passages et essaie de résumer chaque portrait par un titre.**

**1.** La sœur de Gomez est sensationnelle. Elle a des yeux noirs très vifs. Quand elle rit, sa figure se fend en deux et ça me donne des frissons.

M. Paz, *Papelucho* © Editorial Universitaria, 1974, Chili © Pocket Jeunesse, 1997.

**2.** Compère Gredin avait une énorme barbe broussailleuse qui lui couvrait la figure, sauf le front, les yeux et le nez. Ses poils formaient des épis hérissés comme les poils d'une brosse à ongles. D'affreuses touffes lui sortaient même des oreilles et des narines.

R. Dahl, *Les deux Gredins*, trad. de R. Farré © Roal Dahl Nominee Ltd., 1980, coll. « Folio junior » © Gallimard pour la trad. française.

**2 Transforme ce portrait pour rendre le personnage sympathique.**

*Dans la vitrine d'un magasin de jouets, il y avait un hibou.*

Le hibou s'appelait Abracadabra. Il était très gros et tellement prétentieux qu'il se croyait le propriétaire du magasin de jouets. Abracadabra avait les ailes grandes ouvertes… Ses yeux voyaient tout, la nuit aussi bien que le jour.

R. Godden, *Prune et Fleur de Houx*, trad. de T. Brisac, coll. « Folio cadet » © Gallimard.

**3 Observe cette image.**

a. Fais la description de ce robot en deux ou trois lignes pour une histoire où il va menacer des héros.

b. Fais maintenant le portrait du même personnage pour une histoire où il va aider les héros à triompher des dangers.

**4 Imagine et décris en quelques lignes les attitudes ou les habitudes que pourraient avoir Fletcher et Florence.**

On est quatre filles à la maison, quatre filles et un garçon. […] L'aîné, c'est mon grand frère Fletcher. Il a douze ans et demi, il est drôlement intelligent et en plus il est gentil – en général. Ensuite, il y a Florence. Elle a onze ans et c'est une vipère.

M. Sachs, *La maison en danger* © Castor Poche-Flammarion.

## Je choisis mes mots

**Pour décrire un personnage, on utilise des verbes et des expressions qui permettent de se l'imaginer.**

Des cheveux encadraient son visage. – Un sourire illuminait son visage. – Ses yeux pétillaient de malice. – Des mèches de cheveux s'échappaient de son bonnet.

- Dans *La maison des ours*, relève les mots et les expressions utilisés par l'auteure pour décrire les trois ours et Boucle d'or (p. 36, lignes 16 à 23).
- Cherche des verbes qui conviennent pur compléter ces expressions. Tu peux utiliser un dictionnaire.

Un sourire … ses petites dents blanches. – Des taches de rousseur … son visage. – Des fossettes … ses joues. – Des rides … son front.

## J'étudie la langue pour mieux écrire

Dans un groupe nominal, le déterminant et l'adjectif qualificatif s'accordent **en genre** avec le nom : si le nom est au féminin, le déterminant et l'adjectif qualificatif doivent être au féminin.

En relisant ton texte, vérifie systématiquement les accords dans les groupes nominaux. **Sur le brouillon**, aide-toi en traçant **la chaîne des accords**.

**Orthographe**
Unité 4, p. 201
Marquer le féminin
Unité 8, p. 209
Accorder l'adjectif qualificatif épithète

une poupée haute de deux pieds (féminin)

les boutiques illuminées (féminin)

## Je relis et je réécris

**Reprends la description de ton ami (voir p. 41).**

- Fais-la lire à un camarade. Comprend-il pourquoi tu as choisi d'offrir ce cadeau à cet ami ?
- Essaie d'améliorer ton texte en utilisant la rubrique « Je choisis mes mots ».
- Avant de recopier ton brouillon au propre, corrige-le à l'aide de **la grille de réécriture** suivante. Vérifie et corrige un seul élément à la fois.

| | |
|---|---|
| 1 | J'ai décrit mon ami : son physique, ses goûts, son caractère, ses habitudes. |
| 2 | J'ai utilisé des comparaisons pour le décrire. |
| 3 | J'ai expliqué pourquoi je lui offrais ce cadeau. |
| 4 | Ma description explique pourquoi ce cadeau conviendra. |
| 5 | Je n'ai pas mis de détails inutiles. |

# 5 Des animaux très humains

## Articles de dictionnaires

**canard** n.m. **1** Oiseau palmipède, migrateur à l'état sauvage. *Le canard est un animal aquatique qui vit au bord des lacs et des étangs.* **2** Fausse note d'un instrument à vent (**SYN.** couac). **3** (Familier) Journal. ■ **Un canard boiteux** : dans un groupe, celui ou celle qui a le plus de difficultés et qui n'arrive pas à suivre les autres. ■ **Un froid de canard** : un très grand froid. ■ **Marcher en canard** : marcher en se dandinant, chaque pied tourné vers l'extérieur.

*Dictionnaire Larousse Super Major*
© Larousse, 2005.

**CANARD** [kanaʀ] n. m. — *quanard* XIIIe ; p.-ê. d'un ca- onomat. (*caner* «caqueter» XIIIe); *-ard,* d'apr. *malard* **1.** Oiseau palmipède *(anatidés),* au bec jaune, large, aux ailes longues et pointues. *Femelle, petits du canard.* ⇒ **cane,** 1. **caneton, canardeau.** *Mare aux canards.* ⇒ **canardière.** *Canard domestique. Jeune canard sauvage.* ⇒ **halbran.** *Espèces de canards.* ⇒ **colvert, eider, macreuse, mandarin, milouin, mulard, pilet, sarcelle,** 2. **souchet, tadorne.** *Canard de Barbarie. Canard nantais. Chasse aux canards.* — *« Le vilain petit canard »,* conte *d'Andersen.* FIG. Personne ou chose gênante dans un groupe. — *Canard rôti. Canard aux navets, aux olives, à l'orange, au poivre vert, au sang. Canard laqué. Magrets* de canard. Aiguillettes de canard. Foie gras de canard.* — *Bleu* canard.* ◊ SPÉCIALT Mâle de cet oiseau (⇒ **malard**), et SPÉCIALT du canard domestique. *Un canard et une cane.* **2.** FAM. *Marcher comme un canard.* ⇒ **se dandiner.** *Marcher en canard,* les pointes des pieds en dehors. — *Mouillé, trempé comme un canard :* très mouillé. *Glisser comme l'eau sur les plumes d'un canard. Ne pas casser* trois pattes à un canard. Un froid* de canard.* — *Canard boiteux :* personne mal adaptée au milieu dans lequel elle se trouve ; entreprise en difficulté. **3.** FIG. Morceau de sucre trempé dans une liqueur, dans du café. *Prendre un canard.* **4.** (1834) Son criard, fausse note. ⇒ **couac. 5.** (v. 1750) FIG. et FAM. ; VIEILLI Fausse nouvelle lancée dans la presse pour abuser le public. ⇒ **bobard.** — PAR EXT. (1848) Journal de peu de valeur. *«On imprime, chaque jour, dans une foule de petits canards, des notes plus ou moins venimeuses»* (Duhamel). **6.** T. d'affection *Oui, mon canard.*

*Le Nouveau Petit Robert de la langue française* © Le Robert, 2009.

**bouc** n. m. 1. Mâle de la chèvre. *Les boucs ont une odeur très forte.* 2. Petite barbe à la pointe du menton. → **barbiche**.

*Le Robert Junior* © Le Robert, 2005.

**bouc** n.m. **1** Mâle de la chèvre. **2** Petite barbe au menton. ■ **Bouc émissaire** : personne ou groupe que l'on rend responsables des malheurs des autres et que l'on accuse.
✱ **ENCYCLOPÉDIE** Il est dit dans la Bible que les prêtres d'Israël, chaque année, chargeaient symboliquement un bouc de tous les péchés d'Israël et le chassaient dans le désert pour qu'il les emporte au loin.

*Dictionnaire Larousse Super Major*
© Larousse, 2005.

## Comprenons le texte ensemble

1 Qu'apprends-tu sur le mot « canard » en lisant l'article du *Larousse Super Major* ? Qu'y a-t-il de plus dans celui du *Nouveau Petit Robert* ?

2 D'après ces deux articles, combien de sens peut-on trouver au mot « canard » ? Comment sais-tu que tu passes d'un sens à l'autre ?

3 Quel est le sens le plus courant du mot « canard » ? Qu'est-ce qu'un « sens figuré » ? Donnes-en un exemple.

4 Recherche une expression familière utilisant le mot « canard ».

5 Quels sont les différents éléments qui constituent l'article « bouc » du *Larousse Super Major* ? Quel type d'information trouve-t-on dans la partie « encyclopédie » ?

6 Les articles sur le bouc te donnent-ils une description complète de l'animal ? À quel autre mot dois-tu te reporter pour en savoir plus ? Fais cette recherche.

7 Cherche ce qui est commun aux deux articles sur le bouc.

8 À partir des quatre articles proposés, fais la liste des informations que l'on peut trouver dans un article de dictionnaire. Aide-toi des abréviations.

## Je réécris un article de dictionnaire

- **Réécris cet article en respectant la présentation habituelle des dictionnaires.**

**papillon** nom masculin 1er sens. Insecte aux grandes ailes colorées. Voir aussi « chenille » et « chrysalide ». Luc a un filet à papillons. 2e sens. Un nœud papillon, c'est un nœud plat que l'on pose sous le col d'une chemise en guise de cravate.

- **Pense aux abréviations, aux symboles et à la typographie (les mots en gras, les phrases en italique).**
- **Tu peux utiliser l'ordinateur pour mettre ton article en page !**

# Je rédige des définitions et je décris

## Analyser un article de dictionnaire

### J'observe

**Lis cet article de dictionnaire.**

**hirondelle** n. f. Oiseau migrateur à dos noir et à ventre blanc, à queue fourchue. *Le retour des premières hirondelles annonce les beaux jours.* [...]

D'après *Le Dictionnaire Larousse Super Major* © Larousse, 2005.

**a.** Quels sont les quatre éléments qui constituent cet article et que tu retrouves en général dans tout article de dictionnaire ? (Compare avec les pages 44 et 45.)

**b.** Qu'est-ce qui t'a permis de reconnaître ces quatre éléments ?

Un article de dictionnaire comporte dans l'ordre :
– en gras, le mot auquel est consacré l'article (appelé « l'entrée ») ;
– la nature du mot en abrégé : *n. m.*, *n. f.*, *v.*, *adj.* ;
– la définition (il peut y en avoir plusieurs) qui donne le sens de ce mot ;
– un ou plusieurs exemples en italique pour chaque sens.

### Je m'exerce

**Reconstitue l'article de dictionnaire à partir des éléments ci-dessous donnés dans le désordre. Remets en caractères gras et en italique les éléments qui doivent l'être.**

Oiseau de basse-cour qui est le mâle de la poule, et dont la tête est ornée d'une grande crête rouge dentelée. – n. m. – coq – Nom donné au mâle d'autres oiseaux. – Le coq chante à l'aube. – Le coq faisan.

## Définir un mot pour un dictionnaire

### J'observe

**1 Lis cette définition du mot « mouton ». Quelles informations différentes cette définition apporte-t-elle ?**

Mammifère herbivore domestique au poil épais et frisé, appelé laine.

**2 Lis à présent cette définition du mot « éléphant ».**

Grand mammifère herbivore qui a une trompe, des incisives très longues, appelées défenses, et une peau épaisse.

**a.** Compare la définition de « mouton » et celle de « éléphant ». Quelle est l'information commune ?

**b.** Relève les particularités qui différencient ces deux animaux.

Dans une définition, on cherche à :
– rattacher le mot à une grande catégorie : *un mouton est un « mammifère »* ;
– et aussi à le distinguer des autres mots de la même catégorie : *un mouton a le poil épais et frisé appelé laine*, *un éléphant a une trompe et une peau épaisse*.

### Je m'exerce

**1 Donne la définition de ces mots en respectant les conseils donnés.**

paquebot – cargo – pétrolier.

**2 Fais de même avec ces mots.**

bonté – beauté – générosité.

**3 Un enfant a donné la définition suivante du mot « patience » :**

La patience, c'est quand on attend sans s'énerver, qu'on reste calme.

**Modifie cette définition pour en faire un article de dictionnaire.**
**Distingue bien la définition et l'exemple.**

# Histoires naturelles

## Canards

C'est la cane qui va la première, boitant des deux pattes, barboter au trou qu'elle connaît.

Le canard la suit. Les pointes de ses ailes croisées sur le dos, il boite aussi des deux pattes.

Et cane et canard marchent taciturnes[1] comme à un rendez-vous d'affaires.

La cane d'abord se laisse glisser dans l'eau boueuse où flottent des plumes, des fientes[2], une feuille de vigne, et de la paille. Elle a presque disparu.

Elle attend, elle est prête.

Et le canard entre à son tour. Il noie ses riches couleurs. On ne voit que sa tête verte et l'accroche-cœur de derrière. Tous deux se trouvent bien là. L'eau chauffe. Jamais on ne la vide et elle ne se renouvelle que les jours d'orage.

Le canard, de son bec aplati, mordille et serre la nuque de la cane. Un instant il s'agite et l'eau est si épaisse qu'elle en frissonne à peine. Et vite calmée, plate, elle réfléchit, en noir, un coin de ciel pur.

La cane et le canard ne bougent plus. Le soleil les cuit et les endort. On passerait près d'eux sans les remarquer. Ils ne se dénoncent que par les rares bulles d'air qui viennent crever sur l'eau croupie.

Jules Renard, *Histoires naturelles*.

1. **taciturnes :** silencieux.
2. **des fientes :** les excréments des oiseaux.

### Comprenons le texte ensemble

1. Pourquoi l'auteur dit-il de la cane et du canard qu'ils boitent des deux pattes ?
2. Quels détails physiques t'aident à te représenter ces animaux ?
3. Qu'est-ce qu'un « rendez-vous d'affaires » ? Selon toi, pourquoi l'auteur parle-t-il de rendez-vous d'affaires pour des canards ?
4. En quoi cela t'aide-t-il à imaginer la scène ?

**Je dis le texte** Lis ce texte à voix haute avec tes camarades. Répartissez-vous la lecture des paragraphes. Essayez de varier le rythme de la lecture pour aider l'auditeur à imaginer la scène. Tentez plusieurs interprétations et comparez l'effet produit.

# Le bouc

Son odeur le précède. On ne le voit pas encore qu'elle est arrivée.

Il s'avance en tête du troupeau et les brebis le suivent, pêle-mêle, dans un nuage de poussière.

Il a des poils longs et secs qu'une raie partage sur le dos.

Il est moins fier de sa barbe que de sa taille, parce que la chèvre aussi porte une barbe sous le menton.

Quand il passe, les uns se bouchent le nez, les autres aiment ce goût-là.

Il ne regarde ni à droite, ni à gauche, il marche raide, les oreilles pointues et la queue courte. Si les hommes l'ont chargé de leurs péchés, il n'en sait rien, et il laisse, sérieux, tomber un chapelet de crottes.

Alexandre est son nom, connu même des chiens.

La journée finie, le soleil disparu, il rentre au village avec les moissonneurs, et ses cornes, fléchissant de vieillesse, prennent peu à peu la courbe des faucilles.

Jules Renard, *Histoires naturelles*.

## Comprenons le texte ensemble

**1** Dans ce texte, l'animal décrit est-il nommé ? Quels autres animaux sont cités dans le texte ? Quel est leur lien avec le bouc ?

**2** Relève les phrases qui évoquent l'odeur du bouc. Comment imagines-tu cette odeur ?

**3** Ce bouc est-il jeune ? adulte ? vieux ? Dans quel paragraphe trouve-t-on la réponse ?

**4** Relis les lignes 14 et 15 et dessine les cornes du bouc. Compare avec l'illustration.

**5** Relève les phrases où l'auteur donne au bouc des caractéristiques humaines pour mieux décrire son allure. Selon toi, quel est le caractère de ce bouc ?

**6** Relis tout le texte et ferme ton livre : quels traits marquants de ce bouc as-tu retenus ?

**7** Relis les articles de dictionnaire sur le bouc page 45, puis explique la phrase des lignes 10 et 11.

**Je donne mon avis** Laquelle de ces deux « histoires naturelles » préfères-tu ? Pourquoi ?

## Je lis en réseau

### 1 Un poème

**Le bestiaire des mots**

Le dindon
n'a
peut-être pas
de mauvaises
intentions

Ces deux canards
conspirent
pour tenter
de renverser
la cour

Écoutez
l'oie
s'insurger
contre un pas
muet

De la truffe
à la queue
le chiot
remue
le jeu

Un bruit franc
c'était
un chat
qui pourtant
passait

Vigilance
vieille vache
le veau boit
dans ton lait
tout le pré

Écartez-vous
l'âne
attend
pas gris
pas blanc

Cheval
noir
très noir
tu sabotes
la distance

Alain Serres, *Le bestiaire des mots*, coll. « Poèmes pour grandir » © Cheyne.

### 2 Une œuvre complète… et d'autres histoires d'animaux

Des fables traditionnelles venues de l'Inde et de la Perse, qui ont inspiré le *Roman de Renart* et Jean de La Fontaine. Une édition bilingue magnifiquement illustrée et calligraphiée.

Abd Allah Ibn al Muqaffa, ***Kalîla et Dimna : fables choisies*** (traduction d'André Miquel), Ipomée-Albin Michel.

** Michel Besnier, ***Mes poules parlent***, Møtus.

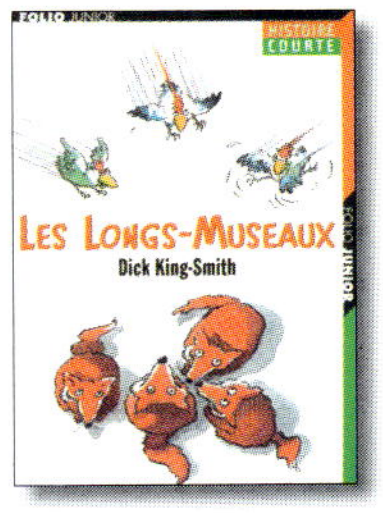


*** Dick King-Smith, ***Les Longs-Museaux***, Gallimard Jeunesse.

*** Comtesse de Ségur, ***Mémoires d'un âne***, Gallimard Jeunesse.

à l'oral

## Je définis des mots

- **Mettez-vous par équipe et lisez cette liste de noms :**
tabouret – fleuve – chapeau – chaise – ruelle – béret – pouf – ruisseau – rue – bonnet – fauteuil – rivière – boulevard – casquette – avenue – torrent.
- **Choisissez un nom dans cette liste, puis mettez-vous d'accord sur sa définition.**
- **Chaque équipe propose sa définition aux élèves de la classe qui doivent trouver le nom.**
- **L'équipe marque un point quand le nom a été trouvé du premier coup.**

## J'écris la description d'un animal à la manière de…

- **Choisis un chat célèbre pour le présenter à tes camarades :** Grominet, Duchesse, Tom…
- **Cherche les traits physiques ou les traits de caractère de ce chat.**
- **À la manière de Jules Renard, écris une « histoire naturelle » sur ce chat.**

# J'enrichis une description

## Choisir des détails caractéristiques

### J'observe

**1 Quel aspect du bouc Jules Renard a-t-il choisi de mettre en valeur dans cette phrase (p. 48) ?**

Ses cornes, fléchissant de vieillesse, prennent peu à peu la courbe des faucilles.

**2 Lis ce passage d'un roman dont les personnages sont des renards.**

C'est pourquoi les longs museaux amateurs de poulet se mirent à multiplier leurs attaques diurnes et leurs expéditions nocturnes…

D. King-Smith, *Les Longs-Museaux*, trad. de P. de Laubier
© Gallimard Jeunesse.

**a.** Cherche dans un dictionnaire la définition du mot « renard ».

**b.** Quel détail physique de cet animal l'auteur a-t-il choisi pour parler des renards sans les nommer ?

Pour décrire un personnage, un lieu ou un objet dans une histoire, il suffit souvent de choisir quelques détails caractéristiques, un peu comme dans une définition.

### Je m'exerce

**1 Cherche dans un dictionnaire la définition du mot « chat ».**

**a.** Fais la liste des traits caractéristiques du chat.

**b.** Sélectionne les traits qui correspondent le mieux au chat que tu veux décrire (voir p. 49).

**2 Trouve une définition pour décrire ces éléments sans les nommer.**

un loup – une hirondelle – le soleil – la lune – un être ou un objet de ton choix.

Exemple : un croissant accroché, la nuit, dans le ciel. (*la lune*)

## Faire agir pour décrire

### J'observe

**• Relis cette description du bouc par Jules Renard.**

Son odeur le précède. On ne le voit pas encore qu'elle est arrivée.
Il s'avance en tête du troupeau et les brebis le suivent, pêle-mêle, dans un nuage de poussière.
Quand il passe, les uns se bouchent le nez, les autres aiment ce goût-là.
Il ne regarde ni à droite, ni à gauche, il marche raide, les oreilles pointues et la queue courte.

**a.** Quelles images vois-tu défiler dans ta tête ? As-tu l'impression de voir bouger l'animal ?

**b.** Fais la liste des actions qui se succèdent. En quoi ces actions permettent-elles de décrire le bouc ?

On peut décrire en utilisant des définitions, comme dans les dictionnaires. Mais on peut aussi compléter ou rendre une description plus vivante en faisant agir le personnage ou l'animal.

### Je m'exerce

**• Fais la liste des actions du chat que tu veux décrire (voir p. 49), sur le modèle du texte consacré au bouc.**

*Avant qu'on le voie :* … .

*Lorsqu'il apparaît :* Il … et … .

*Il est là :* Quand il … , … .

*Ce qu'il fait, son attitude, son allure :* Il ne … , il … .

# Je choisis mes mots

**Quand on observe un animal, on peut comprendre à son comportement s'il est calme, en colère, à l'affût…**

1

2

3

4

- Observe ces chats et fais correspondre à chacun d'eux les expressions qui conviennent.

il ronronne – les poils hérissés – le dos arqué – le poil luisant – les oreilles dressées – les oreilles couchées – il crache – il guette – les moustaches frémissantes – toutes griffes dehors – il fait patte de velours.

# J'étudie la langue pour mieux écrire

Dans un groupe nominal, le déterminant et l'adjectif qualificatif s'accordent **en nombre** avec le nom : si le nom est au pluriel, le déterminant et l'adjectif qualificatif doivent être au pluriel.

En relisant ton texte, vérifie systématiquement les accords dans les groupes nominaux. **Sur le brouillon**, aide-toi en traçant **la chaîne des accords**.

**Orthographe**
**Unité 5, p. 203**
Marquer le pluriel
**Unité 8, p. 209**
Accorder l'adjectif qualificatif épithète

*les ailes croisées sur le dos* (pluriel)

*ses riches couleurs* (pluriel)

# Je relis et je réécris

**Reprends ta description à la manière de Jules Renard (voir p. 49).**

- Fais-la lire à un ou deux camarades. Ont-ils reconnu le chat que tu as présenté ? Auraient-ils retenu les mêmes idées ?
- Essaie d'améliorer ton texte en tenant compte des arguments échangés avec tes camarades.
- Avant de recopier ton brouillon au propre, corrige-le à l'aide de **la grille de réécriture** suivante.

| | |
|---|---|
| 1 | La description de mon animal comporte des détails caractéristiques (physiques ou de caractère). |
| 2 | J'ai inséré d'autres éléments du dictionnaire pour enrichir ma description : une expression, un sens familier… |
| 3 | J'ai fait agir mon animal. |

# 6 Poèmes-noms

*Chez les Indiens Crees du Canada, avant de donner un nom aux enfants, on attend qu'ils manifestent un trait de caractère, une particularité qui les distinguent des autres. On raconte, au cours d'une cérémonie, comment ils ont mérité le nom qu'ils vont porter. Ce récit, sorte de « poème-nom », reste dans la mémoire de la communauté.*

## Entendait-les-Écureuils

Il s'interrompait aussitôt au milieu
d'une phrase, s'il entendait
des bruits d'écureuil.

Et il savait sous quel arbre attendre
les écureuils. Même s'il sortait
dans l'obscurité
il savait quel arbre se ferait entendre
avant que les écureuils y soient arrivés !

Je me souviendrai toujours de cela, incompréhensible
aussi aux autres : il s'arrêtait de pagayer
presque au centre d'un lac à poissons
pour écouter. En silence. Il ne parlait pas du tout
simplement il se rongeait les doigts
avec ses dents
pour me prévenir qu'il avait entendu un écureuil.

Je savais qu'il souhaitait que les os de ses doigts
fussent des noisettes !

À cette distance dans le lac je pouvais bien entendre
s'égoutter les pagaies
mais nul bruit d'écureuil.

Cependant je voyais un écureuil s'éveiller
dans son visage, chaque fois que cela arrivait.

Jacques Roubaud et Florence Delay, *Partition rouge. Poèmes et chants des Indiens d'Amérique du Nord* , coll. « Points Poésie », 2007 © Le Seuil, 1988.

# Silencieuse-Jusqu'au-Dégel

Son nom raconte comment cela se passait avec elle.

La vérité est qu'elle ne parlait pas
en hiver.
Chacun avait appris à ne pas lui poser de questions en hiver
une fois connu ce qu'il en était.

Le premier hiver où cela arriva
nous avons regardé dans sa bouche pour voir
si quelque chose y était gelé. Sa langue
peut-être, ou quelque chose d'autre au-dedans.

Mais après le dégel elle se remit à parler
et nous dit que c'était merveilleux ainsi pour elle.

Aussi, à chaque printemps
nous attendions, impatiemment.

Jacques Roubaud et Florence Delay, *Partition rouge. Poèmes et chants des Indiens d'Amérique du Nord*, coll. « Points Poésie », 2007 

## Comprenons le texte ensemble

**1** À quoi correspond le titre du premier poème ? Le personnage de ce poème a un don. Lequel ?

**2** Dans le second poème, que signifie le mot « dégel » ? Le dégel a-t-il lieu plutôt en hiver ou au printemps ?

**3** À quoi renvoie le titre du second poème ? Celle dont parle le poème te semble-t-elle bien nommée ? Pourquoi ?

**Je donne mon avis** Que penses-tu de l'attitude des autres face à ce silence ?

**4** Selon toi, qui dit « je » dans le premier poème et « nous » dans le second ? Les parents, les frères et sœurs ou la tribu entière ?

**5** Compare les deux poèmes. Se ressemblent-ils ? En quoi ces textes sont-ils à la fois des récits et des poèmes ?

**Je dis le texte** Dis l'un des deux poèmes. Essaie différentes manières de le lire.

## Je joue avec les lettres et les sonorités de mon prénom

- **Cherche les mots cachés que contient ton prénom. Tu peux :**
  – **Décomposer ton prénom :** Éliane → elle, liane – Vincent → vingt, cent.
  – **Utiliser les lettres de ton prénom pour former de nouveaux mots :** Isabelle → bille, basse.
  – **Trouver des mots qui ont presque les mêmes sons que ton prénom :** Camille → vanille, camomille.
- **À partir de ces mots, invente-toi un prénom « déguisé » et utilise-le pour créer un prénom adapté à ta personnalité, à la manière des Indiens.**
- **Pense à ce que tu aimes, à ton caractère, aux activités que tu fais…**

# Je joue avec les noms

## Créer des anagrammes

### J'observe

**1 Comment passe-t-on de « Marie » à « Aimer » dans cet extrait de poème ?**

Marie, qui voudrait votre nom retourner,
Il trouverait Aimer : aimez-moi donc, Marie.

Pierre de Ronsard, *Continuation des amours*.

**2 Lis cette phrase.**

L'écrivain Boris Vian aimait se surnommer « Bison ravi ».

**a.** Compare-la au jeu sur les lettres de ton prénom (voir p. 53). Quel point commun y a-t-il ?

**b.** Comment Boris Vian a-t-il formé ce surnom ?

Faire une anagramme consiste à changer l'ordre des lettres d'un mot pour en obtenir un autre : *« aimer » est l'anagramme de « Marie »*. Une anagramme permet de faire des jeux de mots : *« Marie » devient celle que l'on peut « aimer »*.

### Je m'exerce

**1 Cherche des anagrammes à partir de ces mots.**

monde – écran – amer – gare – vandale.

**2 Lis ces noms d'écrivains et les anagrammes célèbres de leur nom. Retrouve ce qui va ensemble.**

| | |
|---|---|
| **1.** Raymond Queneau | **a.** Alcofribas Nasier |
| **2.** François Rabelais | **b.** Pauvre Lelian |
| **3.** Paul Verlaine | **c.** Rauque Anonyme |

## Évoquer avec des noms

### J'observe

**1 Lis ce passage d'un poème d'Henri Pichette.**

Ève dans un paradis
Jeannette avec sa bannière
Colette chez les récollettes
Sophie chez les philosophes
Charlotte et les sans-culottes
Marianne en république
Bertha qui tire le canon
Perpétue qui continue
Estelle qui dit que c'est elle […]

H. Pichette, *La Lune et autres enfantines*, D. R.

**a.** Par quoi commence chacun des vers ?

**b.** Quel lien peut-on établir entre chaque prénom et l'expression qui le suit ?

**2 Quels mots conviennent au poème d'Henri Pichette ci-dessus ? Et aux poèmes-noms indiens pages 52 et 53 ?**

récit – énumération – liste – phrases – répétition – litanie.

À quoi fait penser un prénom ?
On peut le dire dans un poème-nom, comme dans *Silencieuse-Jusqu'au-Dégel*, ou bien dans un seul vers, comme dans le poème d'Henri Pichette.
La poésie utilise souvent le pouvoir évocateur des mots. Par exemple, certains noms de personnages célèbres font surgir des images dans l'esprit du lecteur. D'autres se prêtent plus volontiers à des jeux sur les sonorités…

### Je m'exerce

**Compose un petit poème à la manière d'Henri Pichette.**

**Utilise des prénoms de personnes que tu connais : élèves de ta classe, parents, amis, etc.**

# Petit-Lynx

Un petit lynx
perdit sa famille.
Il s'en alla tout seul
et commença à apprendre les choses.
Il se mit en route.

Un printemps il vit
arriver des oiseaux
qui venaient du sud.
Il en goûta quelques-uns.
Il en apprit le goût.

Un été il faillit
se noyer, mais il vit son visage
un long moment
dans ce lac.
Il apprit alors son visage.

Un automne il fut aussi grand
que ses parents
et cela le fit penser
à eux.
C'est ainsi qu'il apprit
à se souvenir.

Un jour, dans le froid de l'hiver,
il trouva un oiseau gelé
qui ne bougeait pas.
C'est ainsi qu'il apprit les larmes
qui de son visage tombaient
sur cet oiseau.
Il resta penché sur lui un long moment.

Je sais son histoire,
ce qu'il apprit.
Je le sais.
Je vous le dis.
Toutes ces choses !
Je pleure quand je les dis.
Je suis Petit-Lynx.

Jacques Roubaud et Florence Delay,
*Partition rouge. Poèmes et chants des Indiens d'Amérique du Nord*, coll. « Points Poésie », 2007 © Le Seuil, 1988.

## Comprenons le texte ensemble

**1** Le poème-nom « Petit-Lynx » ne ressemble pas tout à fait aux deux précédents (pp. 52-53).
Qui raconte, cette fois, l'histoire de Petit-Lynx ?
Pourquoi, selon toi ?

**2** Qu'est-ce qu'un « lynx » ?
Celui dont parle le poème te semble-t-il bien nommé ? Pourquoi ?

**3** Chaque strophe raconte un moment différent de l'apprentissage de Petit-Lynx. Sait-on combien de temps dure cet apprentissage ?

**4** Relève les différentes étapes de cet apprentissage.

**Je donne mon avis** Quels passages de ces trois poèmes-noms aimes-tu particulièrement ?

1. **une Ode :** un poème chanté ou dit avec un accompagnement musical.

# Ode[1] au Saint-Laurent

Ma langue est d'Amérique
Je suis né de ce paysage
J'ai pris souffle dans le limon du fleuve
Je suis la terre et je suis la parole
Le soleil se lève à la plante de mes pieds
Le soleil s'endort sous ma tête
Mes bras sont deux océans le long de mon corps
Le monde entier vient frapper à mes flancs [...]

Gatien Lapointe, « Ode au Saint-Laurent », dans *La poésie québécoise contemporaine*, Montréal

## Comprenons le texte ensemble

1 Que veut dire le poète, selon toi, quand il écrit « Ma langue est d'Amérique » ?

2 Le poète s'identifie à son pays, le Canada. À quels éléments de son pays s'identifie-t-il plus précisément ?

3 Quels sont les mots qui permettent de se représenter le paysage ?

4 Qu'est-ce qui, dans ce poème, donne un sentiment d'immensité ?

# Comme un arbre dans la ville

Comme un arbre dans la ville
Je suis né dans le béton
Coincé entre deux maisons
Sans abri, sans domicile
Comme un arbre dans la ville

Comme un arbre dans la ville
J'ai grandi dans les futaies
Où mes frères des forêts
Ont fondé une famille
Comme un arbre dans la ville
[...]

Comme un arbre dans la ville
J'ai la fumée des usines
Pour prison, et mes racines
On les recouvre de grilles
Comme un arbre dans la ville
[...]

Paroles : Catherine et Maxime Le Forestier.
Musique : M. Le Forestier 

## Comprenons le texte ensemble

1 Relève les mots qui renvoient à la ville et ceux qui évoquent la nature.

2 Quels points communs vois-tu entre les trois textes pages 55 et 56 ?

## Je lis en réseau

### 1 Un poème

**Mes chats**

Micky le tigré,
Une boule de paix,
Tendresse d'enfant.
Nelson le gris-gris,
Brassées de baisers,
L'amour en gants blancs.
Léo le gentil,
Sans colère parti

Dans la nuit des chats.
La blanche Sacha,
Maîtresse, déesse,
Altesse, princesse.
Chaque chat apporte
Message à ta porte,
Une lettre des cieux
Du minet disparu.

Apprends que ne s'oublient
Les noms de ceux
Que tu as caressés
Et qui t'ont tout donné.

Patrick Bertrand,
*Silence, la queue du chat balance*,
illustration de Serge Ceccarelli
© Actes Sud, 2002.

### 2 Une œuvre complète… et d'autres poèmes du monde

Alain Serres,
***Il y a le monde***,
Cheyne.

« J'ai voyagé parmi des chaises, des oiseaux, des fenêtres de train, des paroles… Il m'en reste la poésie et la poussière. Voici le dictionnaire désordonné du monde tel que je l'ai rencontré. Tel qu'il m'a traversé. Un long poème peuplé de menues poussières. » *Alain Serres*

* Jean-Marie Henry,
***La cour couleurs. Anthologie de poèmes contre le racisme***,
illustré par Zaü,
Rue du Monde.

*** David Dumortier,
***Ces gens qui sont des arbres***,
Cheyne.

*** Raul Bopp,
***Cobra Norato***,
MeMo.

## à l'oral — Je récite un poème que j'ai choisi

- **Choisis, parmi les poèmes que tu as lus dans ton manuel ou dans d'autres livres, un poème qui te touche ou qui te plaît particulièrement.**
- **Récite ce poème à tes camarades et explique-leur ton choix en quelques mots.**

## J'écris un poème

- **Par groupe de trois, vous allez créer des images poétiques :**
**– L'un d'entre vous écrit sur une feuille des noms d'éléments et ce qu'ils évoquent.**
Exemple : soleil : rayons, éclat… – arbre : forêt, écorce…
**– Un autre écrit des noms de parties du corps humain.**
**– Le dernier écrit des verbes d'actions quotidiennes.**

- **À partir de ces mots, cherchez des associations surprenantes pour créer des images.**
Exemple : L'arbre s'étire comme un bras. – L'éclat de ta bouche chante en moi.
- **Écris un poème avec quelques images qui te plaisent et signe-le avec un prénom « déguisé » ou une anagramme.**

# J'utilise des comparaisons et des métaphores

## Comparer

### J'observe

**Lis cette strophe d'un poème d'Henri Pichette.**

La lune
comme un hublot
comme l'œil d'un vaisseau
comme une perle dans les flots…

H. Pichette, « La lune, la lune »,
dans *La Lune et autres enfantines*, D. R.

**a.** À quoi est comparée la lune ?

**b.** Quel est le point commun entre la lune et les objets auxquels on la compare ?

**c.** Quel est le mot qui indique que l'on compare ?

Pour faire naître des images poétiques dans l'esprit du lecteur, on utilise souvent des comparaisons. Le mot « comme » permet de rapprocher deux éléments qui ont un point commun pour les comparer : *dans « la lune est comme un hublot », le point commun est la forme ronde.*

### Je m'exerce

**Associe les mots de la liste 1 et les comparaisons de la liste 2 pour créer un poème. (Essaie de voir les images dans ta tête.)**

**1.** l'amour – l'amitié – ton visage – un rêve – la colère – la nuit.

**2.** comme un grand feu brûlant – comme un oiseau blessé – comme un parfum d'été – comme un océan de verdure – comme une parole étouffée – comme un éclair dans le ciel.

## Créer des métaphores

### J'observe

**Lis ces deux extraits de poème.**

**1.** Mes bras sont deux océans le long de mon corps.

G. Lapointe, « Ode au Saint-Laurent ».

**2.** Chauve-souris, masque de l'ombre.

R. Desnos, *Chantefables et chantefleurs*, Gründ.

**a.** À quoi sont comparés les bras dans le premier extrait ? Et la chauve-souris dans le second extrait ? Un mot indique-t-il que l'on compare ?

**b.** Retrouve le point commun entre les éléments et explique les comparaisons.

Une comparaison sans le mot « comme » s'appelle une métaphore. On utilise alors d'autres moyens pour rapprocher les éléments comparés :
– un verbe : *mes bras* ***sont*** *deux océans* ;
– une virgule : *chauve-souris, masque de l'ombre*.

### Je m'exerce

**1 Repère les métaphores et essaie de les classer dans un tableau.**

**1.** Oiseau, tu n'es que la virgule
d'une phrase en plein ciel.

A. Bosquet, cité dans *Les oiseaux en poésie*, Gallimard.

**2.** J'ai vu ses yeux de fougère s'ouvrir le matin.

A. Breton, *Nadja*, Gallimard.

**3.** Ma jeunesse ne fut qu'un ténébreux orage,
traversé çà et là par de brillants soleils.

C. Baudelaire, *Les fleurs du mal*.

| | |
|---|---|
| Ce qui est comparé | … |
| À quoi c'est comparé | … |
| Le point commun qui permet de comparer | … |

**2 Crée toi-même des métaphores.**

# Je choisis mes mots

**En poésie, on évoque souvent les éléments de la nature.**

les saisons – les animaux – l'eau – les plantes.

- Relis les poèmes de cette unité (pp. 52-53 et pp. 55-56) et relève les mots qui évoquent la nature. Classe-les par élément : *eau / air / terre / feu.*
- Cherche dans un dictionnaire des mots ou des expressions pour comparer. Continue cette liste : *comme, pareil à, tel…*

# J'étudie la langue pour mieux écrire

Y a-t-il des mots dans ton texte dont tu n'es pas sûr de la lettre finale ?

**La lettre finale** de beaucoup de mots français est **muette** : *pie**d**, forê**t**, den**t**…*

Pour retenir l'orthographe de ces mots, pense à d'autres **mots de la même famille** : *pédestre, forestier, dentiste…*

**Vocabulaire**
Unité 7, p. 261
La famille d'un mot

# Je relis et je réécris

**Reprends ton poème (voir p. 57).**

- Lis-le à ton voisin ou à ta voisine. Est-ce que ton poème fait naître des images poétiques dans son esprit ? Lesquelles ?
- Essaie d'améliorer ton texte grâce à ses réactions.
- Avant de recopier ton brouillon au propre, corrige-le à l'aide de **la grille de réécriture** suivante. Vérifie et corrige un seul élément à la fois.

| | |
|---|---|
| 1 | Dans mon poème, j'ai utilisé des images poétiques pour permettre au lecteur de se représenter quelqu'un ou quelque chose. |
| 2 | J'ai utilisé des comparaisons avec « comme » ou des métaphores. |
| 3 | J'ai joué avec les sonorités des mots. |
| 4 | J'ai terminé mon poème par une signature : mon prénom, un prénom « déguisé » ou l'anagramme de mon prénom. |

# Récréation

## Chanson des petites oubliées

À Mortemande, sur la lande
un souffle de vent a délié
dans les branches de l'arbramante
le chuchotis des oubliées.

Adeline, Agathe, Violaine,
Jenny, Ursule, Anna-Dorée,
Jennifer, Aglaé, Malène,
les très anciennes adorées.

Un dormeur, au fin bout du monde,
prononce un nom dans son sommeil :
Clarisse, Irma, May, Rosemonde,
un nom qu'il oublie au réveil.

Il ne reste, quand vient l'aurore,
que le silence et qu'un oiseau.
Alida, Elissa, Aurore :
des noms perdus au fond de l'eau.

L'étang se tait. Un arbre chante.
Sens-tu l'odeur d'eau et de menthe
à Mortemande, sur la lande
à l'ombre bleue de l'arbramante ?

Claude Roy, *Enfantasques*, coll. « Folio junior »

# PÉRIODE 3

**T**u vas entrer dans l'univers des histoires extraordinaires.

➜ Tu vas lire des légendes, des récits humoristiques et des histoires… à suspense !
Tu vas apprendre, quand tu lis une histoire, à mieux comprendre des phrases difficiles et à identifier ce que ressentent les personnages.

➜ Tu vas écrire des histoires « en arbre » et des récits d'aventures. Tu créeras aussi des personnages imaginaires.
Pour améliorer tes textes, tu apprendras à placer correctement les points et les virgules et à respecter les accords dans la phrase.

# Construire une pirogue

*Robinson, naufragé, vit depuis des années sur son île déserte. Depuis peu, il a un compagnon, Vendredi, un Indien qu'il a sauvé.*

L'Indien eut l'idée de fabriquer pour Robinson et lui une pirogue, semblable à celles de son pays. Il commença à creuser à la hache le tronc d'un pin très droit et de grande envergure. Travail lent et patient qui ne ressemblait pas à la hâte fiévreuse dans laquelle Robinson avait construit *L'Évasion*[1]. D'ailleurs, encore vexé par son échec, Robinson ne se mêlait de rien et se contentait de regarder travailler son compagnon. Vendredi avait commencé à faire du feu sous la partie du tronc qu'il voulait creuser, procédé qui avait l'avantage de hâter considérablement le travail, mais qui risquait, si l'arbre prenait feu, de tout compromettre. Finalement il y renonça et se servit même d'un simple canif pour parachever le travail.

Lorsqu'elle fut terminée, la pirogue était assez légère pour que Vendredi puisse l'élever à bout de bras au-dessus de sa tête, et c'est ainsi, les épaules couvertes comme par un capuchon de bois qu'il descendit vers la plage, entouré par les gambades de Tenn, et suivi de loin par un Robinson de mauvaise humeur. Mais lorsque le petit bateau commença à danser sur les vagues, Robinson fut bien obligé de renoncer à sa jalousie, et, prenant place derrière Vendredi, il saisit une des deux pagaies simples que l'Indien avaient taillées dans des branches d'araucaria[2]. Puis ils firent pour la première fois le tour de l'île par mer, accompagnés de loin par Tenn qui galopait en aboyant le long du rivage.

Michel Tournier, *Vendredi ou la vie sauvage*, coll. « Folio junior » © Gallimard.

1. ***L'Évasion* :** le premier bateau construit par Robinson pour quitter l'île déserte.
2. **araucaria :** espèce d'arbre qui pousse en Amérique du Sud et en Océanie.

## Je comprends les phrases complexes

**1 Pour chaque phrase, repère l'ordre des actions puis décompose la phrase en quatre phrases courtes. Utilise des mots pour indiquer l'ordre des actions.**

**1.** Vendredi avait commencé à faire du feu sous la partie du tronc qu'il voulait creuser, procédé qui avait l'avantage de hâter considérablement le travail, mais qui risquait, si l'arbre prenait feu, de tout compromettre. (l. 7 à 9)

**2.** Mais lorsque le petit bateau commença à danser sur les vagues, Robinson fut bien obligé de renoncer à sa jalousie, et, prenant place derrière Vendredi, il saisit une des deux pagaies simples que l'Indien avaient taillées dans des branches d'araucaria. (l. 16 à 19)

**2 Décompose de même toutes les phrases longues du texte qui te semblent difficiles à comprendre.**

Dans un récit, les phrases longues et complexes sont parfois difficiles à comprendre. Pour s'aider, on peut les décomposer en plusieurs phrases courtes et utiliser des mots pour mieux repérer l'ordre des actions : *alors*, *ensuite*, *donc*...

## J'identifie les personnages, leurs actions et leurs sentiments

**3 Qui sont les deux personnages principaux ? Qui est Tenn ? Comment le sais-tu ?**

**4 Vendredi construit la pirogue : quelles sont les étapes de cette construction ?**

**5 Robinson se contente de regarder Vendredi : pour quelle raison ?**

## Je comprends les mots difficiles

**6 Cherche ces mots et ces expressions dans le texte.**
pirogue (l. 1) – envergure (l. 3) – hâte fiévreuse (l. 4) – hâter (l. 8) – compromettre (l. 9) – renoncer (l. 10 et 17)

**a. Fais une hypothèse sur le sens de ces mots en t'aidant du contexte, puis vérifie dans un dictionnaire.**

**b. Dans le dictionnaire, relève d'autres exemples où ils sont employés avec le même sens.**

**c. À ton tour, invente des phrases pour employer ces mots et ces expressions.**

On comprend bien un mot lorsqu'on l'a rencontré dans de nombreux contextes. Pour bien comprendre et retenir le sens d'un mot que l'on ne connaît pas, on peut inventer des phrases pour l'employer.

# 7 Au pays des géants

## Les derniers Géants

*En 1849, un savant anglais, Archibald Leopold Ruthmore, part à la recherche du pays des Géants. Au terme d'une longue expédition, ayant perdu tous ses hommes, épuisé, il atteint son but.*

Au nord-est, la vallée s'incurvait pour s'élever en amphithéâtre jusqu'à une sorte de plateau. J'escaladai degré par degré les marches de cet escalier cyclopéen[1]. Depuis longtemps, je ne me nourrissais que de lichens ou de racines additionnées d'un peu de sucre, buvant l'eau accumulée au creux des rochers. J'étais si épuisé que je perdis toute notion du temps et parvins sur le plateau dans un état de quasi-somnambulisme. D'énormes piliers semblaient soutenir le ciel. À bout de forces, je sombrai dans un profond sommeil.

La terre se mit à trembler légèrement, mais j'étais trop faible pour réagir. Un soleil froid me fit soulever les paupières, avant de s'éclipser dans l'ombre d'un de ces piliers de pierre. Horreur ! Ce dernier se pencha vers moi. Il chantait d'une voix incroyablement douce. Ma raison était-elle à ce point altérée[2] ? Était-ce un rêve ? une hallucination ?

Une angoisse irrépressible[3] m'étreignait la poitrine ; pas un mot, pas un cri ne parvenait à franchir mes lèvres paralysées, et mon corps amaigri tressaillait sous l'emprise de la fièvre.

Quelque chose me souleva dans les airs. Quatre énormes têtes, entièrement tatouées, me contemplaient avec insistance. Je perdis connaissance.

1. **cyclopéen :** énorme, gigantesque.
2. **altérée :** en mauvais état, endommagée.
3. **irrépressible :** impossible à retenir.

4. **ténues :** de peu d'ampleur, de peu de force.

5. **embrouillamini :** mélange très confus et désordonné.

6. **des volutes :** des formes enroulées en spirale.

7. **des entrelacs :** des motifs qui s'entrecroisent.

Lorsque je repris mes esprits, beaucoup plus tard sans doute, ce fut pour constater que tout ce cauchemar avait laissé place au plus beau des rêves. Ici s'étendait le pays des Géants.

Ils avaient dû prendre soin de moi, car toute fatigue m'avait abandonné. Au contraire, j'étais dans un bien-être absolu et trouvais presque naturel de côtoyer aussi simplement ces colosses à voix de sirène qui m'avaient accueilli avec tant de bienveillance. Il ne me restait plus qu'à les connaître et les comprendre. Une tâche largement à la hauteur d'Archibald Leopold Ruthmore, tout bien considéré !

Dès le début de notre rencontre, ils prirent soin de moi comme d'un enfant. Je me souviens de nos premiers vrais échanges lors d'interminables veillées nocturnes : des nuits entières, leurs voix s'entremêlaient pour appeler une à une les étoiles. Une mélodie fluide, complexe, répétitive, un tissage merveilleux de notes graves, profondes, orné de variations ténues[4], de trilles épurés, d'envolées cristallines. Musique céleste, infiniment subtile, que seule une oreille inattentive aurait pu trouver monotone et qui transportait mon âme bien au-delà des limites de l'entendement. J'étais, par chance et de longue date, un observateur attentif des mouvements des astres et de la voûte céleste. J'entrepris une sorte de dictionnaire bilingue et assignai à chaque constellation la phrase musicale lui correspondant.

Ils étaient neuf, cinq Géants et quatre Géantes. Enluminés de la tête aux pieds, y compris sur la langue et les dents, d'un embrouillamini[5] délirant de tracés, de volutes[6], d'entrelacs[7], de spirales et de pointillés d'une extrême complexité. À la longue, on pouvait discerner, émergeant de ce labyrinthe fantasque, des images reconnaissables : arbres, plantes, animaux, fleurs, rivières, océans, un véritable chant de la terre dont la partition dessinée répondait à la musique de leurs invocations célestes. Dire qu'il ne me restait que deux carnets pour tenter de représenter tout cela ! Je dus écrire et dessiner si finement que les pages de mes carnets ressemblèrent à des peaux de Géant.

Eux-mêmes s'amusaient énormément à me voir œuvrer. C'était un spectacle dont ils ne se lassaient pas, et je compris alors qu'aucun d'eux ne savait dessiner.

D'où venaient alors ces gravures qui couraient de la plante de leurs pieds jusqu'au sommet de leurs crânes ? J'avais repéré, parmi les figures décorant le large dos d'Antala, le plus grand d'entre eux, neuf silhouettes humaines que j'interprétai comme une représentation de leur peuple. Et voici qu'un dixième personnage se mit à apparaître au milieu d'elles, d'abord imprécis, puis de mieux en mieux discernable ; plus petit que les autres, il portait un haut-de-forme !

De plus, leur peau semblait réagir aux plus infimes variations d'atmosphère : elle frissonnait au moindre souffle de vent, se moirait d'éclats mordorés au soleil, tremblait comme la surface d'un lac ou prenait les teintes sombres et orageuses de l'océan dans la tempête. Je compris alors pourquoi ils me regardaient parfois avec pitié. Davantage que ma petite taille, c'était ma peau muette qui les peinait : j'étais un être sans parole.

Texte et illustrations de François Place, *Les derniers Géants* © Casterman.

## Comprenons le texte ensemble

1 Qui est le narrateur ? Relève la phrase où il se désigne à la troisième personne.

2 Pourquoi le narrateur éprouve-t-il de l'angoisse au début du texte ? À quoi renvoie l'expression « ce dernier » (ligne 11) ?

3 Pourquoi, par la suite, le narrateur se sent-il parfaitement heureux ?

4 Relève le passage qui permet de comprendre qu'il est un savant.

5 Quelles sont les deux caractéristiques importantes des Géants ?

6 Pourquoi pensent-ils qu'Archibald Leopold Ruthmore est « un être sans parole » ?

7 Comment imagines-tu la vie des Géants ?

**Je dis le texte** Lis à voix haute le début du texte (lignes 1 à 19). Essaie de faire ressentir la situation de plus en plus désespérée de l'explorateur.

## Je réécris un récit en changeant de point de vue

- **Dans le texte que tu viens de lire, c'est Archibald Leopold Ruthmore qui raconte sa rencontre avec les Géants. Imagine, cette fois, que ce sont les Géants qui parlent. Vont-ils raconter la scène de la même façon ? Comment va leur apparaître le savant anglais ?**
- **Propose tes idées oralement à la classe.**
- **Rédige en quelques lignes les premiers moments de cette rencontre (lignes 1 à 19) du point de vue des Géants.**
- **Tu peux commencer ainsi :**

Nous avions remarqué quelque chose d'étrange… un drôle de petit animal escaladait le grand escalier de pierre. Nous nous sommes dirigés vers lui…

# Je raconte à la première personne

## Choisir le narrateur

### J'observe

**Lis ces deux extraits de récit.**

**1.** J'escaladai degré par degré les marches de cet escalier cyclopéen. Depuis longtemps, je ne me nourrissais que de lichens ou de racines additionnées d'un peu de sucre, buvant l'eau accumulée au creux des rochers. J'étais si épuisé que je perdis toute notion du temps et parvins sur le plateau dans un état de quasi-somnambulisme.

F. Place, *Les derniers Géants* © Casterman.

**2.** Ce soir-là, Odilon, le fils du fermier, était allé pêcher dans le ruisseau. Tout à coup, il eut l'étrange impression d'être épié. Juste en haut de la falaise, dans le noir, il distingua deux lumières vertes. C'est alors qu'apparut une énorme silhouette noire d'où jaillissaient les deux faisceaux.

D'après T. Hughes, *Le géant de fer*, trad. de S. de Vogelas, coll. « Folio cadet » © Gallimard.

**a.** Ces deux histoires ne sont pas racontées de la même façon. Dans quel extrait le narrateur est-il un personnage de l'histoire ?

**b.** Recherche tous les indices qui t'ont permis de répondre.

Dans un récit, on peut choisir celui qui raconte l'histoire, le narrateur :

– Il peut être « à l'extérieur », comme un spectateur. On emploie alors la troisième personne du singulier : *il eut l'étrange impression*.

– Il peut être un personnage de l'histoire. On emploie alors la première personne du singulier : *j'escaladai les marches*.

### Je m'exerce

**Mets le texte 2 ci-dessus à la première personne pour que l'histoire soit racontée par Odilon.**

## Donner le point de vue du narrateur

### J'observe

**Lis cet extrait des *Derniers Géants*.**

Horreur ! Ce dernier se pencha vers moi. Il chantait d'une voix incroyablement douce. Ma raison était-elle à ce point altérée ? Était-ce un rêve ? une hallucination ? Une angoisse irrépressible m'étreignait la poitrine [...]. Quelque chose me souleva dans les airs.

F. Place, *Les derniers Géants* © Casterman.

**a.** Réduis le plus possible cet extrait : conserve seulement ce qui est nécessaire pour comprendre l'action.

**b.** Relève parmi les phrases et les expressions que tu as retirées :
– des adjectifs ou des adverbes indiquant un jugement, une appréciation ;
– des réflexions que le personnage se fait à lui-même ;
– les sentiments du personnage.

Un récit est plus intéressant lorsque l'on introduit le point de vue du narrateur : ses *pensées*, ses *impressions*, sa *façon de voir* et de *ressentir* les événements.

### Je m'exerce

**Tu es Odilon, le héros du *Géant de fer*. Insère, dans cet extrait, tes impressions et tes commentaires sur les événements.**

Qu'allait-il se passer maintenant ? Je descendis ... de l'arbre. Mon cœur .... Je devais rentrer à la maison et prévenir mon père. Mais arrivé en bas de l'arbre, je m'arrêtai .... L'homme de fer avait disparu de mon champ de vision. Était-il reparti vers la mer ? .... Ou bien ... ?

D'après T. Hughes, *Le géant de fer*, trad. de S. de Vogelas, coll. « Folio cadet » © Gallimard.

# Le troisième voyage de Sindbad le marin

*Sindbad et ses compagnons sont échoués sur une île, sans bateau pour repartir.*

À la faveur de notre errance à travers cette île, nous découvrîmes un jour une demeure qui nous sembla être un palais. Nous nous approchâmes : il s'agissait d'un édifice grandiose, aux fondations solides, aux murs élevés. Un large portail y donnait accès, dont les deux battants faits de bois d'ébène se trouvaient fermés : nous les poussâmes ; ils s'ouvrirent aussitôt. Nous pénétrâmes dans une vaste cour sur laquelle s'ouvraient d'autres portes qui desservaient diverses pièces. Partout le sol était jonché d'ossements. Le fond de la cour avait été surélevé et se trouvait sur trois côtés entouré par une banquette de pierre. Devant, par terre, était disposé un banc près duquel on pouvait voir les vestiges d'un foyer, avec une réserve de bois à brûler et quelques broches de fer de dimensions impressionnantes. Les lieux étaient déserts, ce qui nous étonna et ne laissa pas de nous inquiéter. Mais, vaincus par la fatigue, nous résolûmes malgré tout de nous étendre en ce lieu et d'y prendre quelque repos.

Le soleil était près de se coucher quand la terre se mit à trembler, tandis que se faisait entendre une sorte de bourdonnement qui évoquait un vent impétueux[1] soufflant à travers des branches. Un être géant venait de franchir le portail de la cour : il était aussi haut qu'un palmier, noir de teint à l'extrême, avec des yeux rouges qui brillaient comme des braises. Quant au reste de son visage : deux narines énormes ; des dents qui lui sortaient de la bouche comme autant de broches formidables ; et cette bouche elle-même, aussi vaste que celle d'un chameau, avec une lèvre inférieure qui lui pendait jusqu'à la poitrine ; des oreilles enfin semblables à celles de l'éléphant, et qui pendaient elles aussi jusqu'à lui toucher les épaules. Avec cela, des ongles qui avaient bien plutôt l'air de griffes, telles qu'on peut en voir aux pattes des grands fauves. Rien qu'à le voir, nous avions perdu l'usage de nos sens, serrés par la crainte les uns contre les autres et déjà presque réduits à l'état de cadavres.

1. **impétueux :** fort.

Le maître des lieux commença par s'asseoir sur la banquette de pierre. Puis il se leva et vint vers nous. Il fit le tour de notre groupe, cependant que nos cœurs, saisis d'épouvante à la vue de son effroyable aspect, battaient à se rompre. Il étendit la main, et c'est sur moi que celle-ci choisit de s'abattre. Je devins semblable à un mort. Il m'empoigna et m'éleva jusqu'à sa face hideuse, me tournant et me retournant comme fait le boucher en quête de quelque brebis bien grasse. Je me trouvais dans sa main, tel l'oisillon livré sans protection à la convoitise du chasseur. Mais lorsqu'il me vit si maigre, si dépourvu de chair, il me rejeta avec dédain loin de mes compagnons.

Il en usa avec chacun de mes camarades comme il avait fait avec moi, ne cessant de les retourner et de les palper jusqu'à ce qu'il fût parvenu à notre capitaine, qu'il trouva gros et gras et fort à son goût. L'ayant choisi à sa satisfaction, il s'empara sans plus attendre d'une des broches de fer qui se trouvaient là et en transperça promptement le bonhomme du fondement[2] jusqu'au crâne. Il le ficela ensuite, mains et pieds, avec le plus grand soin, alluma un grand feu… et se mit en devoir de le faire rôtir. Confrontés à l'horreur de cette scène qui nous avait éclairés à suffisance sur le sort que le monstre réservait à ses victimes, nous ne pouvions guère faire mieux que nous lamenter. Et de la tombée de la nuit jusqu'au lever du jour, nous ne cessâmes de trembler. Enfin la lumière éclaira à nouveau le monde. Le géant s'était levé. Il s'en alla bientôt ouvrir le portail et ne tarda pas à quitter le palais.

Nous commençâmes donc à explorer les alentours, espérant y découvrir un refuge, peut-être même une issue par où fuir. Rien de tout cela ne s'offrait cependant à nos yeux. Quand l'obscurité commença à nous envelopper, force nous fut[3] de regagner le palais. La terre se mit bientôt à trembler sous nos pieds : le géant était de retour. Comme la veille, il finit par choisir l'un d'entre nous… Après l'avoir mis à rôtir, il le dégusta pareillement, assis sur sa banquette. À la suite de quoi il s'endormit et ronfla jusqu'au matin.

Le lendemain, il nous quitta encore une fois dès son réveil, nous laissant littéralement hébétés[4] d'épouvante.

– Pourquoi n'irions-nous pas nous jeter à la mer ? Nous péririons noyés ; ce sera toujours mieux que de mourir rôtis.

2. **le fondement :** le derrière d'une personne.
3. **force nous fut :** il n'y avait pas d'autre solution que.
4. **hébétés :** abrutis.

**5. incandescentes :** rendues rouges et lumineuses par une très forte chaleur.

– Ô mes frères, m'écriai-je, écoutez plutôt ! Commençons donc par fabriquer à l'aide de ces branches de légers radeaux capables de supporter chacun trois hommes. Nous irons les amarrer au rivage et, cette précaution prise, nous pourrons toujours aviser au moyen de tuer ce monstre.

Mon conseil fut reçu favorablement. Nous nous mîmes au travail. De retour au palais, nous eûmes beau cette fois encore nous cacher, le géant noir n'eut pas trop de peine à nous retrouver ; et il s'empressa comme à son habitude de faire rôtir et de déguster celui d'entre nous qu'il jugea le mieux à point.

Nous le laissâmes ronfler un moment, mais nous connaissions ses habitudes et il était peu probable qu'il s'éveillât avant le matin. Nous nous étions levés sans bruit et, nous étant emparés de deux des broches qui se trouvaient fichées en terre près du feu, nous les avions placées sur la braise. La pointe s'en trouva à la fin si bien rougie à blanc qu'on eût dit que le métal s'était changé en charbon ardent. Il ne nous restait plus qu'à transporter ces redoutables ustensiles jusqu'auprès du géant endormi et toujours ronflant. Les deux pointes incandescentes[5] furent alors dirigées vers les yeux du dormeur, où nous les enfonçâmes d'un seul élan, pesant dessus de tout notre poids, de toutes nos forces. Terrassé par le sommeil tel un animal enchaîné, notre adversaire ne s'était douté de rien, et voilà qu'il se réveillait aveugle, les deux yeux crevés ! Il jeta un cri terrible qui emplit nos cœurs d'épouvante, puis, se levant brusquement de sa banquette, il se mit à tâtonner confusément autour de lui, tandis que nous courions nous réfugier à l'autre bout de la cour.

Comprenant cependant qu'il lui fallait renoncer à s'emparer de nous, le monstre se dirigea à tâtons vers le portail contre lequel il donna de la tête puis, l'ayant ouvert, il s'enfuit en hurlant, faisant trembler le sol tout ensemble de ses cris et du martèlement de ses pas. Dès qu'il eut disparu, nous quittâmes le palais pour gagner le rivage.

D'après René R. Khawam, *Les aventures de Sindbad le marin*, coll. « Épopée » © Casterman.

## Comprenons le texte ensemble

1. Quel est le premier élément inquiétant que découvrent les voyageurs dans le palais ?
2. Dessine le palais du géant en t'appuyant sur le texte.
3. Quelle impression d'ensemble donnent tous les détails du portrait du géant (lignes 18 à 27) ? Quel passage confirme ensuite ton impression ?
4. Relève les différentes manières de désigner le géant au fur et à mesure que les événements se déroulent.
5. Relis le passage de la ligne 18 à la ligne 29 et relève les nombreuses comparaisons. À quoi servent-elles ?
6. Compare ce texte à celui des pages 64 à 66. En quoi se ressemblent-ils ? Laissent-ils la même impression ?

**Je donne mon avis** Souviens-toi d'autres histoires, d'autres livres ou d'autres films où apparaissent des personnages de géants. Selon toi, pourquoi font-ils peur ?

## Je lis en réseau

### 1 Un mythe

**Jupiter et les géants**

Restés maîtres de l'Univers, après la fuite de Saturne, ses trois fils se répartirent sa succession. Neptune eut l'empire des Mers ; Pluton se contenta des Enfers ; quant à Jupiter, il s'installa en maître sur l'Olympe, un massif montagneux, et s'attribua le palais des Dieux.

Cependant, il eut encore à supporter la révolte des Géants, fils de Titan, qui ne pouvaient oublier la défaite. Revenant à la charge, ils conçurent le présomptueux projet d'escalader l'Olympe.

D'une taille prodigieuse, d'une force dépassant tout ce qu'on peut imaginer, ces monstres à queue de serpent étaient dotés d'une centaine de bras et de cinquante têtes. Ils saisirent d'énormes rochers. Ils les lancèrent contre Jupiter : les uns tombèrent dans la mer, devinrent des îles, et les autres retombèrent à terre, formant des montagnes. Mais jamais ils ne parvinrent à détrôner le maître de l'Olympe.

D'après Émile Genest, *Les plus belles légendes de la mythologie*, D. R.

### 2 Une œuvre complète… et d'autres histoires de géants

Gulliver raconte ses voyages dans plusieurs pays imaginaires. Le plus célèbre est Lilliput, dont les minuscules habitants prennent Gulliver pour un géant. D'où des situations burlesques ou dramatiques.

Jonathan Swift, ***Les voyages de Gulliver***, adaptation de Anne Bouin, Milan Jeunesse.

* S. Corinna Bille, ***Le masque géant***, La Joie de lire.

** Charles Perrault, « **Le Petit Poucet** », dans *Contes de ma mère l'Oye*, Gallimard Jeunesse.

** Hergé, ***Tintin au Tibet***, Casterman.

## à l'oral — Je décris des personnages imaginaires

- Bons ou mauvais géants ? Imagine des personnages de géants : à quoi ressemblent-ils ? Où habitent-ils ? Que ressent-on quand on les voit ? Font-ils trembler ou font-ils rêver ?
- Propose tes idées oralement à la classe.

## J'écris un récit imaginaire

- À partir des idées que tu as proposées, raconte par écrit l'expédition d'un héros dans le pays de tes géants.
- Ton héros a fait naufrage et il se retrouve en terre inconnue : que se passe-t-il alors ? Raconte la rencontre avec les géants : la réaction de ton héros, celle des géants, le décor…
- Utilise le passé.
- Tu peux décider d'être le héros de cette histoire. N'oublie pas, dans ce cas, d'écrire à la première personne !

# Je raconte au passé

## Distinguer les temps du passé

### J'observe

**Relis le début du *Troisième voyage de Sindbad le marin* jusqu'à la ligne 7 (p. 68).**

**a.** Tu sais que l'on peut choisir d'écrire une histoire en utilisant le passé composé ou le passé simple (voir p. 22). Quel temps l'auteur a-t-il choisi dans ce texte ?

**b.** Réécris cet extrait en utilisant le passé composé. Que remarques-tu ? Est-il possible de mettre tous les verbes au passé composé ? Quels verbes doivent rester tels quels ? À quel temps sont-ils ?

> L'imparfait s'emploie aussi bien dans un récit au passé simple que dans un récit au passé composé.

### Je m'exerce

**Mets au passé composé ce passage des *Derniers Géants*.**
**Attention : certains verbes ne doivent pas être transformés !**

La terre se mit à trembler légèrement, mais j'étais trop faible pour réagir. Un soleil froid me fit soulever les paupières, avant de s'éclipser dans l'ombre d'un de ces piliers de pierre. Horreur ! Ce dernier se pencha vers moi. Il chantait d'une voix incroyablement douce. Ma raison était-elle à ce point altérée ?

## Utiliser l'imparfait

### J'observe

**Compare ces deux versions d'un même extrait des *Derniers Géants*.**

**1.** Une angoisse irrépressible m'étreignait la poitrine ; pas un mot, pas un cri ne parvenait à franchir mes lèvres paralysées, et mon corps amaigri tressaillait sous l'emprise de la fièvre.

**2.** Une angoisse irrépressible m'étreignit la poitrine ; pas un mot, pas un cri ne parvint à franchir mes lèvres paralysées, et mon corps amaigri tressaillit sous l'emprise de la fièvre.

**a.** Ces deux textes ont-ils le même sens ? Lequel donne l'impression que les événements durent longtemps ? À quoi cela est-il dû ?

**b.** Quelle version trouve-t-on dans *Les derniers Géants* (lignes 14 à 16) ? Pourquoi convient-elle mieux ?

> Dans un récit au passé, on emploie l'imparfait pour :
> – préciser le cadre de l'histoire ;
> – décrire les actions en train de se dérouler et qui durent dans le temps.
> On emploie le passé simple ou le passé composé pour raconter les actions qui surviennent et font avancer l'histoire.

### Je m'exerce

**Mets ce texte au passé.**

Ils mangent très rarement, se nourrissant de plantes, de terre ou de rochers. Je ris à les voir faire leurs délices d'un mille-feuille de schiste saupoudré de mica, ou couver d'un regard gourmand un morceau de calcaire rose. Ils m'indiquent les plantes comestibles dont je fais mon ordinaire pendant près d'un an. Ils me font goûter un bouillon dont ils tiennent à garder la préparation secrète. Ils semblent parfaitement heureux.

D'après F. Place, *Les derniers Géants* © Casterman.



Conjugaison Unités 7 à 11, p. 237 à p. 245

# Je choisis mes mots

**Pour décrire des personnages qui n'existent pas dans la réalité, on peut parler de choses connues qui ressemblent à ces personnages imaginaires.**

**Pour décrire des géants, on peut dire que :**
ce sont des piliers – ils sont hauts comme des palmiers – ils ont d'énormes têtes – ils ont des oreilles semblables à celles d'un éléphant – ce sont des colosses…

- Continue cette liste en cherchant dans les textes de cette unité, dans d'autres histoires ou en imaginant d'autres mots ou expressions.
- Essaie de classer les mots que tu as trouvés en plusieurs groupes. Comment as-tu choisi tes groupes (donne tes critères de classement) ?

# J'étudie la langue pour mieux écrire

Chaque phrase se termine par **un point** (ou un point d'interrogation, d'exclamation, de suspension).
À l'intérieur d'une phrase, certains groupes de mots sont séparés du reste par **une virgule** (= une courte pause à l'oral) : c'est souvent le cas des compléments circonstanciels (CC).
En relisant ton texte, vérifie la ponctuation :
– **Repère les phrases** pour les terminer par un point.
– **Repère les groupes de mots** qui doivent être séparés par une virgule.

**Grammaire**
**Unités 7 et 8, p. 177 et p. 178**
Identifier les compléments circonstanciels

*Juste en haut de la falaise, dans le noir, il distingua deux lumières vertes.*
(« Juste en haut de la falaise » : CC ; « dans le noir » : CC)

# Je relis et je réécris

**Reprends ton histoire de géants (voir p. 71).**

- As-tu bien décrit les géants et le pays dans lequel ils vivent ? Lis ton texte à un camarade et demande-lui s'il s'imagine les géants.
- Essaie d'améliorer ton texte en utilisant la rubrique « Je choisis mes mots ».
- Avant de recopier ton brouillon au propre, corrige-le à l'aide de **la grille de réécriture** suivante. Vérifie et corrige un seul élément à la fois.

| | |
|---|---|
| 1 | J'ai raconté l'arrivée d'un héros chez les géants et leur rencontre. |
| 2 | J'ai montré s'il s'agissait de bons ou de mauvais géants. |
| 3 | J'ai donné le point de vue de mon héros : ses pensées et ses sentiments… |
| 4 | Si j'ai choisi d'être le héros, j'ai raconté toute mon histoire à la première personne. |
| 5 | J'ai correctement utilisé les temps du passé : passé simple ou passé composé, et imparfait. |

# 8 Des histoires à construire

## La plus grande carotte du monde

Un jour, un jardinier sema des carottes. Il les cultiva comme d'habitude et, à l'époque prévue, il commença à les arracher. Tout à coup, il en trouva une bien plus grosse que les autres. Il tirait, tirait, mais ne pouvait pas la déterrer. Il essaya de différentes façons : rien à faire… Alors, il se décida à appeler sa femme.

« Joséphine !

– Qu'y a-t-il, Auguste ?

– Viens voir, il y a une drôle de carotte que je ne peux pas arracher. Tiens, regarde !

– Elle a l'air vraiment énorme !

– On va faire ainsi : moi, je tire la carotte et toi, tu m'aides, en me tirant par la veste. Allez, vas-y… Tu es prête ? Tire ! Allez, ensemble…

– Il vaut mieux que je te tire par le bras. Sinon je vais déchirer ta veste.

– Tire donc par le bras. Courage ! Rien à faire ! Appelle le petit… Je suis à bout de souffle !

– Paul, Paul ! cria la femme du jardinier.

– Qu'est-ce qu'il y a, maman ?

– Viens un peu ici. Et dépêche-toi.

– J'ai mes devoirs à faire…

– Tu les finiras après. Pour l'instant, viens nous aider… On n'arrive pas à déterrer cette carotte. Moi, je vais tirer Papa par un bras, toi par l'autre. Papa tirera la carotte. On y arrivera bien… »

Le jardinier cracha dans ses mains.

« Vous êtes prêts ? Allez ! Tirez ! Oh ! hisse ! Oh ! hisse ! Elle ne bouge pas d'un pouce ! »

*On appelle à la rescousse le grand-père, puis le voisin, sa femme et son fils… Sans succès. Les badauds[1] se rassemblent dans le jardin d'Auguste pour le regarder tirer…*

Et les bavardages allaient bon train. Et on tirait, on tirait… Et le soleil était sur le point de se coucher…

1. **un badaud :** un passant curieux.

2. **s'escrimer :** faire beaucoup d'efforts.

**Premier épilogue**

On ne réussit pas à arracher la carotte.

Tout le village se met à l'œuvre : c'est peine perdue.

Des gens viennent des villages voisins : on s'escrime[2] en vain.

D'autres arrivent de villages très lointains : rien, toujours rien.

Finalement, on s'aperçoit que cette carotte gigantesque traverse le globe terrestre de part en part. Aux antipodes, il y a un autre jardinier entouré d'une autre foule qui tire. En somme, c'est un grand jeu de la corde qui ne s'achèvera jamais.

**Deuxième épilogue**

On tire longtemps et on finit par déterrer quelque chose. Mais ce n'est pas une carotte, c'est une citrouille. À l'intérieur se trouvent sept nains cordonniers qui sont en train de ressemeler des chaussures.

« Qu'est-ce que c'est que ces manières ! protestent les nains. Vous n'avez pas le droit de voler notre boutique, notre maison. Remettez-nous où nous étions ! »

La foule se disperse, épouvantée.

Tous s'enfuient sauf le grand-père. Il dit aux nains :

« Auriez-vous une allumette ? Ma pipe s'est éteinte. »

Le grand-père et les nains sympathisent.

« J'ai presque envie de venir habiter dans votre citrouille, leur dit-il, vous n'auriez pas une petite place pour moi ? »

Alors Paul crie de loin :

« Grand-père, si tu y vas, je viens avec toi ! »

Joséphine crie aussitôt :

« Paul, n'y va pas ou j'y vais aussi ! »

Alors le jardinier crie à son tour :

« Joséphine, attends. Si tu y vas, j'y vais, moi aussi ! »

Les nains se fâchent et disparaissent sous terre avec leur citrouille.

**Troisième épilogue**

Tirez, tirez… l'union fait la force. On extirpe la carotte, centimètre par centimètre. Elle est énorme : pour l'emporter au marché, on doit utiliser vingt-sept camions et un tricycle.

Il n'y a pas d'entreprise impossible pour les hommes qui travaillent avec le même enthousiasme, n'est-ce pas ?

Gianni Rodari, *Histoires à la courte paille* © Le Livre de Poche Jeunesse, 2003.

## Comprenons le texte ensemble

1. Relève dans les lignes 1 à 26 les prénoms des différents personnages.
Qui sont-ils les uns par rapport aux autres ?

2. Où la scène se passe-t-elle ?

3. Qu'est-ce qu'un « épilogue » ?

4. Classe les trois épilogues en deux catégories.

**Je donne mon avis** Quel épilogue préfères-tu ? Explique pourquoi.

**Je dis le texte** Lis les lignes 1 à 26 avec des camarades. Puis jouez la scène.

## J'écris une fin de récit

- **L'auteur a proposé trois épilogues. À toi d'en imaginer un quatrième en quelques lignes.**

- **Pour t'aider, relis le début du deuxième épilogue à partir de « Mais ce n'est pas une carotte, c'est une citrouille. À l'intérieur… » (lignes 42 à 44) et invente une autre fin. Tu peux imaginer que d'autres êtres habitent la citrouille. Que pourrait-il leur arriver ? Et si la famille partait vivre avec eux ?**

# Je construis la trame d'un récit

## Présenter un récit « en arbre »

### J'observe

**Lis le début de ce récit « en arbre ».**

1. Kongolo rêve de Kassala, la belle princesse triste, qui, sur l'autre versant du mont Noir, se désespère.

2. Il s'engage dans la montagne vers le royaume de Kassala. Un terrible gorille garde le chemin.

3. Il va consulter la vieille et sage Kali, dans la petite île de Koutouba, à deux jours de pirogue.

4. Le gorille l'empêche de passer.

5. Avec l'aide du renard, Kongolo trompe la vigilance du gorille. Il arrive près de la maison où Kassala est recluse.

6. Il entreprend un long voyage vers Chibongo pour découvrir le secret de la tristesse de Kassala.

7. Impatient, Kongolo écrit un message à la princesse.

8. Kongolo part à la ville chercher un « ikembé » pour entrer en contact avec Kassala par le langage de la musique.

D'après J. Sauvy, *Kassala* © Casterman.

**a.** Comment ce récit est-il présenté ? Comment le lecteur sait-il qu'il peut choisir entre plusieurs possibilités ?

**b.** Aurait-on pu le présenter différemment ?

Dans un récit « en arbre », il faut bien séparer les épisodes et indiquer clairement les parcours de lecture offerts aux lecteurs. On peut indiquer les parcours par des flèches ou bien terminer chaque épisode par une formule spéciale : *Si Kongolo part vers le royaume de la princesse, va en 2. Si tu préfères qu'il aille demander conseil à Kali, va en 3.*

### Je m'exerce

**Retrouve les épisodes du début de ce récit « en arbre » et présente-le de manière claire.**

Ingrid s'est égarée dans la forêt. Elle aperçoit un écriteau sur un arbre. « Voilà qui va me permettre de retrouver le bon chemin ! » se dit-elle. Hélas, les lettres sont effacées, l'arbre lui-même est bizarre et creux. Ingrid entre dedans. Avec un bruit sec, l'arbre se referme sur elle. Ingrid frotte l'écriteau : les lettres deviennent d'or et une voix la fait frissonner. Ingrid cherche un trou pour sortir. Elle appelle au secours pendant très longtemps, puis, épuisée, s'endort. « En frottant ces lettres, tu m'as appelé. Que veux-tu ? » Soudain, tout en haut de ce tronc creux, elle remarque un écureuil qui sautille de branche en branche. Soudain, un vieil homme barbu apparaît devant elle.

# Le petit bandit de grands chemins

Dans le soir tombant, au bord d'un chemin creux, un petit bandit était embusqué[1] derrière un gros arbre.

C'était en Angleterre, en octobre 1730. Il pleuvait, il ventait, et le petit bandit frissonnait. Il frissonnait de froid, dans sa vieille chemise râpée, mais d'excitation aussi. C'était la première fois de sa vie qu'il détroussait[2] un passant, ou, plus exactement, qu'il allait essayer.

Soudain, il tendit l'oreille. Là-bas, sur le chemin, ce bruit de pas… Une victime, enfin !

Il risqua un coup d'œil hors de sa cachette.

Au bout du chemin, clopin-clopant, une petite vieille avançait sans hâte, courbée sur son bâton et sous le poids des ans. Flic ! floc ! faisaient ses sabots dans la boue.

Alors, le cœur battant, l'apprenti bandit se planta au milieu du chemin et lança de sa plus grosse voix : « La bourse ou la vie ! »

Dans la famille de Tod Prentiss, on était voleur de père en fils.

La tradition remontait loin. Du côté de sa mère, depuis des générations, on volait des moutons. Rude métier, et des plus risqués : plusieurs oncles et grands-oncles avaient fini pendus haut et court.

Du côté de son père, on aimait mieux garder les pieds sur terre. On se contentait sagement de petite truanderie. Depuis l'arrière-arrière-arrière-grand-père de Tod, brillant chapardeur de carottes, la famille avait pourvu la contrée en habiles coupe-jarrets, tire-laine, vide-goussets et autres doigts agiles. Mais depuis trois générations, on y pratiquait surtout l'art de détrousser le passant, de préférence au coin d'un bois. […]

1. **embusqué :** caché pour surprendre ou pour agresser quelqu'un.

2. **détrousser :** dépouiller quelqu'un de ce qu'il porte ; dévaliser.

À peine avait-il prononcé « La bourse ou la vie ! » que Tod se souvint : son père était contre ce genre de discours.

Mais peu importait. Car la petite vieille allait son chemin comme si elle n'avait même pas entendu.

Tod la rattrapa d'un bond, il se campa devant elle et lui corna aux oreilles :

– La bourse ou la vie, je vous dis !

Cette fois, la vieille s'arrêta, en appui sur son bâton, une main en cornet à l'oreille.

– Pour ça oui, chevrota-t-elle. Tu l'as dit. Toujours la pluie. Quel temps pourri !

Tod lui brandit son couteau sous le nez. Ce n'était pas un vrai coutelas. Tod l'avait taillé dans une écorce grise, et frotté de betterave au bout, pour faire rouge et redoutable. Il le trouvait très réussi.

– Avez-vous compris ? Je suis un bandit !

– Grandi ? Sûrement, que tu as grandi, répondit la vieille. La mauvaise herbe ça pousse toujours. Mais si tu veux mon avis, tu peux grandir encore !

Alors Tod vit rouge :

– Mais puisque je vous dis que je suis un voleur !

– L'heure ? Je n'en sais rien, mon pauvre garçon. Tout ce que je peux dire, c'est qu'il est tard. Et qu'à cette heure-ci un gamin de ton âge devrait être chez lui, au lieu de jouer à faire peur aux vieilles gens !

Et l'écartant de son bâton comme elle l'eût fait d'une brebis rétive[3], elle passa son chemin sans plus de façon.

Tod recula d'un bond.

Mais la boue était traîtresse : il dérapa, perdit l'équilibre et s'en alla choir[4] au fossé.

Alors un grand rire s'éleva du pré voisin.

– Hi-han ! faisait le témoin. Hi-han, hi-han !

Tod se releva, trempé, crotté, les mains vides. Là, entre les aubépines, une ânesse pointait le mufle et deux longues oreilles mitées[5].

– Et tu te dis bandit ? pouffa la bête, riant de toutes ses dents jaunes.

3. **rétive (masculin : rétif) :** qui refuse d'obéir.

4. **choir :** tomber.

5. **mitées :** rongées par les mites, abîmées, usées.

Si j'étais toi, je me ferais plutôt…

– Tu te ferais plutôt quoi ? bougonna Tod.

– Amuseur dans les foires. Pour faire rire les bonnes gens.

D'autres que Tod auraient mal pris la chose. Échouer (lamentablement) dans sa première attaque à main armée ; se faire envoyer au fossé par une petite vieille ratatinée ; et pour finir s'entendre traiter de pitre, c'était assez pour vous détourner à jamais d'une carrière de brigand. La plupart des apprentis bandits auraient sans doute pris la mouche[6] – injurié le ciel, insulté la vieille, jeté des pierres à l'ânesse. D'autres se seraient pris la tête à deux mains pour verser des larmes amères sur la cruauté du destin…

Et à vrai dire, l'espace d'une seconde, Tod fut tenté par cette solution : pleurer un bon coup.

Mais, comme il repêchait son couteau qui flottait sur les lentilles d'eau, l'aspect comique de toute l'affaire lui sauta aux yeux soudain, et à son tour il éclata de rire.

– Écoute, dit-il à l'ânesse, je n'aime pas beaucoup qu'on me traite de nigaud, mais si je t'ai fait rire, j'en suis bien content… Malheureusement, c'est la seule bonne chose que j'ai faite de la journée.

– Ah ? fit l'ânesse.

– Oui, puisque je rentre bredouille. Ma mère va être bien déçue de me voir revenir les mains vides.

– Il n'est pas trop tard encore, dit l'ânesse.

*Et l'ânesse, que son maître rend malheureuse, propose à Tod de la voler.*

– Écoute, reprit l'ânesse, c'est simple : tu cherches que voler, je cherche qui me volera. Nous sommes faits l'un pour l'autre.

Dick King-Smith, *Le petit bandit de grands chemins*


6. **prendre la mouche :** se mettre en colère.

## Comprenons le texte ensemble

1 À quelle époque et à quel moment de l'année se situe cette histoire ?

2 Comment s'appelle le personnage principal ? Retrouve, dans l'ordre, tous les mots qui le désignent.

3 Voici ce que Tod dit à la vieille dame. Retrouve ce qu'elle lui répond et explique pourquoi.
**a.** « La bourse ou la vie, je vous dis ! »
**b.** « Avez-vous compris ? Je suis un bandit ! »
**c.** « Mais puisque je vous dis que je suis un voleur ! »

4 Quels sont les mots qui désignent l'animal (lignes 55 à 62) ? Ce personnage te semble-t-il sympathique ?

**Je dis le texte** Lis le dialogue entre Tod et la vieille dame avec tes camarades (lignes 32 à 49). Trouvez le moyen de faire ressortir le comique de ce dialogue de sourds.

5 Quel marché propose l'ânesse à Tod ? À ton avis, vont-ils s'entendre ?

## Je lis en réseau

### 1 Un poème

**Avec des « si »**

Si les poissons savaient marcher
ils aimeraient bien aller le jeudi au marché.

Si les canards savaient parler
ils aimeraient bien aller le dimanche au café.

Et si les escargots savaient téléphoner
ils resteraient toujours au chaud dans leur coquille.

Claude Roy, *Enfantasques*, coll. « Folio junior » © Gallimard.

### 2 Une œuvre complète… et d'autres histoires « en arbre »

Dans un port de Norvège, un vieux marin raconte chaque soir comment il a perdu l'oreille qui lui manque. Mais ce n'est jamais la même histoire ! Qui saura un jour la vérité ?

Jean-Claude Mourlevat, ***L'homme à l'oreille coupée***, Thierry Magnier.

* Patrick Burston, Alastair Graham, ***La jungle aux 100 périls***, coll. « Vivez l'aventure », Gründ.

** Claude Delafosse et Yvan Pommaux, ***La peur du Louvre***, L'École des loisirs.

*** Lewis Trondheim et Sergio Garcia, ***Les trois chemins***, Delcourt.

## à l'oral – Je raconte des suites d'histoires

- Raconte le début d'une histoire que tes camarades ne connaissent pas : le début d'un conte, d'un roman, d'un film… Arrête-toi à un moment palpitant.
- Chacun de leur côté, tes camarades imaginent la suite et la fin de l'histoire (l'épilogue), puis la racontent à la classe.
- Chaque auditeur dit quel est son épilogue préféré et explique pourquoi.

## J'écris un récit « en arbre »

- Relis les lignes 63 à 75 de *Petit bandit de grands chemins* (p. 80).
Devant une telle situation d'échec, l'auteur envisage différentes réactions possibles. Laquelle a-t-il choisie pour Tod, son héros ?
- Choisis une autre solution parmi celles proposées. Que va-t-il se passer ?
Rédige ta suite, puis compare ton texte avec celui de tes camarades.
- Cherche maintenant avec tes camarades comment présenter vos suites pour faire un récit « en arbre » à la manière de *La plus grande carotte du monde* (pp. 74 à 76).

# J'organise un texte en paragraphes

## Reconnaître l'unité du paragraphe

### J'observe

**Relis les lignes 33 à 40 de *La plus grande carotte du monde* (p. 75).**

**a.** À quoi correspondent les passages à la ligne ?

**b.** Pourquoi l'auteur a-t-il créé ces passages à la ligne ?

Un paragraphe correspond à une unité de sens : *une action* d'un personnage, *un événement*, *une situation*… On peut toujours le résumer en quelques mots.

### Je m'exerce

**Relis le début du *Petit bandit de grands chemins* jusqu'à la ligne 14 (p. 78).**

**a.** Combien y a-t-il de paragraphes ?

**b.** Redonne à chaque paragraphe la phrase qui le résume.

**1.** Soudain, il entendit arriver sa première victime.

**2.** Un bandit était embusqué derrière un arbre au bord d'un chemin creux.

**3.** C'était une petite vieille qui avançait courbée sur son bâton.

**4.** Il faisait mauvais : le bandit frissonnait de froid et d'excitation car c'était sa première attaque.

**5.** Le bandit se planta au milieu du chemin et s'écria : « La bourse ou la vie ! »

**6.** Il jeta un coup d'œil.

## Enchaîner les paragraphes

### J'observe

**1 Lis cette liste de mots et d'expressions que l'on trouve souvent dans les récits.**

| | | |
|---|---|---|
| une nuit | mais | alors |
| plus tard | soudain | ainsi |
| cette fois | à peine | c'est pourquoi |

**a.** Cherche ceux qui sont utilisés dans *Le petit bandit de grands chemins* (pp. 78 à 80) et relèves-en d'autres.

**b.** À quoi servent ces mots dans le récit ?

**2 Classe les mots que tu as relevés en trois colonnes. Quels critères as-tu retenus pour les classer ?**

Les mots et les expressions qui organisent le récit ont chacun un sens particulier. Ils renvoient souvent à :
- un moment dans le cours du récit : *plus tard* ;
- une rupture ou une accélération : *soudain* ;
- une conséquence : *ainsi*.

### Je m'exerce

**Complète le début de ce conte avec les mots et les expressions de la liste qui organisent le récit. Essaie de continuer oralement le conte.**

*un jour – donc – tout à coup – aussitôt – puis – la semaine suivante – par conséquent – alors – le lendemain – brusquement – le jour même*

Il était une fois une pauvre petite servante qui lavait la vaisselle toute la journée en rêvant de beaux palais et de vaisselle d'or. … , Gertrude la petite servante sortit de l'eau une chose étrange : une cuillère d'or. … , la petite servante s'apprêtait à aller porter sa trouvaille à sa patronne lorsque, … , un poisson sauta hors de sa bassine et dit : « Garde la cuillère d'or, elle est à toi. » … , il replongea dans l'eau savonneuse. … , Gertrude serra la cuillère sur son cœur.

## Je choisis mes mots

**Dans un récit, on exprime les réactions d'un personnage grâce à des verbes et à des expressions.**

**Voici des expressions utilisées dans *Le petit bandit de grands chemins* pour exprimer les réactions du personnage face au sentiment d'échec :**

prendre la mouche – injurier le ciel – insulter – verser des larmes.

- En t'aidant d'un dictionnaire, trouve d'autres verbes et expressions pour décrire des réactions face à un sentiment de ton choix : *colère*, *joie*, *tristesse*, *révolte*…

## J'étudie la langue pour mieux écrire

Dans une phrase, **le verbe s'accorde avec son sujet**.
En relisant ton texte, vérifie systématiquement les accords des verbes avec leur sujet.
**Sur le brouillon**, aide-toi en traçant **la chaîne des accords**.

**Orthographe**
Unité 2, p. 197
Accorder le verbe avec son sujet aux temps simples

Le bavardage des enfants allait bon train.
Il → allait

Auguste et Joséphine tiraient sur la carotte.
Ils → tiraient

Flic ! Floc ! faisaient ses sabots.
faisaient ← ils

N'oublie pas, parfois le verbe peut se trouver avant le sujet !

## Je relis et je réécris

**Reprends le récit « en arbre » que tu as construit avec tes camarades (voir p. 81).**

- Relisez les suites proposées par chacun : regardez si tout est compréhensible et si ces suites s'enchaînent bien avec le début de l'histoire.
- Reprends ta suite et essaie de l'améliorer à partir des remarques de tes camarades et de la rubrique « Je choisis mes mots ».
- Avant de recopier ton brouillon au propre, corrige-le à l'aide de **la grille de réécriture** suivante. Vérifie et corrige un seul élément à la fois.

| | |
|---|---|
| 1 | Les différentes suites s'enchaînent bien et sont clairement présentées « en arbre ». |
| 2 | J'ai organisé mon texte en paragraphes. |
| 3 | Chaque paragraphe correspond à une unité de sens. |
| 4 | J'ai utilisé des mots et des expressions qui organisent le récit. |

# 9 Suspense !

## Perdu dans la taïga

*Vassioutka vit avec ses parents sur le bord du fleuve, en lisière de la forêt sibérienne (la taïga). Il s'est enfoncé dans la forêt pour ramasser des graines de cèdre. Des petites marques dans les arbres permettent de retrouver son chemin dans l'immense forêt sauvage. S'en éloigner, c'est risquer sa vie !*

Soudain, quelque chose fit un bruit violent juste devant Vassioutka, le faisant sursauter. Il aperçut aussitôt un grand oiseau noir qui prenait son vol. « Un tétras », devina Vassioutka, médusé[1]. Il avait déjà à son tableau de chasse des canards, des bécasses, des perdrix, mais jamais encore il n'avait eu l'occasion de tirer un grand coq de bruyère.

Le tétras traversa une clairière moussue, fit un zigzag entre les arbres et se posa au sommet d'un vieux tronc desséché.

*(Le garçon réussit à approcher de l'oiseau.)*

À l'action ! Vassioutka se releva rapidement sur un genou et tenta dans l'enchaînement de mettre en joue[2] l'oiseau soudain inquiet. Il maîtrisa enfin le tremblement qui agitait ses mains, la mire[3] cessa de danser, elle se fixa sur le tétras… Pan ! L'oiseau noir culbuta en battant des ailes, mais, avant d'avoir atteint le sol, il arrêta sa chute et s'envola dans l'intérieur du bois.

« Touché ! » enregistra Vassioutka et il se jeta à la poursuite de l'animal blessé.

C'est alors seulement qu'il comprit ce qui s'était passé, et il s'adressa d'amers reproches :

« Évidemment, des petits plombs pour une bête comme ça, qui est presque de la taille de mon chien !… Il en faut plus pour l'impressionner ! »

L'oiseau s'éloignait par volées de plus en plus brèves. Ses forces faiblissaient. Enfin, incapable d'arracher du sol son corps pesant, il se mit à courir.

« Maintenant, il ne m'échappera pas ! » pensa Vassioutka, sûr de lui, et il accéléra. L'oiseau n'était plus guère éloigné.

Vassioutka laissa tomber son sac, leva son fusil et fit feu. En quelques pas il rattrapa le tétras et se laissa tomber dessus.

« Halte, l'ami, halte ! » bredouillait-il, fou de joie. « Tu ne t'en tireras pas, mon vieux ! Ah, tu voulais courir ! Mais t'inquiète pas, j'ai de bonnes jambes, moi aussi ! »

Content de lui, Vassioutka palpait le tétras, admirant son plumage noir aux reflets bleutés. Puis il le soupesa. « Y en a bien cinq kilos, si ce n'est huit », calcula-t-il, et il fourra l'oiseau dans son sac. « Bon, faudrait que je me presse maintenant, autrement je vais me faire attraper par ma mère. »

1. **médusé :** stupéfait, très étonné.

2. **mettre en joue :** viser avec une arme.

3. **la mire :** la ligne imaginaire entre l'œil du tireur et l'objet qu'il vise.

4. **un fût :** un tronc d'arbre.

5. **chétifs :** petits, peu développés, rabougris.

Tout à son triomphe, Vassioutka avançait dans le bois en sifflant tous les airs qui lui passaient par la tête.

Soudain il repensa aux marques. Depuis le temps, il devrait déjà y être.

Il regarda autour de lui. C'étaient les mêmes arbres que ceux qui portaient les entailles. Le bois était impassible, songeur, mélancolique, avec ses fûts[4] clairsemés et à demi dépouillés ; presque uniquement des résineux avec par-ci par-là des bouleaux chétifs[5] aux rares feuilles jaunies. Oui, c'était exactement le même bois, mais avec on ne sait quoi de dépaysant…

Vassioutka fit demi-tour. Il allait d'un pas rapide, passant en revue attentivement tous les arbres, mais aucun ne portait les entailles familières.

« Zut alors ! Où sont passées les marques ? » La gorge de Vassioutka se serra, de la sueur perla à son front. « C'est la faute de ce maudit tétras. J'ai tout laissé tomber pour lui courir après, et maintenant il faut que je me casse la tête pour savoir de quel côté aller. » Vassioutka haussa la voix pour chasser la peur qui montait. « Allons, ce n'est rien, je vais m'orienter et retrouver mon chemin. Donc… Le côté le moins fourni des pins c'est celui qui regarde vers le nord, celui avec les branches, vers le sud. Voyons… »

La peur se faisait plus insistante. Le garçon se remit à parler fort :

« Bon, tu ne vas pas te laisser abattre. Tu la retrouveras, la cabane. Le tout est de se diriger toujours du même côté. Vers le sud il faut que j'aille, puisque le fleuve fait un coude pas loin de la cabane. Je ne peux pas le manquer. Eh bien, voilà, c'est arrangé, il n'y avait vraiment pas de quoi s'affoler ! » gloussa de rire Vassioutka, et il commanda d'une voix ferme : « En ava-ant, ma-arche ! Une, deux ! »

Mais son courage ne tarda pas à flancher. Il n'y avait toujours pas la moindre entaille. Par moments, le garçon croyait discerner une trace sur un tronc sombre. Le cœur battant, il courait vers l'arbre pour palper l'encoche avec ses gouttelettes de résine durcie, mais ses doigts

ne découvraient qu'un repli de l'écorce. Vassioutka avait déjà changé plusieurs fois de direction, il avait vidé de son sac les cônes de cèdre et il marchait, marchait sans trêve…

Le bois était devenu totalement silencieux. Vassioutka s'arrêta et tendit longuement l'oreille. Toc-toc, toc-toc, faisait son cœur. Puis son oreille exacerbée capta un son étrange. On aurait dit un bourdonnement. Il cessait puis reprenait, comme le vrombissement lointain d'un avion. Vassioutka se pencha et vit à ses pieds le cadavre décomposé d'un oiseau. Une araignée, en chasseur expérimenté, avait tissé sa toile au-dessus de la bête morte. La fileuse avait disparu, elle avait sûrement déjà pris ses quartiers d'hiver dans un arbre creux, mais le piège était resté et une grosse mouche pansue était venue s'y faire prendre. Elle se débattait encore à petits coups de ses ailes affaiblies. Une sourde[6] inquiétude commença à gagner Vassioutka à la vue de la mouche empêtrée dans les fils. Et soudain il prit clairement conscience qu'il s'était égaré.

Victor Astafiev, *Perdu dans la taïga* © Castor Poche-Flammarion.

6. **sourde :** cachée, inavouée.

## Comprenons le texte ensemble

**Lecture du début du texte jusqu'à la ligne 38 :**

1. Comment s'appelle le personnage de cette histoire ?
2. Où se passe cette histoire ? Décris le paysage.
3. Propose un nouveau titre pour ce texte.
4. Quels sont les différents sentiments que ressent Vassioutka au cours de la chasse ?

**Lecture de la ligne 39 jusqu'à la fin :**

5. Relève les mots et les expressions qui montrent que le personnage est peu à peu gagné par l'inquiétude et la peur.
6. D'où vient le bourdonnement qu'il entend (ligne 74) ? Que provoque cette découverte chez Vassioutka ? Pourquoi ?

**Je donne mon avis** Selon toi, Vassioutka a-t-il des raisons valables d'avoir peur ?

**Je dis le texte** Lis à voix haute les lignes 9 à 26. Avec tes camarades, cherche un moyen pour « qu'on entende les pensées » de Vassioutka pendant la lecture du récit. Cherchez ou créez des musiques qui accompagneront votre lecture.

## J'écris une histoire à suspense

- **Imagine une autre histoire sur le modèle de *Perdu dans la taïga* : tu dois faire monter progressivement l'inquiétude du personnage principal… et du lecteur.**
- **Tu peux reprendre cette structure (voir lignes 39 à 83) :**

Soudain il repensa à … . Il regarda autour de lui. C'étaient … . Il fit demi-tour. … .
La gorge de … se serra, de la sueur perla à son front. … « … »
… haussa la voix pour chasser la peur qui montait. « … »
Et soudain il prit clairement conscience que … .

# Je crée le suspense

## Laisser le lecteur dans l'attente

### J'observe

**Lis cette autre façon de raconter l'épisode de *Perdu dans la taïga*.**

Vassioutka avait tué le coq de bruyère. Triomphant, il fit demi-tour pour rentrer chez lui. Mais plus moyen de retrouver les marques qui indiquaient le chemin. Tous les arbres se ressemblaient dans la forêt. Il avait beau chercher, plus de marques. Il essayait de ne pas s'affoler, mais la peur le gagnait. Il finit par se rendre compte qu'il s'était égaré.

**a.** Compare ce texte avec celui des pages 84 à 86.

**b.** Quel texte te semble le plus passionnant ? Pourquoi ?

Pour qu'une histoire soit palpitante, il faut créer du suspense : faire monter l'inquiétude chez le lecteur et faire en sorte qu'il se demande ce qui va arriver.

Pour cela, il faut laisser le lecteur dans l'attente et ne pas raconter l'histoire trop vite : on peut *donner beaucoup de détails*, *décrire chaque action*, *prolonger les actions*.

### Je m'exerce

**Dans ce texte, fais durer le suspense en imaginant les détails de la fuite de Kim.**

*Au cours d'un grand jeu dans les bois, Kim est terrorisée par des garçons qui veulent lui faire du mal. La rattraperont-ils ?*

Elle se mit à courir aussi vite que possible à travers les bois humides et glissants et s'écarta .... Puis elle quitta le sentier pour .... Ceux de son équipe étaient loin à présent : .... Cherchant désespérément un endroit qui la mettrait à l'abri des regards de Wendy, Kim .... Tout à coup, elle réalisa que .... Elle commençait à être épuisée. Elle .... Elle ....

D'après B. Ashley, *À la poursuite de Kim*, coll. « Folio cadet » © Gallimard Jeunesse.

## Communiquer l'inquiétude du personnage

### J'observe

**1** **Relève, dans les lignes 47 à 58 de *Perdu dans la taïga* (p. 85), les mots et les expressions qui indiquent l'inquiétude du personnage.**

**2** **Relis le texte en supprimant toutes les indications que tu as relevées. Le texte crée-t-il encore autant de suspense ?**

Pour augmenter l'inquiétude du lecteur, on peut montrer celle du personnage. On peut utiliser pour cela des mots ou des expressions précis que l'on choisit dans ce but : *effrayé*, *une sourde inquiétude*, *sa gorge se serra*, *la peur le gagna*...

### Je m'exerce

**Continue cette histoire en deux ou trois phrases. Insère dans ton récit des mots ou des expressions qui montrent ce que ressentent les deux garçons.**

*Tom et Huck sont à la recherche d'un trésor.*

Lorsqu'ils atteignirent la maison hantée, le silence qui y régnait était tellement profond, l'impression de solitude et de désolation qui s'en dégageait était si démoralisante, que tout d'abord ils hésitèrent à s'aventurer à l'intérieur. Peu après, ils s'enhardirent, rampèrent jusqu'à la porte et jetèrent un coup d'œil prudent…

M. Twain, *Les aventures de Tom Sawyer*, trad. de F. de Gaïl © Mercure de France.

# Le comte de Monte-Cristo

*Edmond Dantès[1] est injustement emprisonné au château d'If, forteresse située sur une île. Un autre détenu, le vieil abbé Faria, vient de mourir et Dantès prend la place du mort afin de s'évader.*

Maintenant son plan était arrêté.

Voilà ce qu'il comptait faire.

Si pendant le trajet les fossoyeurs[2] reconnaissaient qu'ils portaient un vivant au lieu de porter un mort, Dantès ne leur donnait pas le temps de se reconnaître ; d'un vigoureux coup de couteau il ouvrait le sac depuis le haut jusqu'en bas, profitait de leur terreur et s'échappait. [...]

S'ils le conduisaient jusqu'au cimetière et le déposaient dans une fosse, il se laissait couvrir de terre ; puis comme c'était la nuit, à peine les fossoyeurs auraient-ils le dos tourné qu'il s'ouvrait un passage à travers la terre molle et s'enfuyait : il espérait que le poids ne serait pas trop grand pour qu'il pût le soulever. [...]

Vers l'heure fixée par le gouverneur, des pas se firent entendre dans l'escalier. Edmond comprit que le moment était venu ; il rappela tout son courage, retenant son haleine ; heureux s'il eût pu retenir en même temps et comme elle les pulsations précipitées de ses artères.

On s'arrêta à la porte, le pas était double. Dantès devina que c'était les deux fossoyeurs qui le venaient chercher. Ce soupçon se changea en certitude quand il entendit le bruit qu'ils faisaient en déposant la civière.

La porte s'ouvrit, une lumière voilée parvint aux yeux de Dantès. Au travers de la toile qui le couvrait, il vit deux ombres s'approcher de son lit. Une troisième à la porte, tenant un falot[3] à la main. Chacun des deux hommes qui s'étaient approchés du lit saisit le sac par une de ses extrémités.

« C'est qu'il est encore lourd, pour un vieillard si maigre ! dit l'un d'eux en le soulevant par la tête.

1. **Edmond Dantès :** véritable nom du comte de Monte-Cristo.

2. **un fossoyeur :** une personne qui creuse des tombes dans un cimetière.

3. **un falot :** une grande lanterne.

– On dit que chaque année ajoute une demi-livre au poids des os, dit l'autre en le prenant par les pieds.

– As-tu fait ton nœud ? demanda le premier.

– Je serais bien bête de nous charger d'un poids inutile, dit le second, je le ferai là-bas.

– Tu as raison ; partons alors. »

« Pourquoi ce nœud ? » se demanda Dantès.

On transporta le prétendu mort du lit sur la civière. Edmond se raidissait pour mieux jouer son rôle de trépassé. On le posa sur la civière ; et le cortège, éclairé par l'homme au falot, qui marchait devant, monta l'escalier.

Tout à coup, l'air frais et âpre de la nuit l'inonda. Dantès reconnut le mistral[4]. Ce fut une sensation subite, pleine à la fois de délices et d'angoisses.

Les porteurs firent une vingtaine de pas, puis ils s'arrêtèrent et disposèrent la civière sur le sol.

Un des porteurs s'éloigna, et Dantès entendit ses souliers retentir sur les dalles.

« Où suis-je donc ? » se demanda-t-il.

« Sais-tu qu'il n'est pas léger du tout ! » dit celui qui était resté près de Dantès en s'asseyant sur le bord de la civière.

Le premier sentiment de Dantès avait été de s'échapper, heureusement il se retint.

« Éclaire-moi donc, animal, dit celui des deux porteurs qui s'était éloigné, ou je ne trouverai jamais ce que je cherche. » [...]

« Que cherche-t-il donc ? se demanda Dantès. Une bêche sans doute. »

Une exclamation de satisfaction indiqua que le fossoyeur avait trouvé ce qu'il cherchait.

« Enfin, dit l'autre, ce n'est pas sans peine.

– Oui, répondit-il, mais il n'aura rien perdu pour attendre. »

À ces mots, il se rapprocha d'Edmond, qui entendit déposer près de lui un corps lourd et retentissant ; au même moment, une corde entoura ses pieds d'une vive et douloureuse pression.

« Eh bien, le nœud est-il fait ? demanda celui des fossoyeurs qui était resté inactif.

– Et bien fait, dit l'autre ; je t'en réponds.

– En ce cas, en route. »

**4. le mistral :** vent froid et violent qui souffle dans le sud-est de la France.

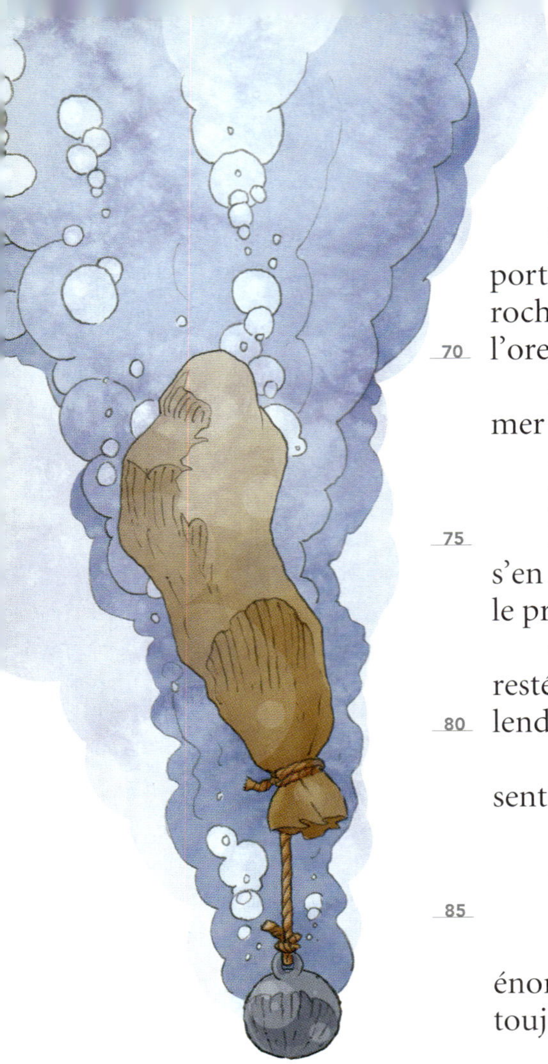

Et la civière soulevée reprit son chemin.

On fit cinquante pas à peu près, puis on s'arrêta pour ouvrir une porte, puis on se remit en route. Le bruit des flots se brisant contre les rochers sur lesquels est bâti le château arrivait plus distinctement à l'oreille de Dantès à mesure que l'on avança.

« Mauvais temps, dit l'un des porteurs, il ne fera pas bon être en mer cette nuit.

– Oui, l'abbé court grand risque d'être mouillé », dit l'autre.

Et ils éclatèrent de rire.

Dantès ne comprit pas très bien la plaisanterie, mais ses cheveux ne s'en dressèrent pas moins sur sa tête. « Bon, nous voilà arrivés ! reprit le premier.

– Plus loin, plus loin, dit l'autre, tu sais bien que le dernier est resté en route, brisé sur les rochers, et que le gouverneur nous a dit le lendemain que nous étions des fainéants. »

On fit encore quatre ou cinq pas en montant toujours, et Dantès sentit qu'on le prenait par la tête et par les pieds et qu'on le balançait.

« Une, dirent les fossoyeurs.

– Deux.

– Trois ! »

En même temps, Dantès se sentit lancé, en effet, dans un vide énorme, traversant les airs comme un oiseau blessé, tombant, tombant toujours avec une épouvante qui lui glaçait le cœur.

Quoique tiré en bas par quelque chose de pesant qui précipitait son vol rapide, il lui sembla que cette chute durait un siècle. Enfin, avec un bruit épouvantable, il entra comme une flèche dans une eau glacée qui lui fit pousser un cri, étouffé à l'instant même par l'immersion.

Dantès avait été lancé dans la mer, au fond de laquelle l'entraînait un boulet de trente-six[5] attaché à ses pieds.

La mer est le cimetière du château d'If.

Alexandre Dumas, *Le comte de Monte-Cristo*, Le Livre de Poche Jeunesse.

5. **un boulet de trente-six :** un boulet de canon de trente-six livres (16 kilogrammes).

## Comprenons le texte ensemble

1 Qui sont les personnages ?

2 Retrouve les passages où l'on parle du nœud. En quoi est-ce important pour l'histoire et pourquoi est-ce inquiétant ?

3 Le lecteur découvre les événements comme s'il était l'un des personnages. Lequel ? Cite des passages où ce procédé produit du suspense.

4 Comment comprends-tu la plaisanterie du fossoyeur à la ligne 73 ?

5 Les deux derniers paragraphes sont-ils la fin de l'histoire ou la fin d'un épisode ?

6 Propose un nouveau titre pour ce texte. Les deux textes de cette unité pourraient-ils avoir le même titre ?

**Je donne mon avis** Aimes-tu les romans et les films d'aventures ? Pourquoi ?

**Je dis le texte** Lis le texte à haute voix de la ligne 81 jusqu'à la fin. Fais ressentir le suspense.

# Je lis en réseau

## 1 Un texte documentaire

### Le château d'If

Le château d'If existe vraiment. Il se trouve sur un îlot rocheux, à quelques kilomètres au large de Marseille. Il a été construit au XVIe siècle, à la demande de François Ier, pour protéger la rade de Marseille des attaques. Ce rude château à trois tours (la plus haute s'élève à 24 m au-dessus de la mer) a ensuite servi de prison dès la fin du XVIIe siècle.

Cette forteresse a reçu de nombreux prisonniers, mais doit sa célébrité à l'imagination d'Alexandre Dumas qui y a enfermé les héros de son roman *Le comte de Monte-Cristo*.

## 2 Une œuvre complète… et d'autres romans d'aventures

Simon traverse désert, montagnes et territoires indiens pour aller vendre son troupeau de dindes à mille kilomètres de chez lui, dans l'Ouest. Personne ne le prenait au sérieux, et pourtant, il va triompher des dangers… et faire fortune.

Kathleen Karr, ***La longue marche des dindes***, L'École des loisirs.

** Jean George, ***Ma montagne***, L'École des loisirs.

*** Jean Ollivier, ***Le cri du Kookabura***, Casterman.

*** Jean-François Chabas, ***Ba***, Casterman.

# à l'oral — Je raconte des suites possibles d'une histoire

- Décris oralement la situation d'Edmond Dantès à la fin du texte page 90.
- Avec tes camarades, cherche différentes suites possibles par rapport à la situation du personnage. Racontez-les oralement.

# J'écris la suite d'un roman d'aventures

- À partir des suites imaginées et racontées en classe, choisis celle que tu préfères et écris-la : où se trouve le personnage ? Échappera-t-il à la mort ? Que va-t-il faire, selon toi ?
- N'oublie pas de montrer que le héros est dans une situation dramatique. Essaie de faire partager son angoisse.

# Je crée le suspense

## Imaginer une chute

### J'observe

**Lis ces deux autres idées de fin pour l'épisode du *Comte de Monte-Cristo* (pp. 88 à 90).**

1. Edmond est enterré dans un cimetière, il creuse la terre meuble et s'échappe.

2. Edmond éternue alors qu'il est porté par les fossoyeurs, il est démasqué et se bat avec ses gardiens.

**a.** Compare ces fins possibles avec celle que tu as lue page 90.

**b.** Laquelle des trois provoque le meilleur effet de surprise ? À quoi cela est-il dû ?

> Les romans d'aventures sont souvent découpés en épisodes qui se terminent par une « chute », c'est-à-dire une fin inattendue, surprenante. Cette surprise fait partie du plaisir du lecteur.

### Je m'exerce

**Imagine une chute pour cette histoire.**

**Histoire impossible**

Après l'école, je suis rentré chez moi par le chemin habituel. Mais quand je suis arrivé chez nous, au numéro 13, il n'y avait plus rien, plus de maison, rien qu'un trou, très profond, et comme des bulles énormes qui s'en échappaient.
Quand j'ai ouvert la porte, j'ai poussé un cri, horrifié. Dans le couloir, des centaines de serpents sifflaient, tête dressée, gueule ouverte.
Je suis allé dans la cuisine. J'ai ouvert le frigidaire. J'ai pris un yaourt à la fraise. Ce n'était pas du yaourt, mais du sang épais de crocodile.
J'ai commencé ma rédaction pour jeudi. Mais trois vampires se sont jetés sur moi, des fourmis géantes m'ont arraché la peau et des corbeaux fous m'ont picoré le dos.
Alors, fatigué, je suis descendu au salon.

D'après B. Friot, *Encore des histoires pressées*, D. R.

## Faire rebondir l'action

### J'observe

**1** **La fin de l'épisode du *Comte de Monte-Cristo* (pp. 88 à 90) correspond à la fin d'un chapitre du livre. À ton avis, pourquoi ?**

**2** **Procure-toi un album des aventures de Tintin, d'Hergé.**
**Regarde la dernière vignette de chaque page. Propose-t-elle une fin ou bien conduit-elle le lecteur à se poser des questions sur la suite ?**

> Dans les romans ou les bandes dessinées d'aventures, les chapitres se terminent souvent par un suspense : le lecteur se demande comment le héros va s'en sortir ; il a envie de tourner la page et de lire le chapitre suivant. On dit que l'auteur fait rebondir l'action. Le chapitre suivant donne la solution… tout en créant un nouveau suspense !

### Je m'exerce

**Reprends des textes que tu as déjà lus dans ton manuel *L'île aux mots*.**
**Donne des exemples de textes :**
**– qui sont achevés : on sait ce qu'il advient des personnages, l'histoire est terminée ;**
**– qui maintiennent le lecteur en haleine à la fin : c'est la fin d'un chapitre et non celle de l'histoire.**

## Je choisis mes mots

**L'eau et l'air sont des éléments essentiels à la vie. Dans un roman d'aventures, on utilise souvent des expressions en rapport avec ces deux éléments pour montrer l'angoisse d'un personnage et sa peur de perdre la vie.**

suffoquer – retenir son souffle – respirer à pleins poumons – avoir le souffle court – se noyer – être asphyxié – manquer d'air – être englouti – chavirer – bloquer sa respiration – étouffer – perdre pied – couler à pic – souffler – être oppressé – être submergé – sombrer.

- Classe ces expressions en deux colonnes : *air / eau*.
Si tu ne connais pas le sens de certains mots, utilise un dictionnaire.

- Quelles sont les expressions qui conviennent à la situation d'Edmond Dantès lorsque celui-ci est jeté à la mer (voir p. 90) ?

## J'étudie la langue pour mieux écrire

Dans une phrase, **l'adjectif qualificatif attribut du sujet s'accorde en genre et en nombre avec le sujet.**

En relisant ton texte, vérifie systématiquement les accords des adjectifs qualificatifs attributs.

**Sur le brouillon**, aide-toi en traçant **la chaîne des accords**.

**Orthographe**
Unité 9, p. 211
Accorder l'adjectif qualificatif attribut du sujet

*Les porteurs étaient satisfaits.*

masculin/pluriel

## Je relis et je réécris

**Reprends la suite de l'histoire d'Edmond Dantès (voir p. 91).**

- As-tu fait ressentir l'angoisse du personnage ?

- Avec tes camarades, essayez de relever, dans vos textes, les idées intéressantes et d'en trouver de nouvelles pour améliorer certains passages.

- Essaie d'améliorer ton texte en utilisant la rubrique « Je choisis mes mots ».

- Avant de recopier ton brouillon au propre, corrige-le à l'aide de **la grille de réécriture** suivante.
Vérifie et corrige un seul élément à la fois.

| | |
|---|---|
| 1 | J'ai laissé le lecteur dans l'attente en ne racontant pas trop vite l'histoire. |
| 2 | J'ai fait partager l'angoisse du personnage : il se demande ce qui se passe, il a peur. |
| 3 | J'ai fait rebondir l'action pour garder le suspense. |
| 4 | J'ai trouvé une chute. |

# Récréation

## Le voyage d'Esteban

*Esteban est mousse sur un navire qui pêche la baleine au large du cap Horn. Une baleine géante vient de renverser les barques des harponneurs. Que va-t-il arriver à Esteban ?*

Matthieu Bonhomme, *Le voyage d'Esteban*, vol. 1, *Le baleinier*, D. R.

# PÉRIODE 4

De nouvelles surprises t'attendent.

→ Tu vas lire des romans dont les personnages sont des enfants comme toi. Tu vas aussi découvrir le plaisir de jouer des textes de théâtre.

Tu vas apprendre, quand tu lis une histoire, à repérer et à interpréter les paroles et les pensées des personnages.

→ Tu vas écrire un récit amusant et un récit avec des dialogues. Tu écriras aussi une petite scène de théâtre.

Pour améliorer tes textes, tu apprendras à respecter de mieux en mieux les accords grammaticaux dans la phrase et à distinguer les terminaisons du participe passé des verbes de celles de l'infinitif.

# Atelier de lecture

## Comment peux-tu avaler ça ?

Yaël se verse un verre de Coca.

– Pouah ! fait Mamie. Comment peux-tu avaler ça ?

Yaël ne dit rien. Elle boit son Coca.

Yaël mange des bonbons. Des rouges, des verts et des rose… bonbon.

– Pouah ! fait Mamie. Comment peux-tu avaler ça ?

Yaël ne dit rien. Elle glisse trois bonbons dans sa bouche.

Yaël achète un hamburger.

– Pouah ! fait Mamie. Comment peux-tu avaler ça ?

Yaël ne dit rien. Elle se lèche les lèvres.

Le soir, c'est Mamie qui prépare le repas : de la soupe, du foie de veau et des épinards.

« Hou ! là, là ! pense Yaël. Comment je vais avaler ça ? »

Parce que, avec Mamie, pas question de discuter, il faut tout manger.

Mais Yaël a une idée.

– Mamie, dit-elle, j'ai mal au ventre.

– Ça ne m'étonne pas, dit Mamie, c'est à cause de toutes les saletés que tu as avalées ! Tu vois, j'avais raison ! Eh bien, maintenant, tant pis pour toi !

Yaël ne dit rien. Et sourit.

Bernard Friot, *Histoires minute*, illustrations de Jacques Azam, D. R.

## La puce

Un chat se promenait dans la rue. Une puce se promenait sur le poil du chat. Un chien se précipita sur le chat. La puce pensa : « Je suis morte ! Il va manger le chat ! Et moi avec ! Sauve-toi, imbécile ! Grimpe à cet arbre !… Il ne bougera pas, l'idiot ! »

Elle voulut sauter, resta empêtrée dans le poil du chat. Le chat arrondit son dos, raidit sa queue, coucha ses oreilles, hérissa ses moustaches, ouvrit la gueule, montra ses dents pointues, souffla, cracha. Le chien s'arrêta brusquement, aboya, gémit, bondit à droite, à gauche, se baissa, se releva, s'en alla.

« Hé ! Hé ! pensa la puce, je lui fais peur ! »

Et maintenant, du plus loin qu'elle aperçoit le moindre roquet, elle court vers l'oreille du chat et crie dedans : « Ne crains rien ! Je suis là ! »

Le chat, qui ne comprend pas la langue des puces, se gratte un peu l'oreille, regarde le chien de travers. Le chien n'ose pas approcher, et la puce se dit fièrement : « Il m'a vue. »

Léopold Chauveau, *Les deux font la paire* © La Joie de lire, 2003.

# J'interprète les intentions et les pensées des personnages

### Dans *Comment peux-tu avaler ça ?*

1. Quels sont les goûts de Yaël en matière de nourriture ?
2. Selon toi, pourquoi la mamie n'approuve-t-elle pas la façon dont se nourrit Yaël ?
3. Pour la mamie de Yaël, comment doit-on se nourrir ?
Quelles sont, selon toi, ses raisons ?
4. En quoi consiste la ruse de Yaël ?

### Dans *La puce*

5. Selon la puce, de quoi le chien a-t-il eu peur ? Et toi, es-tu du même avis ?
6. Lequel de ces titres conviendrait le mieux pour ce texte ? Justifie ton choix.

**1.** Les chiens ont peur d'un chat
**2.** Les chiens ont peur d'une puce
**3.** Une puce prétentieuse

7. Ce texte t'a-t-il fait sourire ? À quel moment ?

Comprendre un récit, ce n'est pas seulement repérer les actions et les événements, c'est aussi comprendre les intentions et les pensées des personnages.
Parfois, les intentions et les pensées des personnages ne sont pas expliquées dans le texte. C'est alors au lecteur de découvrir et d'interpréter ce que les personnages veulent faire et ce qu'ils pensent.

# Je repère les pensées et les paroles des personnages

8. Repère dans *Comment peux-tu avaler ça ?* toutes les phrases qui comportent des marques de dialogue : guillemets, tirets, passages à la ligne.
Toutes ces phrases sont-elles prononcées à haute voix ? Qu'est-ce qui te l'indique ?
9. Relève dans *La puce* les verbes qui introduisent les paroles de la puce et ceux qui introduisent ses pensées.

Dans un récit, on peut faire parler les personnages pour rendre l'histoire plus vivante, mais on peut aussi rapporter ce qu'ils pensent dans leur tête.
Les pensées sont souvent encadrées par des guillemets comme les paroles.
Pour les distinguer, il faut bien lire le verbe qui introduit :
– les paroles : *dire*, *demander*, *crier*…
– les pensées : *penser*, *se dire*, *réfléchir*…

# 10 Une avalanche de bêtises

## Papelucho (1)

Nous sommes enfin arrivés sur la côte. Ça s'appelle Viña del Mar et la gare est plutôt crasseuse. La maison a un jardin avec de très jolies fleurs, mais tout le reste est moche. Ce qu'il y a de terrible au bord de la mer, c'est qu'on a toujours faim et qu'on passe son temps à la cuisine. Et puis il n'y a pas moyen de s'amuser. Il est trop tôt pour aller à la plage, et l'on voudrait que je sois content.

Résultat : j'ai sali mon pantalon avec de l'huile qui se trouvait dans un pot, je l'ai lavé, mais ça a été pire encore. Maman m'a grondé parce que je me promenais en maillot de bain, mais je lui ai dit que c'était pour m'habituer. Je crois que le mieux serait de tremper complètement le pantalon dans l'huile, comme ça il n'y aurait plus de tache.

C'est ce que j'ai fait. J'ai dû le mettre à sécher sous le matelas pour qu'on ne le voie pas mais il a laissé une grande tache et le matelas n'est pas à nous. Il fait déjà nuit et il n'est pas sec du tout. Demain il faudra que je sois malade ou quelque chose comme ça… Je ne peux pas aller à la plage sans pantalon.

J'ai eu une idée géniale. J'ai demandé à Xavier qu'il me prête un pantalon ; je le lui ai loué pour trois pesos[1]. Comme il était trop long pour moi, j'ai dû le raccourcir un peu, alors Xavier s'est mis en boule, il a menacé de me dénoncer, et j'ai dû lui faire cadeau de mon fusil. De toute façon, maintenant je peux aller sur la plage et je n'ai que faire d'un fusil au bord de la mer.

Dans ma chambre il y a une odeur de garage.

1. **le peso :** nom de la monnaie du Chili.

## Comprenons le texte ensemble

1. Où cette histoire se passe-t-elle ?
2. Qui raconte l'histoire ? Qui est désigné par le « je » de la ligne 6 ? Et par le « nous » de la ligne 1 ?
3. Comment, selon toi, le narrateur a-t-il raccourci son pantalon ?
4. D'après toi, pourquoi le texte est-il intitulé *Papelucho* ?
5. Ce texte est-il un roman policier, un journal intime, un conte, un roman d'amour ?

**Je donne mon avis** Trouves-tu cette histoire plutôt comique ou plutôt triste ?

**Je dis le texte** Lis les lignes 17 à 22. Improvise, avec un camarade, la discussion entre Xavier et le narrateur.

# Papelucho (2)

Les Soto sont bien arrivés à l'heure du déjeuner. Ils m'ont apporté le ciment et les petites souris. Il y en a une qui nous a filé entre les doigts sur le palier et elle est entrée dans l'appartement du monsieur tout bleu. On a entendu des cris et des hurlements à l'intérieur et aussi des coups si forts que nous n'avons pas osé sonner pour la réclamer.

Quand nous avons fait courir l'autre souris, Domitila[1] a poussé un cri terrible et elle a grimpé sur l'évier. Le talon d'une de ses chaussures s'est cassé et elle a dégringolé en entraînant des verres qu'elle était en train de laver ; en tombant elle s'est accrochée au robinet qui a cédé et bientôt l'eau a inondé la cuisine ; elle s'est entaillé le pied sur les verres cassés et elle s'est mise à saigner aussi fort que l'eau du robinet. L'eau et le sang coulaient, la souris courait, et les Soto sautaient.

1. **Domitila :** nom de l'employée de maison.

Finalement, Yacinthe Soto a fait un pansement à Domitila et le sang s'est arrêté de couler. Pendant ce temps Urbain et Éphraïm avaient réussi à mettre la main sur la souris. Pour qu'elle ne s'échappe plus, on l'a mise à l'abri dans un pot de confitures. L'embêtant c'est que la cuisine ressemblait à une piscine et deux Soto ont glissé et sont tombés dans l'eau de tout leur long.

Domitila, qui maintenant ne saignait plus, s'est avisée qu'il fallait réparer l'évier et elle a envoyé Yacinthe chez le plombier qui est très, très ami avec elle. Il a été là en moins de temps qu'il ne faut pour le dire. Mais avant de s'occuper du robinet, il a accordé tous ses soins à la blessure de Domitila.

Il était juste en train de réparer le robinet quand papa et maman sont rentrés.

Marcela Paz, *Papelucho* © Editorial Universitaria, 1974, Chili
© Pocket Jeunesse, 1997.

## Comprenons le texte ensemble

1 Fais la liste de tous les personnages de cette histoire.

2 Où la scène se passe-t-elle ?

3 Pourquoi le plombier s'intéresse-t-il plus à la blessure de Domitila qu'au robinet ?

4 Retrouve le paragraphe dans lequel les actions s'enchaînent très rapidement.

5 Il y a un jeu de mots dans cette histoire. Lequel ?

6 Cherche un titre pour cet extrait de *Papelucho*.

**Je donne mon avis** Selon toi, quelle sera la réaction des parents de Papelucho ?

## J'écris une farce

- **Observe ces images qui racontent la farce que Maxime a faite à Ariane.**

- **Raconte par écrit ce qui se passe.**

# Je rends mon récit amusant

## Créer des situations comiques

### J'observe

**1** **Relis *Papelucho (2)* (pp. 99-100). À partir de quel moment commences-tu à avoir envie de rire ? Pourquoi ?**

**2** **Dans les films comiques du début du cinéma, il y avait un gag qui faisait toujours rire : c'était celui de la tarte à la crème envoyée dans la figure d'un personnage passant là par hasard.**
**Y a-t-il, dans *Papelucho*, des situations qui te font penser à ce genre de gag ? Lesquelles ?**

Dans un récit, il y a différentes situations qui font rire : *quand les personnages sont victimes de petits malheurs, font des choses inattendues ou bien interdites.*

### Je m'exerce

**1** **Donne des exemples de situations comiques qui t'ont fait rire dans des films.**

**2** **Lis le début de cette histoire et trouve l'événement comique qui pourrait se produire ensuite.**

Rosalie aide à mettre la table pour son goûter d'anniversaire.

C'était si gai de disposer sur les tables toutes les bonnes choses : les sandwiches au jambon, les gâteaux, les bonbons acidulés, la crème au chocolat, les biscuits à la cuiller, les biscuits aux amandes, et les jolies carafes de cristal.
« Je vais leur faire une petite farce », se dit Rosalie.

M. Vinaver, *Les histoires de Rosalie*
© Flammarion-Castor Poche.

## Enchaîner des catastrophes

### J'observe

● **Relis *Papelucho (1)* (p. 98) et indique, dans un tableau, les actions et les événements qui se succèdent.**

| Ce que fait Papelucho | Les conséquences |
|---|---|
| **1.** Papelucho renverse de l'huile. | → Son pantalon est taché. |
| **2.** Il lave son pantalon. | |
| **3.** Il trempe son pantalon dans l'huile. | |
| **4.** Il le met sous le matelas. | |

Enchaîner les situations catastrophiques ou les bêtises produit souvent un effet très drôle dans un texte : *à chaque fois que Papelucho veut réparer sa bêtise précédente, il fait une bêtise encore plus grave !*

### Je m'exerce

● **Lis ce texte et indique, dans un tableau, l'enchaînement des « catastrophes ».**

Faire de la vinaigrette, c'est simple. Mais, malheureusement, je n'ai pas rebouché la bouteille d'huile. Il a suffi d'un petit coup de coude pour que l'huile coule, coule sans qu'on puisse l'arrêter. J'ai trempé la serpillière dans l'eau et le désastre a commencé. Plus je passais la serpillière, plus l'huile s'étalait. C'était brillant et lisse. Mais comme je voulais tant me sortir de cette bouillabaisse, j'ai changé mes plans. À quatre pattes sur les carreaux, j'ai vidé une bonne mesure de « Paic Citron » pour réparer. Ça sentait bon et soudain, après le passage de la serpillière, ça s'est mis à mousser, à mousser.

D'après C. Gutman, *Toufdepoil*
© Pocket Jeunesse, 1998.

# Les nouvelles farces de Zozo la Tornade

Le 27 juillet, quel réveil épouvantable ! À quatre heures du matin, Lina fut brusquement tirée de son sommeil par une souris qui lui sauta au visage. Elle fit un bond, saisit une bûche, mais la souris était déjà cachée derrière le tas de bois, près de la cheminée. Après cet événement, on décida d'avoir un chat dans la cuisine pendant la nuit.

Zozo entendit parler de la souris et, malgré la fièvre qu'il avait ce jour-là, il se dit : « Il faut que ze devance le chat. »

À dix heures du soir, toute la maisonnée dormait : le père, la mère, la petite Ida dans sa chambre, Lina dans la cuisine, Alfred dans les communs[1], près de l'atelier. Chacun était à sa place. Les cochons étaient dans la porcherie, les poules dans le poulailler, les chevaux et les moutons dormaient dehors, dans les champs. Seul veillait le chat dans la cuisine.

« Pauvre Minou ! Tu es prisonnier ici ! Va dehors. » Et Zozo lui ouvrit la porte, car il avait pitié de lui. Mais il fallait le remplacer et attraper la souris. Zozo prit un piège à souris, y mit un petit morceau de lard, et cacha le piège tout près du tas de bois.

« L'idée n'est pas bonne. Si la souris aperçoit le piège, elle ne se laissera pas prendre. »

Il se mit à réfléchir. La souris aime se promener tranquillement dans la cuisine ; il faut donc placer la tapette[2] à l'endroit inattendu. Pourquoi pas sur la figure de Lina, puisque la souris a l'habitude ? Non, elle va encore crier et affoler toute la maison. Et sous la table ? Justement là, parmi les miettes… Non ! Ne plaçons pas le piège à la place du père car si, à défaut de miettes, elle se mettait à grignoter l'orteil de son papa ?

1. **les communs :** le bâtiment où vivaient et travaillaient les domestiques.

2. **une tapette :** un piège à souris ou à rats.

C'est impossible ! Zozo se décida enfin et laissa la tapette à l'endroit où son papa mettait les pieds. Puis, très fier de son idée, il alla se recoucher tout doucement.

Il fut réveillé de bonne heure par des cris venant de la cuisine. « Ils sont contents ! Une souris est attrapée », pensa Zozo. À cette minute, sa mère se précipita dans sa chambre, le tira du lit et lui chuchota : « File à l'atelier avant que ton père ne sorte son orteil de la tapette, sinon ta dernière heure est arrivée. »

Zozo était en chemise et n'avait pas encore eu le temps de s'habiller.

« Ze veux emporter mon fusil en bois qu'Alfred m'a donné et ma "cache-tête" », cria Zozo. Il saisit ses deux trésors et s'enfuit à toute allure vers l'atelier.

C'est là qu'on avait l'habitude de l'enfermer quand il avait fait une bêtise. Sa maman qui le suivait ferma le verrou de l'extérieur afin qu'il ne puisse pas s'échapper, et Zozo fit de même de l'intérieur, pour que son père ne puisse pas entrer. On était prévoyant des deux côtés !

Chaque fois qu'il était puni, enfermé dans l'atelier, Zozo taillait des bonshommes en bois, et il en avait déjà 97 ! Ils étaient bien alignés sur une étagère, et Zozo pensait arriver bientôt au centième. « Ce sera la fête, ce jour-là, et j'inviterai Alfred », se dit-il tout en taillant le bois du 98e bonhomme. […]

*Vers midi, alors que tout le monde s'affaire à préparer du boudin, Zozo renverse la jatte de sang de boudin sur son père. Il est de nouveau enfermé dans l'atelier !*

Sur les ordres de la patronne, Lina prépara une belle pâte à crêpes, bien jaune et épaisse, et la laissa reposer dans la jatte que Zozo avait renversée sur son père.

Celui-ci, nettoyé, calmé et réconforté, partit dans les champs pour commencer à couper le seigle, en attendant que les crêpes soient prêtes.

Zozo fut libéré par sa mère. Il était resté si longtemps dans l'atelier qu'il devait bouger un peu, maintenant.

« Allons zouer au furet », proposa-t-il à sa petite sœur.

Ils se mirent à courir l'un derrière l'autre, en essayant de s'attraper. Les deux enfants se poursuivaient de la cuisine dans l'entrée, de l'entrée dans les chambres, des chambres dans la cuisine, et ainsi de suite. Courir, toujours courir, à s'en faire tourner la tête. Au dix-huitième tour, Zozo entra en courant dans la cuisine et se cogna contre Lina. Elle tenait la terrine entre ses mains et se dirigeait vers la cuisinière pour commencer à faire les crêpes. En se cognant contre elle, Zozo, histoire de la distraire, la chatouilla un peu, chose à ne pas faire à Lina qui était si chatouilleuse. « Oh ! là ! là ! » fit Lina en se tortillant comme un ver, et elle lança la terrine en l'air. Juste à ce moment, le papa de Zozo arrivait, mort de faim, et la terrine rebondit sur son visage.

« Zut alors », dit-il encore une fois (ne pouvant en dire plus), la figure recouverte de pâte à crêpes.

La maman de Zozo accourut, reprit, pour la troisième fois, son fils par la main et le traîna vers l'atelier. Derrière lui, Zozo entendit les cris de son père, d'abord assourdis par la pâte à crêpes, mais un peu plus tard, de tout le village, on put l'entendre crier.

De nouveau enfermé, Zozo taillait son 100e bonhomme de bois et il n'était pas du tout de bonne humeur. Lui qui pensait faire la fête avec Alfred à cette occasion ! Tout au contraire, il était fou de rage. Être enfermé trois fois dans la même journée, c'en était trop et ce n'était pas juste du tout.

« Ze ne peux pas m'empêcher de faire des blagues. Quel mal y a-t-il à mettre un piège à souris ? Pourquoi faut-il que ze me trouve touzours là où il ne faut pas ? près de la terrine de sang à boudin ou à bousculer Lina avec sa jatte de pâte à crêpes ? »

Astrid Lindgren, *Les nouvelles farces de Zozo la Tornade*



## Comprenons le texte ensemble

1. Fais la liste de tous les personnages de cette histoire. Qui sont-ils les uns par rapport aux autres ?
2. Où cette histoire se passe-t-elle ? Nomme les différents bâtiments.
3. Pourquoi Zozo se retrouve-t-il enfermé ?
4. Que fait Zozo quand il est enfermé ?
5. Combien de fois Zozo est-il enfermé ?
6. Zozo perçoit-il les conséquences de ses actes ? Relève les endroits où l'on nous indique les pensées de Zozo.

**Je donne mon avis** Zozo est-il un personnage que tu aimes bien ? Donne tes arguments.

## Je lis en réseau

### 1 Une bande dessinée

**Des gaffes et des dégâts**

### 2 Une œuvre complète… et d'autres histoires de bêtises

Roger, l'enfant que recueillent Bob et Jeanne, était un rat avant de prendre l'apparence humaine. Aussi a-t-il tout à apprendre des manières des hommes !

Philip Pullman, ***J'étais un rat !***, Gallimard Jeunesse.

* Wilhelm Busch, ***Max et Moritz***, L'École des loisirs.

** Christine Nöstlinger, ***Jacob, Julia et Jéricho***, L'École des loisirs.

*** Comtesse de Ségur, ***Un bon petit diable***, Gallimard Jeunesse.

## à l'oral — Je raconte un souvenir de bêtise

- Comme Zozo la Tornade, il t'est sûrement arrivé de faire des bêtises ou de voir un autre enfant en faire… Choisis une situation dont tu te souviens.
- Où cela se passait-il ? Quand ? Quelles étaient les personnes présentes ?
- Raconte ton souvenir à la classe.

## J'écris un récit amusant

- À partir du souvenir que tu as raconté, écris l'histoire de cette bêtise en faisant revivre la scène pour tes lecteurs.
- Afin de rendre les choses plus drôles, tu peux, si tu le souhaites, modifier la réalité, comme le ferait un auteur de roman…

# Je rends mon récit amusant

## Répéter les situations comiques

### J'observe

**Relis *Les nouvelles farces de Zozo la Tornade* (pp. 102 à 104).**

**a.** Relève toutes les bêtises faites par Zozo en une journée.

**b.** Si Zozo n'avait fait qu'une seule bêtise, le texte serait-il aussi drôle ?

On peut rendre un récit plus drôle en accumulant les gags ou en répétant le même type de situation comique. On appelle ce procédé « le comique de répétition ».

### Je m'exerce

**1 Qu'est-ce qui est amusant dans ce texte ?**

Les plombs de l'immeuble ont sauté. On est restés dans le noir. Xavier et moi, on a profité de l'occasion pour jouer aux hommes invisibles. Bien sûr, l'ascenseur ne marchait pas mais c'était encore plus marrant dans l'escalier. On se cognait avec des petites vieilles tout essoufflées, avec des bonnes qui n'arrêtaient pas de râler, avec des jeunes types du genre sportif qui montaient les marches quatre à quatre en sifflotant et qui manquaient de se tuer en nous rentrant dedans, avec des cuisinières qui allaient faire réchauffer le déjeuner chez les voisins qui avaient le gaz… Il y en a une qui a fait tomber la soupe en se cognant contre nous ; une autre est arrivée et elle a glissé dedans. En tombant, elle a cassé tout ce qu'elle portait sur son plateau.

D'après M. Paz, *Papelucho* © Pocket Jeunesse.

**2 Continue le texte ci-dessus pour accentuer le comique de répétition.**

## Créer la surprise

### J'observe

**Lis ces deux façons de raconter le même événement.**

**1.** Papelucho a faim et il s'ennuie. Il passe son temps dans la cuisine. Il touche à tout et il renverse un pot d'huile qui tache son pantalon.

**2.** Ce qu'il y a de terrible au bord de la mer, c'est qu'on a toujours faim et qu'on passe son temps à la cuisine. Et puis il n'y a pas moyen de s'amuser. Il est trop tôt pour aller à la plage, et l'on voudrait que je sois content.

Résultat : j'ai sali mon pantalon avec de l'huile qui se trouvait dans un pot…

**a.** D'après toi, lequel de ces deux textes explique le mieux ce qui s'est passé ?

**b.** Dans le texte 2, y a-t-il vraiment une relation logique entre le premier et le second paragraphe ? Quel effet cela produit-il ?

**c.** Comprends-tu pourtant ce qui s'est passé dans le texte 2 ? Grâce à quel mot ?

Pour rendre une histoire amusante, on peut ne pas tout dire : *on peut gommer certains détails*, *oublier volontairement de préciser des circonstances*, etc. Du coup, on ne s'attend pas à ce qui va suivre : on crée la surprise. C'est l'un des aspects de l'humour.

### Je m'exerce

**Dans *Papelucho (1)* (p. 98), on devine plusieurs fois ce qui se passe sans que le narrateur nous le dise complètement. Retrouve les lignes où l'on devine que :**

**1.** Papelucho a peur de se faire gronder à cause du matelas mouillé.

**2.** L'odeur de l'huile a envahi la chambre de Papelucho et ça sent mauvais.

# Je choisis mes mots

**Dans un récit, on utilise des mots et des expressions qui organisent le récit et qui montrent les liens entre les actions.**

et – mais – alors – à ce moment-là – au même moment – quand – et puis – ensuite – car – enfin – à présent – maintenant – bientôt.

- Classe ces mots et ces expressions en deux colonnes : *ceux qui marquent les relations temporelles / ceux qui indiquent autre chose.*
- Complète ce passage des *Nouvelles farces de Zozo la Tornade* avec des mots qui organisent le récit, puis vérifie avec le texte page 102.

Seul veillait le chat dans la cuisine.
« Pauvre Minou ! Tu es prisonnier ici ! Va dehors. » … Zozo lui ouvrit la porte, … il avait pitié de lui. … il fallait le remplacer et attraper la souris. Zozo prit un piège à souris.

# J'étudie la langue pour mieux écrire

**Un verbe conjugué à un temps composé** est composé de **deux mots** :
– **l'auxiliaire « avoir » ou « être »** conjugué ;
– **le participe passé** du verbe.
Avec l'auxiliaire **« être », le participe passé s'accorde** en genre et en nombre avec le sujet.
En relisant ton texte, vérifie systématiquement la conjugaison de l'auxiliaire et l'accord du participe passé.
**Sur le brouillon**, aide-toi en traçant **la chaîne des accords**.

**Orthographe**
Unités 10 et 11, p. 213 et p. 215
Accorder le verbe avec son sujet aux temps composés
**Conjugaison**
Unités 10 et 11, p. 243 et p. 245
Conjuguer au passé composé de l'indicatif

Les amis de Papelucho sont bien arrivés.
Ils
auxiliaire « être » — participe passé de « arriver »

Ils ont apporté des souris.
auxiliaire « avoir » — participe passé de « apporter »

# Je relis et je réécris

**Reprends ton récit amusant (voir p. 105).**

- Cherche, dans les textes de cette unité ou dans d'autres histoires de bêtises, des expressions et des idées pour rendre ton texte plus vivant et plus drôle.
- Essaie d'améliorer ton texte en utilisant la rubrique « Je choisis mes mots ».
- Fais lire ton texte à un ou une camarade pour vérifier qu'il est drôle.
- Avant de recopier ton brouillon au propre, corrige-le à l'aide de **la grille de réécriture** suivante. Vérifie et corrige un seul élément à la fois.

| | |
|---|---|
| 1 | J'ai enchaîné les actions de façon à ce que mon personnage aggrave les choses au lieu de réparer sa bêtise. |
| 2 | J'ai accumulé les gags en cascade. |
| 3 | J'ai créé la surprise en gommant certains détails. |
| 4 | J'ai utilisé des expressions qui organisent le récit. |

# 11 Disputes et bagarres

## Fifi Brindacier

On ouvrit la grille d'une maison voisine et un gamin sortit en courant. Il avait l'air paniqué. Rien d'étonnant, il était poursuivi par cinq garçons. Ces derniers le rattrapèrent rapidement et le poussèrent contre une clôture. La bande au complet se mit à le frapper. Il pleurait, tout en essayant de se protéger le visage avec ses bras.

« Allez, les mecs ! Tapez-lui dessus ! hurla le plus grand et le plus costaud des garçons. Qu'il n'ait plus jamais le culot de remettre les pieds dans cette rue !

– Oh ! s'écria Annika. C'est ce pauvre Willie qu'ils sont en train de tabasser. Comment peuvent-ils être si méchants ?

– Encore un coup de ce salaud de Bengt ! renchérit Tommy. Il ne pense qu'à la bagarre. Et ils sont cinq contre un ! Quelle bande de poules mouillées ! »

Fifi s'approcha des garçons et tapota doucement le dos de Bengt.

« Hé ho ! À cinq contre un, vous avez l'intention de faire de la purée avec Willie ou quoi ? »

En se retournant, Bengt découvrit une petite fille qu'il n'avait encore jamais vue dans le coin. Une drôle de petite fille qui osait le toucher, lui, le grand Bengt. Il en resta bouche bée. Puis un grand sourire narquois[1] lui barra le visage.

1. **narquois :** moqueur.

**2. une tignasse :** une chevelure.

« Hé, les mecs ! Lâchez Willie et regardez-moi cette fille ! Quelle minette ! » s'écria-t-il, riant à en perdre haleine.

En un instant, Fifi était entourée par les garçons, excepté Willie qui en avait profité pour se réfugier près de Tommy et séchait ses larmes.

« Non mais, vous avez vu cette tignasse[2] ! Une vraie flamme ! Et puis ces pompes ! Dis donc, tu m'en prêtes une ? J'ai pas de bateau, moi ! »

Bengt saisit une natte de Fifi et la relâcha tout de suite : « Aïe, aie, aïe ! Je me suis brûlé ! »

Les cinq garçons se mirent à sauter autour de Fifi en criant : « Vilain petit chaperon rouge ! Poil de carotte ! Rouquinette ! »

Fifi les regardait en souriant gentiment. Bengt avait espéré la mettre en colère, la faire pleurer ou, au moins, lui faire peur. Comme c'était peine perdue, il la poussa un grand coup.

« J'ai pas l'impression que tu connaisses les bonnes manières avec les dames », dit Fifi. Sur ce, elle empoigna Bengt de ses bras costauds, le souleva et l'accrocha à une branche d'un bouleau qui se trouvait juste à côté. Elle se saisit du deuxième garçon et le suspendit à une autre branche ; elle attrapa le troisième et le jucha sur le pilier de la grille d'une villa ; elle balança le quatrième par-dessus une clôture de jardin et il atterrit sur un parterre de fleurs. Quant au cinquième garnement, elle l'installa dans une petite carriole au milieu de la rue. Fifi, Tommy, Annika et Willie contemplèrent un moment les garçons qui n'en revenaient pas.

« Espèces de dégonflés ! reprit Fifi. Attaquer à cinq contre un ! C'est moche. Et puis s'attaquer à une petite fille sans défense. Oh ! là ! là ! Ça, c'est vraiment très moche.

Allez, on rentre, dit-elle à Tommy et Annika. Et toi, Willie, préviens-moi s'ils te cherchent des histoires. »

Puis elle s'adressa enfin à Bengt qui n'osait pas bouger d'un pouce : « Et toi, si tu as encore une remarque à faire sur mes cheveux ou mes chaussures, c'est le moment ou jamais. »

Mais Bengt n'avait strictement plus rien à reprocher ni aux cheveux ni aux chaussures de Fifi.

Astrid Lindgren, *Fifi Brindacier* © Le Livre de Poche Jeunesse, 2007.

## Comprenons le texte ensemble

**1** Fais la liste de tous les personnages de cette histoire.

**2** On peut distinguer plusieurs groupes de personnages. Propose des regroupements possibles.

**3** Où la scène se déroule-t-elle ?

**4** Parmi les personnages, lesquels prennent la parole ? À qui s'adressent-ils ? Dans quel but ?

**Je donne mon avis** Que penses-tu de la remarque de Fifi lignes 44 à 46 ?

**5** Remets les actions dans le bon ordre :
**a.** Bengt et sa bande se moquent de Fifi et commencent à la brutaliser.
**b.** Willie est battu par une bande de garçons plus grands que lui.
**c.** Fifi, qui a une force étonnante, donne une sévère leçon aux cinq garnements.
**d.** Fifi s'interpose entre Willie et les garçons qui le battent.

**Je dis le texte** Lis silencieusement les lignes 6 à 35 et imagine les voix que pourraient avoir les différents personnages. Puis, avec des camarades, répartissez-vous le dialogue entre les personnages et lisez avec les voix qui correspondent.

## J'écris les paroles des personnages

**Lis le début de cette histoire.**

Des enfants jouent au ballon lorsque la balle, envoyée trop fort, passe par-dessus le mur et atterrit chez un voisin. Un des enfants se décide à sonner à la porte du voisin.

**Observe cette bande dessinée qui raconte la suite de l'histoire.**

**À partir de ces images, imagine les paroles échangées entre les deux personnages. Écris-les.**

# Je fais parler les personnages dans un récit

## Donner la parole aux personnages

### J'observe

**Lis ces deux façons de raconter la même histoire de bagarre.**

**1.** « Allez, les mecs ! Tapez-lui dessus ! hurla le plus grand et le plus costaud des garçons. Qu'il n'ait plus jamais le culot de remettre les pieds dans cette rue !
– Oh ! s'écria Annika. C'est ce pauvre Willie qu'ils sont en train de tabasser. Comment peuvent-ils être si méchants ?
– Encore un coup de ce salaud de Bengt ! renchérit Tommy. Il ne pense qu'à la bagarre. Et ils sont cinq contre un ! »

**2.** Dans la rue, Fifi et ses amis assistent à une bagarre. La bande de Bengt tape le pauvre Willie. Ils sont cinq contre un.

**a.** Quelle différence y a-t-il entre ces deux textes ?
**b.** Lequel préfères-tu ? Pourquoi ?

Lorsque l'on raconte une histoire, on peut faire parler directement les personnages pour que le lecteur ait l'impression d'assister à la scène. Souvent, les dialogues rendent le récit plus vivant.

### Je m'exerce

**Lis ce texte et insère des paroles de personnages pour le rendre plus vivant.**

Les trois enfants s'arrêtèrent dans la clairière et posèrent leurs vélos contre des arbres. Julien aperçut un tronc abattu. Ils posèrent les sacs à côté et commencèrent à sortir leurs provisions, mais une nuée d'abeilles bourdonnait autour d'eux. Ce n'était pas un bon endroit pour pique-niquer et ils remontèrent vite sur leurs vélos.

## Utiliser les guillemets et les tirets

### J'observe

**Lis cet extrait des *Récrés du petit Nicolas*.**

« T'es un menteur, j'ai dit à Geoffroy.
– Répète un peu, m'a répondu Geoffroy.
– T'es un menteur, je lui ai répété.
– Ah ! oui ? il m'a demandé.
– Oui, je lui ai répondu, et la cloche a sonné la fin de la récré.
– Bon, a dit Geoffroy pendant que nous nous mettions en rang, à la prochaine récré, on se bat. »

R. Goscinny et Sempé, *Les récrés du petit Nicolas*
© Denoël, 1962, 2003.

**a.** Quelles sont les paroles prononcées par chacun des personnages ?
**b.** Qu'indiquent les guillemets ? Et les tirets ? À quel moment va-t-on à la ligne ?

Dans un dialogue de récit :
– On emploie souvent les guillemets pour encadrer les paroles prononcées par les personnages.
– On emploie les tirets pour indiquer qu'un nouveau personnage parle.
– On va à la ligne à chaque fois qu'un nouveau personnage parle.

### Je m'exerce

**Lis ce texte et rétablis les guillemets et le tiret qui manquent.**

Tommy et Annika écoutaient Fifi raconter ses aventures.
Je me souviens d'une tempête terrible. Même les poissons avaient le mal de mer et voulaient aller à terre. J'ai vu de mes propres yeux un requin qui avait la nausée et une pieuvre qui se tenait la tête avec tous ses bras. Oh, oui, quelle tempête !
Tu n'avais pas peur, Fifi ? demanda Annika.

D'après A. Lindgren,
*Fifi princesse*
© Le Livre de Poche Jeunesse, 2007.

# Les fugues de Théo

*Théo (ou Bims, comme l'appellent ses copains) est un jeune garçon qui vient de faire une fugue…*

Théo était obligé d'avouer que Mlle Ritzert l'avait beaucoup aidé sans en parler. Elle avait par exemple tout réglé à l'école. Personne ne l'aborda de manière idiote. Du moins du côté des professeurs. Les camarades de classe, ce fut évidemment autre chose.

Avec eux il eut le beau rôle. Un héros ! Une aventure ! Frieder seul, qui n'était pas de ses amis, trouva qu'il n'y avait que les marginaux pour se tirer de chez eux.

– C'est quoi les marginaux ?

Théo avait déjà entendu ce mot, mais il en ignorait la signification.

– Des gens qui ne travaillent pas, qui sont paresseux, des criminels !

– Tu es complètement dingue ! cria Detlev en se jetant sur Frieder.

– Laisse-moi faire ! dit Théo en repoussant Detlev. C'est moi qu'il a appelé comme ça, ce minable, pas toi.

Jamais encore Frieder ne s'était battu avec quelqu'un de la classe. Théo ne savait donc pas quelle était sa force. Celle des autres, il pouvait l'apprécier. Frieder était plus grand que lui. En outre c'était un bon sportif. Ses jeans et ses pulls étaient toujours propres et il n'avait jamais les ongles sales. C'était du beau linge[1].

Il était évident que Théo allait lui régler son compte.

Un cercle était déjà en train de se former autour des deux garçons.

– Vous allez avoir des ennuis avec le directeur, dit un élève.

– On s'en fiche ! dit Detlev.

– Je suis quoi ? demanda Théo.

– Un marginal, une cloche, l'idiot de la classe !

1. **c'était du beau linge :** expression imagée pour dire de quelqu'un qu'il est important.

Frieder s'étranglait, Théo lui sauta dessus. Frieder était étonnamment agile. Aucun ne réussissait à faire tomber l'autre. Ils s'accrochaient l'un à l'autre. Chacun essayait d'attraper le bras de son adversaire et de le lui tirer dans le dos. Soudain Detlev cria :

– Le père Pétard ! Bims, attention ! Le père Pétard !

Le concierge venait d'apercevoir la bagarre. Frieder voulut lâcher. Mais Théo lui dit :

– Pas question !

Au même instant, il réussit à renverser Frieder, puis il lui appuya les épaules par terre.

– Raclure de Petit-Lu ! Lèche-croupion ! Furoncle !

Il était toujours capable d'inventer de belles injures. Il n'avait pas désappris. Quelques élèves rirent. Frieder gémit :

– Lâche-moi, espèce de criminel !

Théo appuya plus fort.

– Je suis quoi ?

Le père Pétard releva Théo et ordonna à Frieder de se mettre debout.

– C'est lui qui a commencé, dit Frieder.

– Ça ne m'intéresse pas, dit le père Pétard. Nous allons aller ensemble chez le directeur.

– S'il vous plaît, non ! dit Frieder.

– Non ! Il a la trouille !

Le directeur les attendait déjà.

Il demanda au père Pétard d'aller chercher Mme Persig, s'assit derrière son bureau, feuilleta un livre, sans leur dire de s'asseoir.

Au bout d'un moment, Mme Persig arriva. Petite comme elle était, elle se glissa entre Frieder et Théo, donnant ainsi l'impression qu'elle était une élève, un troisième vaurien.

– Je suis déjà au courant, dit-elle.

– Ça ne va pas continuer comme ça !

Le directeur s'était à nouveau levé.

– C'est évident, dit Mme Persig. Est-ce qu'ils peuvent retourner en classe ? J'aimerais leur parler en particulier.

Le directeur hocha la tête.

– Bon ! Allez-y, dit le professeur.

D'habitude, quand l'enseignant n'était pas dans la salle, les élèves faisaient du bruit. Cette fois, ils étaient silencieux. Frieder et Théo s'assirent à leur place. Personne ne disait mot. [...]

– Je ne vais pas maintenant vous faire une leçon de morale, nous allons nous contenter de continuer le cours. Peux-tu me dire ce qu'est un marginal, Frieder ?

Frieder devint rouge comme une tomate et marmonna[2] :

– Une espèce de criminel.

– C'est vrai, Théo ?

Théo eut de nouveau des pensées meurtrières pour Frieder. [...]

– Alors, Théo ? demanda Mme Persig.

– Je ne sais pas exactement.

– Alors je vais vous expliquer. Un marginal, c'est quelqu'un qui ne peut pas s'insérer dans la communauté. Et cela peut avoir de nombreuses raisons. Par exemple, il y a des gens qui n'ont jamais appris à vivre et à travailler avec les autres. À moins qu'ils ne soient trop faibles pour cela. En tout cas ce n'est pas souvent de leur faute s'ils sont comme ils sont. C'est au contraire parce qu'on ne s'est pas occupé d'eux. Ils ont grandi comme ça. Ce ne sont pas des criminels, mais ils peuvent le devenir. Vous comprenez ?

La classe murmura.

– Nous allons donc reprendre le cours, dit Mme Persig.

2. **marmonner** : murmurer entre ses dents d'une façon confuse.

D'après Peter Härtling, *Les fugues de Théo*


## Comprenons le texte ensemble

1 Fais la liste des personnages dans l'ordre où ils apparaissent.

2 Qu'est-ce qui a déclenché la dispute ? Pourquoi la dispute se transforme-t-elle si vite en bagarre ?

3 Relève les propos de Frieder pour définir les marginaux.

**Je donne mon avis** Que penses-tu de ces propos ?

4 Retrouve les lieux où se passent les différentes scènes.

5 Comment le professeur règle-t-il le désaccord qui oppose les deux enfants ?

**Je donne mon avis** Selon toi, cela va-t-il aider les enfants à mieux se comprendre ?

6 En lisant ce récit, as-tu eu l'impression d'assister à la scène ? Pourquoi ?

## Je lis en réseau

### 1 Une scène de théâtre

**Injures d'autrefois**

Dans les comédies de Molière, écrites au XVIIe siècle, on échange volontiers des injures. Voici un extrait du *Médecin malgré lui* où Sganarelle et sa femme Martine se querellent :

SGANARELLE – Je vous battrai.
MARTINE – Sac à vin !
SGANARELLE – Je vous rosserai.
MARTINE – Infâme !
SGANARELLE – Je vous étrillerai.
MARTINE – Traître, insolent, trompeur, lâche, coquin, pendard, gueux, bélître, fripon, maraud, voleur !
SGANARELLE – *(Il prend un bâton et lui en donne.)* Ah ! vous en voulez donc ?
MARTINE – Ah ! ah ! ah ! ah !
SGANARELLE – Voilà le vrai moyen de vous apaiser.

Molière, *Le médecin malgré lui*, Acte I, Scène 1.

L'usage des injures est sans doute de tous les temps. En voici quelques-unes du IIe siècle traduites du latin ou du grec :

Esclave à perpétuité ! Ruine de tes maîtres ! Illettré ! Ronfleuse ! Harpie ! Tête de rat ! Bouc ! Boulevard ! Vieux cercueil ! Étable à cochons ! Oignon frisé !...

D'après C. Eugène, *La mouche de cuivre*
©Hatier, 1990.

### 2 Une œuvre complète... et d'autres histoires de disputes

Comment un « garçon en conserve », enfant modèle, apprend à vivre avec les autres... et à se défendre. Une éducation à l'envers, pleine de drôlerie et de tendresse.

Christine Nöstlinger, ***Le môme en conserve***, Le Livre de Poche Jeunesse.

* Tomi Ungerer, ***Pas de baiser pour maman***, L'École des loisirs.

** Peter Härtling, ***Ben est amoureux d'Anna***, Pocket Jeunesse.

*** René Goscinny, ***Le petit Nicolas***, Gallimard Jeunesse.

## à l'oral — Je raconte un souvenir de dispute

- Comme Fifi et Théo, il t'est sûrement arrivé d'assister ou de participer à une dispute ou à une bagarre... Choisis une situation dont tu te souviens.
- Où cela ce passait-il ? Quelles étaient les personnes présentes ? Qu'est-ce qui a provoqué la dispute ?
- Raconte ton souvenir à la classe.

## J'écris un récit avec des dialogues

- À partir du souvenir que tu as raconté, écris l'histoire de cette dispute ou de cette bagarre en faisant parler tes personnages.
- Tu peux choisir d'écrire à la première personne, c'est-à-dire d'être un des personnages.

# Je fais parler les personnages dans un récit

## Indiquer qui parle

### J'observe

**Lis ces deux extraits des *Fugues des Théo*.**

**1.** Laisse-moi faire ! dit Théo en repoussant Detlev. C'est moi qu'il a appelé comme ça, ce minable, pas toi.
**2.** Soudain Detlev cria :
– Le père Pétard ! Bims, attention ! Le père Pétard !

**a.** Qui parle à chaque fois ? Quels verbes indiquent que quelqu'un parle ? Où sont-ils placés par rapport aux paroles prononcées ?

**b.** Trouve un autre exemple de ces deux constructions dans *Fifi Brindacier* (pp. 108 à 110).

Pour indiquer qu'un personnage parle, on peut utiliser plusieurs constructions :

*« …, dit X ,… »*

*X dit (demande, s'écrie…) : « … »*

Dans la première construction, le groupe de mots « dit X » est appelé une incise.

### Je m'exerce

**Réécris ce dialogue en indiquant qui parle avec les constructions que tu viens d'observer.**

SOPHIE : Que la matinée est longue !
MADELEINE : Nous allons dîner dans une demi-heure.
SOPHIE : Et toute la soirée encore à passer ! Quand arrivera demain ?
MARGUERITE, *avec ironie* : Quand aujourd'hui sera fini.
SOPHIE, *piquée* : Je sais très bien qu'aujourd'hui ne sera pas demain, que demain n'est pas aujourd'hui, que… que…
MARGUERITE : Que demain est demain, et que M. la Palice n'est pas mort.
SOPHIE : C'est bête, ce que tu dis ! Tu crois avoir plus d'esprit que les autres…

Comtesse de Ségur, *Les petites filles modèles*.

## Préciser comment on parle

### J'observe

**Relis le début de *Fifi Brindacier* jusqu'à la ligne 22 (pp. 108-109).**

**a.** Relève tous les verbes qui permettent de savoir qui parle.

**b.** Ces verbes ont-ils le même sens ?

Les verbes qui introduisent des paroles indiquent qu'un personnage parle, mais aussi comment il parle : *dire*, *demander*, *crier*, *s'écrier*, *hurler*, *murmurer*, *chuchoter*… Certains de ces verbes donnent des précisions sur le ton de la voix.

### Je m'exerce

**Lis cet extrait du *Petit Nicolas*, où Nicolas joue aux cow-boys avec ses copains. Reconstitue les passages qui manquent.**

« Ça va pas, non ? Pourquoi moi ? Je ne peux pas être le prisonnier, je suis le mieux habillé de tous !
– Ben quoi ? … Eudes, ce n'est pas parce que j'ai un cheval blanc que je refuse de jouer !
– Le cheval blanc c'est moi qui l'ai ! » j'ai … . Eudes s'est fâché, il a dit que le cheval blanc c'était lui et que si ça ne me plaisait pas il me donnerait un autre coup de poing sur le nez. « Essaie ! » … et il a réussi. « Bouge pas, Oklahoma Kid ! » … Geoffroy et il tirait des coups de revolver partout ; Rufus, lui, donnait du sifflet à roulette et il … : « Ouais, je suis le shérif, ouais, je vous arrête tous ! »

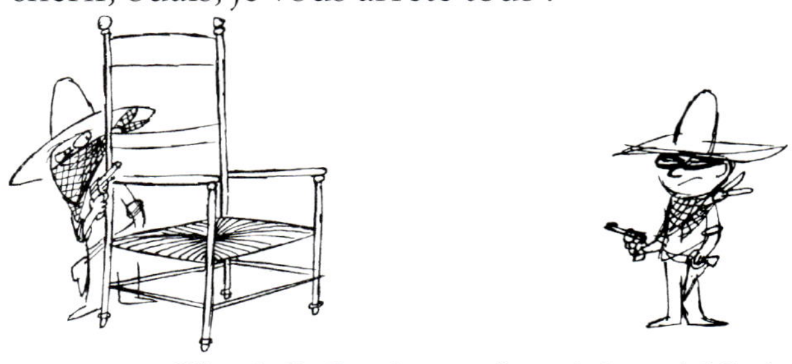

D'après R. Goscinny et Sempé, *Le petit Nicolas*
© Denoël, 1960, 2002.

## Je choisis mes mots

**Dans un dialogue de récit, on utilise parfois des expressions familières et des mots d'argot souvent employés à l'oral. Cela permet d'imiter la réalité.**

**Dans *Fifi Brindacier* (pp. 108 à 110) :** Il a la trouille !
**Dans *Les fugues de Théo* (pp. 112 à 114) :** Allez les mecs !

- Qui prononce ces phrases ? Pourquoi l'auteur les emploie-t-il ?
- Relève d'autres expressions familières et des mots d'argot dans ces deux textes. Que signifient les expressions que tu as relevées ?
- Trouve d'autres expressions familières ou des mots d'argot souvent employés à l'oral.

## J'étudie la langue pour mieux écrire

À l'oral, certaines terminaisons de verbes sont identiques ou difficiles à distinguer : *il faut marcher* (infinitif), *j'ai marché* (participé passé), *il marchait* (imparfait).
En relisant ton texte, vérifie les terminaisons des verbes en identifiant la bonne forme.

**Dans ta tête**, remplace le verbe par un autre verbe dont **les formes sont plus faciles** à distinguer à l'oral :
– si tu peux remplacer par *il faut courir*, alors c'est l'infinitif ;
– si tu peux remplacer par *j'ai couru*, alors c'est le participe passé ;
– si tu peux remplacer par *il courait*, alors c'est l'imparfait.

**Orthographe**
Unité 3, p. 199
Écrire le verbe à l'infinitif
**Conjugaison**
Unité 2, p. 227
Identifier l'infinitif et le groupe du verbe

## Je relis et je réécris

**Reprends ton récit avec des dialogues (voir p. 115).**

- Ton récit est-il vivant ? As-tu fait parler les personnages ?
- Essaie d'améliorer ton texte en utilisant la rubrique « Je choisis mes mots ».
- Avant de recopier ton brouillon au propre, corrige-le à l'aide de **la grille de réécriture** suivante. Vérifie et corrige un seul élément à la fois.

| | |
|---|---|
| 1 | J'ai encadré les paroles des personnages par des guillemets. |
| 2 | J'ai ajouté un tiret en début de ligne pour indiquer qu'un nouveau personnage parle. |
| 3 | J'ai fait varier les verbes qui indiquent qu'un personnage parle. |
| 4 | Je suis allé à la ligne à chaque fois qu'un nouveau personnage parle. |
| 5 | J'ai fait parler les personnages avec le langage qui convient à la situation et à chaque personnage. |

# 12 Le monde du théâtre

## Le petit violon

Scène 1

*La roulotte de Léo le camelot.*

*La roulotte est fermée. Le camelot est assis sur les marches. Il est vieux, il a des cheveux tout blancs. Il se tient voûté et joue du violon sur un petit violon. Il s'arrête, regarde l'assistance et dit…*

LÉO – Bonjour, je suis Léo le camelot, aujourd'hui, je n'ai plus rien à vendre, je suis seul, vieux et triste.

*Il joue cette fois un air plus enjoué.*

Mais hier j'étais jeune.

*Il ôte sa perruque blanche et se redresse.*

Jeune, plein de forces, avec beaucoup de marchandises et très peu de clients.

*Il ouvre l'arrière de sa roulotte, son étalage apparaît débordant de marchandises. Bonimentant*[1] *avec entrain.*

Tout pour la maison, tout pour le ménage, tout pour la femme, les enfants, tout pour la table, tout pour l'école, tout pour le jeu, donnez-moi non pas cent, non pas cinquante, non pas quarante, non pas trente, non pas vingt, donnez-moi… tenez dix francs, dix francs tout ronds, et vous emporterez cette pile d'assiettes et sa soupière, ces cuillères et ces couteaux avec fourchettes, louche et écumoire, ou alors ce magnifique ours en peluche qui joue du tambour et qui danse, et tout ça, avec en prime, gratis, offert par la maison, le secret du bonheur, oui, j'ai bien dit, à tout acheteur j'offre le secret du bonheur. Comment, mon garçon ? Le petit violon ? Ah non, désolé, le petit violon n'est pas à vendre.

LE GÉANT *(qui a posé la question)* – Alors donnez-moi juste le secret du bonheur.

1. **bonimenter :** vanter sa marchandise.

Léo – Tout de suite, mon brave, le secret du bonheur c'est comme si vous l'aviez, tenez, avec ce magnifique lot d'assiettes plates et creuses, avec deux soupières, une série de bols et des saucières venant directement de Limoges, le tout pour dix francs.

Le géant – Non, non, juste le secret, je suis seul au monde, une seule assiette me suffit, d'ailleurs je n'ai jamais d'appétit, je n'ai pas besoin de tant d'assiettes, je préfère acheter le petit violon plus cher, tenez, voilà vingt francs pour le violon.

Léo – Impossible, je te l'ai déjà dit, le petit violon n'est pas à vendre, c'est justement lui qui me console quand j'ai le cœur gros.

Le géant – Tu as le cœur gros, toi qui possèdes le secret du bonheur ?

Léo – Tiens, voilà tes cinquante assiettes, et maintenant en prime je vais te dire le secret du bonheur, mais tout bas à l'oreille, il ne faut pas que les autres entendent.

*Il essaie de lui parler à l'oreille.*
*Le géant, une pile d'assiettes dans les bras, tend son oreille.*
*Léo chuchote quelque chose.*

Le géant *(très loin de la bouche de Léo, demande)* – Quoi ?

Léo *(hurle)* – Il ne faut pas rester seul !

Le géant – C'est ça le secret du bonheur ?

Léo – Exactement. Et maintenant que tu as les assiettes, le secret, il ne te reste plus qu'à fonder une famille.

Le géant – Hélas, je suis trop grand, je suis le plus grand géant du monde et le plus triste aussi.

Léo – C'est parce que tu es seul.

Le géant – Qu'est-ce que je vais faire de toutes ces assiettes ?

Léo *(lui montre comment jongler avec)* – Regarde.

*Il jongle.*
*Le géant essaie de faire pareil, les assiettes tombent et se cassent.*
*Il se met à pleurer.*
*Autour de lui on rit et on se disperse.*
*Alors le bonimenteur joue un air gai sur son petit violon, puis constate…*

Tu as fait fuir mes clients.

*Il joue encore, pousse un soupir et cesse de jouer.*

Le géant – Là, tu as le cœur gros ?

Léo – Oui et non. Je m'ennuie.

Le géant – Pourquoi ?

Léo – Parce que moi aussi je suis seul au monde.

LE GÉANT – Tu n'as pas d'ami ?

LÉO – Je change de ville tous les jours.

LE GÉANT – Moi aussi. Je suis géant dans un cirque, le cirque Univers.

LÉO – Je le connais, je le vois souvent sur les foires.

LE GÉANT – Et qu'est-ce qu'il te faudrait pour que tu ne sois plus seul ?

LÉO – Un enfant. [...]

*Silence.*

LE GÉANT – Écoute, comme tu m'as donné le secret du bonheur, moi aussi je veux t'aider. Viens ce soir au cirque Univers, il y a là-bas une petite fille bien malheureuse qui doit jouer sur un petit violon comme le tien, mais elle n'y arrive pas et monsieur Univers la bat à tour de bras, il ne lui donne rien à manger parce qu'elle ne rapporte aucun argent. Demande-lui qu'il te la donne contre une soupière et des cuillères, [...] comme tu as l'air bon, la petite fille ne sera plus malheureuse et moi non plus. Rien que de la voir si triste, je pleure.

*Il repleure.*

LÉO – Ne pleure pas, géant au grand cœur, je serai ce soir au cirque Univers.

Jean-Claude Grumberg, *Le petit violon*, coll. « Poche théâtre » © Actes Sud, 2006.

## Comprenons le texte ensemble

1 Combien y-a-t-il de personnages dans cette scène ? De quels autres personnages le géant parle-t-il ?

2 À qui s'adresse Léo au début de la scène ?

3 Comment Léo redevient-il jeune ?

4 Qu'est-ce que Léo essaie de vendre ? Que donne-t-il en « prime » ?

5 Qu'est-ce qui intéresse le géant ?

6 Pour que Léo ne soit plus seul, que lui propose le géant ?

**Je donne mon avis** Que penses-tu de ce « secret du bonheur » ?

**Je dis le texte** Essaie de lire le « boniment » du camelot Léo (lignes 14 à 23) avec la vitesse, la force et l'entrain d'un bon vendeur.

## J'écris les paroles d'un personnage

- **« Le secret du bonheur, c'est de ne pas rester seul », dit Léo.**
- **Par groupe, cherchez d'autres « secrets du bonheur » : qu'est-ce qui peut rendre heureux ?**
- **Choisis la réponse qui te plaît le plus et fais parler Léo pour expliquer ce qu'il faut faire pour être heureux.**

# Je distingue dialogue et monologue

## Écrire un dialogue de théâtre

### J'observe

**Comment sait-on qui parle dans ce dialogue de théâtre ?**

LE GÉANT – Là, tu as le cœur gros ?

LÉO – Oui et non. Je m'ennuie.

LE GÉANT – Pourquoi ?

LÉO – Parce que moi aussi je suis seul au monde.

LE GÉANT – Tu n'as pas d'ami ?

LÉO – Je change de ville tous les jours.

LE GÉANT – Moi aussi. Je suis géant dans un cirque, le cirque Univers.

Dans un dialogue de théâtre, les paroles prononcées par un personnage s'appellent « des répliques ».

Pour présenter un dialogue de théâtre :
- On place souvent le nom du personnage suivi d'un point ou d'un tiret au début de sa réplique.
- On va à la ligne à chaque nouvelle réplique.
- On n'utilise les guillemets que si un personnage rapporte les paroles de quelqu'un à l'intérieur de sa propre réplique.

### Je m'exerce

**Retrouve les répliques de Léo et du géant et présente correctement ce dialogue de théâtre.**

*Trois ans plus tard, Léo et le géant se retrouvent devant la roulotte. Sarah, la petite fille du cirque, est devenue une belle demoiselle.*

Alors, géant, tu es content de revoir Sarah ? Non. Non ? Pourquoi ? Parce que. Pourquoi tu pleures encore ? Elle n'est plus malheureuse, elle est grande, belle et savante. Justement. Justement quoi ? Depuis que je l'ai revue, je ne pense qu'à elle. Et qu'est-ce qu'il y a de triste là-dedans ? Je pense à elle et ça me fait tout chaud partout, puis ça me donne des fourmis dans les doigts de pieds et puis ça me fait pleurer. Toi, tu es amoureux.

## Écrire un monologue de théâtre

### J'observe

**Lis ces deux manières de raconter le début du *Petit violon*. Quelles différences constates-tu entre ces deux textes ?**

**1.** Il était une fois un camelot nommé Léo. Il se sentait seul et triste car il n'avait plus rien à vendre. Il se rappelait comme les choses étaient différentes dans sa jeunesse !

**2.** LÉO – Bonjour, je suis Léo le camelot, aujourd'hui, je n'ai plus rien à vendre, je suis seul, vieux et triste. Mais hier j'étais jeune. Jeune, plein de forces, avec beaucoup de marchandises et très peu de clients.

Lorsqu'un personnage parle seul en scène, on dit qu'il fait un monologue.
Le personnage dit « je » : il donne ses impressions et il exprime ce qu'il ressent. Il explique sa situation. Nous vivons la scène à travers son regard.

### Je m'exerce

**Imagine la suite du monologue de la princesse. Exprime ce qu'elle ressent quand elle ouvre chaque fenêtre.**

*Il était une fois une princesse qui possédait un château ; tout en haut d'une tour, il y avait une salle percée de douze fenêtres. Quand elle y montait et regardait au-dehors, elle pouvait voir tout son royaume…*

LA PRINCESSE – Quelles montagnes magnifiques ! Et comme ces vallées sont douces…

D'après J. et W. Grimm, « Le lièvre de Mer », *Contes*.

# Les sifflets de Monsieur Babouch

*Quand Monsieur Babouch souffle dans sa sarbacane, il fait apparaître des décors de théâtre, et quand il joue du sifflet, il fait apparaître des personnages :*
***Jean :*** *qui doit acheter un médicament très cher pour sauver sa mère malade.*
***Nina :*** *qui va épouser Jean.*
***Le tailleur :*** *chez qui Jean trouve du travail pour gagner l'argent du médicament. Mais son premier habit est un désastre et le tailleur veut mettre Jean à la porte.*
***Monsieur de Guingois :*** *un client qui entre justement dans la boutique du tailleur…*

scène 8

MONSIEUR DE GUINGOIS *(cognant au volet avec le pommeau d'argent de sa canne)* – C'est ici là boutique du tailleur ?

LE TAILLEUR *(intimidé)* – Oui, monsieur.

MONSIEUR DE GUINGOIS – Permettez-moi de me présenter. Renaud Sylvain Régnier de La Feuille du Tilleul. Prince de Travers, duc de la Pastille, marquis de Bicorne et comte de Guingois. Mais vous pouvez m'appeler monsieur de Guingois ou monsieur tout court. J'ai l'habitude des gens grossiers.

LE TAILLEUR – Je vous en prie, monseigneur. Ma politesse n'est pas grande, mais pour un client tel que vous, il y en aura toujours assez. Veuillez entrer, Altesse. Que puis-je pour votre service ?

MONSIEUR DE GUINGOIS *(sautant d'un pied sur l'autre, faisant claquer sa langue et jetant des regards dédaigneux dans la boutique)* – J'espère que vous aurez ce qui me convient. Sinon, ça va barder ! Je suis d'un tempérament à tout casser quand je n'obtiens pas ce qu'il me faut. Il s'agit d'habiller un jeune homme très beau qui se marie… prochainement. […]

LE TAILLEUR – Un costume de noce n'est pas une mince affaire. Je dois d'abord connaître la taille exacte du marié… […]

MONSIEUR DE GUINGOIS – Le marié dont je vous parle a exactement ma taille et mon apparence. Vous n'avez qu'à prendre modèle sur moi.

LE TAILLEUR – Très bien, monsieur. Je vais noter vos mensurations. *(Scène muette.)* Vous êtes sûr que ce jeune homme est bâti comme vous ?

MONSIEUR DE GUINGOIS – Évidemment, puisque c'est moi qui me marie ! Avec qui, je ne le sais pas encore. Il me faut trouver avant ce soir une fiancée qui me supporte. Car je suis méchant comme la peste si ça me chante et quand je me mets en colère, je prends la première chaise qui me tombe sous la main et je casse tout.

*Il fait des moulinets avec la chaise.*

LE TAILLEUR – Je vous en prie, ne vous fâchez pas. Je vais vous montrer la mode de cette année.

*Il présente un premier costume.*

MONSIEUR DE GUINGOIS – Horrible. *(Le tailleur montre un autre costume.)* Affreux ! *(Nouveau costume.)* Ridicule. *(Nouveau costume.)* Enlevez ces chiffons de mon regard ! Sans doute avez-vous l'habitude d'habiller des épouvantails. Ou des sangliers. Mais un monseigneur comme moi ! *(Il jette tous les vêtements par terre et les piétine.)* Vous n'avez rien de mieux ?

LE TAILLEUR – Non.

MONSIEUR DE GUINGOIS – Je sens que je vais me mettre en colère.

LE TAILLEUR – Sire, n'en faites rien !

MONSIEUR DE GUINGOIS – Et vous, jeune homme, qui ne dites rien, vous n'avez pas de costume à me présenter ?

LE TAILLEUR – C'est mon apprenti, Majesté. Il débute dans le métier. [...]

JEAN – J'ai raté mon premier habit.

MONSIEUR DE GUINGOIS – Ce n'est pas à vous d'en juger. Montrez-le-moi. *(Jean le lui tend.)* Je vais l'essayer.

*Il disparaît dans une cabine en laissant sa canne.* [...]

MONSIEUR DE GUINGOIS *(dans la cabine)* – Impeccable ! Superbe ! Magnifique. Le costume dont je rêvais ! Jamais vu un habit qui m'aille aussi bien ! *(Il sort de la cabine dans le costume grotesque. Satisfait de lui.)* On dirait qu'il a été cousu sur moi. Ne suis-je pas élégant ?

LE TAILLEUR – Vous pensez vous promener en ville avec ça ? [...]

MONSIEUR DE GUINGOIS *(refusant de le lâcher)* – Bien sûr. Vous êtes jaloux de votre apprenti qui a fabriqué un tel chef-d'œuvre. Combien en demandez-vous ?

LE TAILLEUR *(dans un murmure)* – Trois cents francs...

MONSIEUR DE GUINGOIS *(le repoussant)* – Vous vous moquez de moi ?

LE TAILLEUR – Je vous assure monseigneur qu'il y a déjà pour deux cent vingt francs de tissu. Je ne gagne presque rien sur la façon.

MONSIEUR DE GUINGOIS– Et moi, je vous dis que je n'ai jamais acheté un habit à moins de dix mille francs et je ne commencerai pas aujourd'hui.

LE TAILLEUR – Ah ! Vous voulez payer davantage...

MONSIEUR DE GUINGOIS – Dites-moi un prix.

LE TAILLEUR – Dix mille francs.

MONSIEUR DE GUINGOIS – Pour un costume ordinaire, d'accord, mais pas pour celui-là ! [...]

LE TAILLEUR – Cent mille !

MONSIEUR DE GUINGOIS – Bon, j'accepte votre prix, pour cette fois. Tenez.

*Il lui donne l'argent et sort.*

scène 9

[Le tailleur donne sa part de l'argent à Jean.]

*Jean empoche plusieurs billets et sort.*

scène 10

*Dans la rue, Jean est arrêté par le client.*

MONSIEUR DE GUINGOIS – Alors, content de ta journée ?

JEAN – C'est ma mère qui sera contente. Le remède la guérira et nous vivrons riches.

MONSIEUR DE GUINGOIS – As-tu pensé que c'est à moi que tu dois cette fortune ?

JEAN – C'est vrai. À part vous, personne n'aurait eu l'idée d'acheter ce costume… particulier.

MONSIEUR DE GUINGOIS – Ne crois-tu pas que tu devrais me donner quelque chose en échange ?

JEAN – Certainement, monsieur. Mais quoi ? Je n'ai rien, à part cet argent.

MONSIEUR DE GUINGOIS – Tu possèdes la jeunesse. La beauté. Le don de plaire.

JEAN – Cela ne peut pas se donner.

MONSIEUR DE GUINGOIS – Je ne te demande qu'une chose : invite-moi à ta noce et place-moi à côté de ta fiancée.

JEAN – C'est tout ?

MONSIEUR DE GUINGOIS – Oui.

JEAN – Ce n'est pas beaucoup.

MONSIEUR DE GUINGOIS – Ce qui n'est rien pour l'un peut être important pour un autre.

JEAN – D'accord !

*Ils topent. Jean s'en va.*

Jean-Pierre Milovanoff, *Les sifflets de Monsieur Babouch*,
illustrations de Christine Thouzeau, coll. « Heyoka jeunesse » © Actes Sud, 2002.

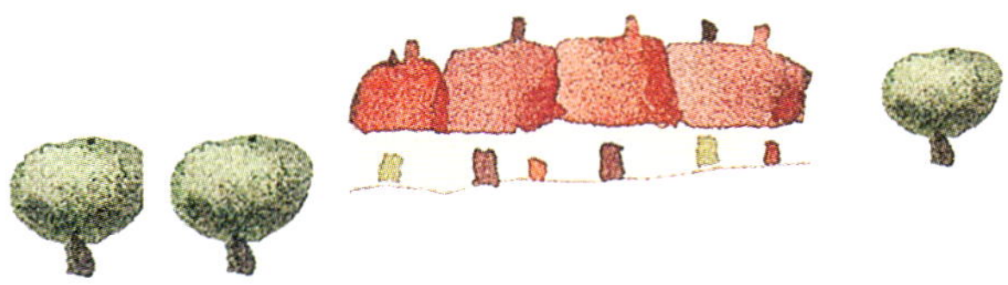

## Comprenons le texte ensemble

**1** Où chacune de ces scènes se passe-t-elle ?

**2** Qui sont les personnages présents dans les scènes 8 et 9 ? Et dans la scène 10 ?

**3** Monsieur de Guingois est-il un personnage sympathique, antipathique, comique ? Donne tes arguments.

**4** Quel marché Monsieur de Guingois propose-t-il à Jean ?

**5** Jean se méfie-t-il ? Justifie ta réponse.

**Je dis le texte** Avec un camarade, entraîne-toi à lire le dialogue entre Monsieur de Guingois et le tailleur, de la ligne 1 à la ligne 40, avec le ton et la voix qui correspondent aux personnages. Lisez à haute voix le dialogue, puis échangez les rôles.

## Je lis en réseau

### 1 Un dialogue de théâtre

Voici le début curieux d'un dialogue curieux.

MONSIEUR A, *avec chaleur* – Oh ! Chère amie. Quelle chance de vous…
MADAME B, *ravie* – Très heureuse, moi aussi. Très heureuse de… vraiment oui !
MONSIEUR A – Comment allez-vous, depuis que ?…
MADAME B, *très naturelle* – Depuis que ? Eh bien ! J'ai continué, vous savez, j'ai continué à…
MONSIEUR A – Comme c'est !… Enfin, oui vraiment, je trouve que c'est…
MADAME B, *modeste* – Oh, n'exagérons rien ! C'est seulement, c'est uniquement… Je veux dire : ce n'est pas tellement, tellement…
MONSIEUR A, *intrigué* – Pas tellement, pas tellement, vous croyez ?

Jean Tardieu, *La comédie du langage*, coll. « Folio »


À ton avis, quel titre l'auteur Jean Tardieu a-t-il donné à sa pièce :
*André et Brigitte – La grande colère – Finissez vos phrases ! – Une soirée en Provence ?*

### 2 Des sketches à jouer… et d'autres pièces de théâtre

Quelques répliques
et c'est le rire qui fuse :
quatorze courtes pièces
du « Charlot » allemand.

Karl Valentin,
***Sketches***,
Éditions théâtrales.

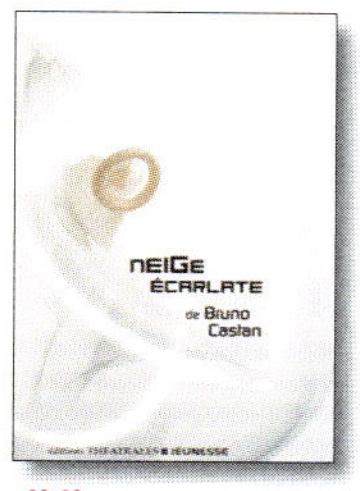


** Bruno Castan,
***Neige écarlate***,
Éditions théâtrales.

** ***Mille ans de théâtre***,
Milan Jeunesse.

*** Olivier Py,
***L'eau de la vie***,
L'École des loisirs.

## à l'oral – J'imagine la suite d'une scène de théâtre

- **À ton avis, pourquoi Monsieur de Guingois veut-il être invité au mariage de Jean (p. 124) ?**
- **Par groupe, imaginez plusieurs réponses à cette question : il veut se faire de nouveaux amis, il veut enlever la mariée…**
- **Choisis la réponse qui te plaît le plus et explique à tes camarades pourquoi Monsieur de Guingois tient tant à assister à ce mariage.**

## J'écris une scène de théâtre

- **Tu vas écrire une scène de théâtre. Choisis entre ces deux propositions :**

– *Les sifflets de Monsieur Babouch* : Le mariage de Jean et de Nina a lieu. Imagine le dialogue entre Monsieur de Guingois et Nina.
– *Le petit violon* : Léo arrive au cirque Univers pour sauver la petite fille malheureuse. Il rencontre le terrible monsieur Univers. Imagine le dialogue entre Léo et monsieur Univers.

- **N'oublie pas de bien présenter les dialogues !**

# Je donne des précisions sur la mise en scène

## Introduire des indications de mise en scène

### J'observe

**Lis ces passages extraits des deux textes que tu as lus dans cette unité.**

**1. Dans *Le petit violon* (pp. 118 à 120) :** *La roulotte de Léo le camelot. – Il joue cette fois un air plus enjoué.*

**2. Dans *Les sifflets de Monsieur Babouch* (pp. 122 à 124) :** *(cognant au volet avec le pommeau d'argent de sa canne) – (intimidé).*

**a.** Quels types de renseignements te donnent ces passages ?

**b.** Pourquoi sont-ils écrits d'une manière différente des répliques des personnages ?

Dans une pièce de théâtre, certaines phrases donnent des indications de mise en scène : *les lieux*, *les bruits*, *les attitudes*, *les déplacements*, *les façons de parler*…
À l'écrit, on repère facilement ces phrases car elles sont écrites en caractères italiques et parfois entre parenthèses.
À l'oral, le spectateur ne les entend pas car elles ne sont pas dites par les comédiens !

### Je m'exerce

**Ajoute les indications de mise en scène qui manquent pour que l'on comprenne bien cette scène du *Petit violon*.**

*La petite fille regarde sans comprendre. – Il se tape sur la poitrine. – La roulotte de Léo. – Léo et la petite fille.*

…

…

LÉO – Moi Léo.

…

LÉO – Mon nom est Léo. Et toi ?

…

Moi prendre toi pour être heureux tous les deux, toi ma fille, moi ton papa, papa Léo.

D'après J.-C. Grumberg, *Le petit violon*, coll. « Poche théâtre » © Actes Sud, 2006.

## Situer le lieu, décrire les mouvements des personnages

### J'observe

**Lis le début de cette pièce et relève les informations qui permettent d'imaginer la scène.**

*L'intérieur d'une salle de restaurant. La salle est vide et obscure. La famille D. apparaît sur le seuil.*

ENSEMBLE – Y'a des places ?

– C'est vide… Ils ont pas l'air de servir…

*Ils restent hésitants sur le pas de la porte.*

LE PREMIER FILS – Y'a pas de menu…

LE DEUXIÈME FILS – Alors, qu'est-ce qu'on fait ?

D'après J.-C. Grumberg, « Les vacances », dans *Les courtes* © Actes Sud, 2001.

Dans une pièce de théâtre, les indications de mise en scène permettent de se représenter la scène : *le décor*, *les objets sur scène*, *les lumières* et *le mouvement des personnages*.
Ces indications sont utiles au metteur en scène et aux comédiens.

### Je m'exerce

**Ajoute les indications de mise en scène qui manquent pour que l'on se représente bien cette scène.**

*Il l'ausculte. – Il fait entrer la dame et referme la porte. – Le cabinet médical et la salle d'attente.*

Acte II, Scène 4 / KNOCK, LA DAME EN NOIR

…

KNOCK – Ah, voici les consultants. … C'est vous qui êtes la première, madame ? Et vous souffrez.

LA DAME – Ce n'est pas le mot. J'ai plutôt de la fatigue.

KNOCK – Oui, vous appelez ça de la fatigue… … Baissez la tête. Respirez. Toussez. Vous n'êtes jamais tombée d'une échelle ?

D'après J. Romains, *Knock ou Le triomphe de la médecine* © Gallimard.

## Je choisis mes mots

**Dans de nombreuses expressions imagées, on retrouve des mots désignant des parties du corps utilisés dans un sens figuré.**

**Dans *Le petit violon* (pp. 118 à 120) :** avoir le cœur gros – tendre l'oreille – battre à tour de bras.

- Pour chaque expression, trouve une autre façon de dire la même chose.
- Cherche d'autres expressions imagées avec des mots désignant des parties du corps : *tête, jambe, pied, main…*
Tu peux chercher avec des camarades ou dans un dictionnaire.

## J'étudie la langue pour mieux écrire

Dans une phrase, les noms, les adjectifs et les verbes peuvent être au pluriel, mais **les terminaisons du pluriel ne sont pas les mêmes**.

En relisant ton texte, vérifie les marques au pluriel.
Ne confonds pas les noms et les verbes :
**– noms : en général, terminaison « s » ou « x » au pluriel ;**
**– verbes : terminaison « nt » à la 3^e^ personne du pluriel.**

**Grammaire**
Unité 13, p. 189
Identifier la nature et la fonction d'un mot
**Orthographe**
Unité 5, p. 203
Marquer le pluriel

*Les vacanciers timbrent les cartes postales avec des timbres de collection.*

verbe — nom

## Je relis et je réécris

**Reprends ta scène de théâtre (p. 125).**

- Fais lire le début de ta scène à un camarade. Peut-il dire où se trouvent les personnages ?
- Vérifie que tu n'as oublié aucune des caractéristiques d'un dialogue de théâtre.
- Avant de recopier ton brouillon au propre, corrige-le à l'aide de **la grille de réécriture** suivante.
Vérifie et corrige un seul élément à la fois.

| | |
|---|---|
| 1 | J'ai indiqué le nom des personnages devant chaque réplique. |
| 2 | Je suis allé à la ligne à chaque nouvelle réplique. |
| 3 | Mes personnages expriment des réactions et des émotions. |
| 4 | J'ai donné des indications de mise en scène utiles pour comprendre et jouer la scène. |

# En sortant de l'école

En sortant de l'école
nous avons rencontré
un grand chemin de fer
qui nous a emmenés
tout autour de la terre
dans un wagon doré
Tout autour de la terre
nous avons rencontré
la mer qui se promenait
avec tous ses coquillages
ses îles parfumées
et puis ses beaux naufrages
et ses saumons fumés
Au-dessus de la mer
nous avons rencontré
la lune et les étoiles
sur un bateau à voiles
partant pour le Japon
et les trois mousquetaires
des cinq doigts de la main
tournant la manivelle d'un petit
sous-marin
plongeant au fond des mers
pour chercher des oursins
Revenant sur la terre
nous avons rencontré
sur la voie de chemin de fer
une maison qui fuyait
fuyait tout autour de la terre
fuyait tout autour de la mer
fuyait devant l'hiver
qui voulait l'attraper
Mais nous sur notre chemin de fer
on s'est mis à rouler
rouler derrière l'hiver
et on l'a écrasé
et la maison s'est arrêtée
et le printemps nous a salués
C'était lui le garde-barrière
et il nous a bien remerciés
et toutes les fleurs de toute la terre
soudain se sont mises à pousser
pousser à tort et à travers
sur la voie de chemin de fer
qui ne voulait plus avancer
de peur de les abîmer
Alors on est revenu à pied
à pied tout autour de la terre
à pied tout autour de la mer
tout autour du soleil
de la lune et des étoiles
À pied à cheval en voiture
et en bateau à voiles.

Jacques Prévert,
*Histoires et d'autres histoires,*
illustration de Jacqueline Duhême

# PÉRIODE 5

La fin de l'année approche, mais tu as encore beaucoup de découvertes à faire.

→ Tu vas lire des lettres, des interviews et des biographies. Tu vas apprendre à trouver rapidement des informations dans un texte documentaire.

→ Puis ce sera ton tour d'écrire une lettre, de réaliser une interview et de rédiger une biographie. Pour améliorer tes textes, tu apprendras à vérifier les accords dans les phrases complexes et à utiliser correctement la ponctuation.

# Atelier de lecture

*Ne lis pas le texte tout de suite ! Réponds d'abord aux questions.*

## Archéologue

***L'archéologue recherche et étudie les traces laissées par l'homme depuis la préhistoire jusqu'à nos jours. Ses découvertes permettent de mieux connaître les modes de vie des sociétés du passé.***

### Description du métier

**Interpréter les traces du passé**

Pour reconstituer l'histoire de l'humanité, des origines à nos jours, l'archéologue se documente et effectue des fouilles sur le terrain.

Sépultures, tessons d'amphores, éclats de métal, bijoux… ces indices, précieux, sont analysés par ce professionnel. Ainsi, la fouille d'un site gallo-romain permet de comprendre l'organisation et les modes de vie d'une cité antique.

**Sauvegarder les vestiges**

Les opérations archéologiques préventives représentent la majeure partie de l'activité de l'archéologue (environ 85 %). Elles sont réalisées avant des travaux d'aménagement ou d'urbanisme. Par exemple, avant la construction d'une ligne de TGV ou d'une autoroute, qui pourrait menacer des objets enfouis sous terre.

**Diffuser ses recherches**

L'archéologue diffuse le résultat de ses recherches par le biais de publications, de conférences et d'expositions.

### Conditions de travail

**En urgence ou à long terme**

Les fouilles préventives ont un caractère d'urgence, tandis que les programmes de recherche se déroulent sur le moyen ou le long terme. Ainsi, par exemple, depuis une dizaine d'années, on recherche les vestiges du Phare d'Alexandrie en Égypte.

**Du laboratoire au chantier**

Une recherche documentaire précède toujours l'ouverture d'un chantier. Après ce travail d'étude, l'archéologue exécute différentes actions sur le terrain. Il repère les anomalies de terrain, trie, répertorie, analyse et date les objets mis au jour, guide les engins de fouilles (pelle mécanique, par exemple), dresse le plan du site…

Enfin, il rédige un rapport de fouille, accompagné de dessins et de photos. Différents collaborateurs peuvent participer à ces travaux : archéozoologues, botanistes, anthropologues, géologues, topographes, céramologues, spécialistes en datation…

## Compétences

### Chercheur et chef d'équipe

Spécialiste d'une époque et d'une civilisation, l'archéologue est d'abord un chercheur... de terrain. Sur un chantier de fouilles, il devient chef d'équipe : il organise alors le travail des fouilleurs et gère le matériel.

### Résistant et patient

Sur un site, l'archéologue vit en communauté, dans des conditions matérielles et climatiques parfois difficiles. Physiquement éprouvant, ce métier peut imposer des horaires de travail lourds. Il requiert minutie, rigueur et patience.

## Accès au métier

### Des études longues

À l'université, les études commencent par une licence en histoire de l'art et archéologie ou par une licence d'histoire… Les étudiants peuvent aussi privilégier des parcours associant langues anciennes ou vivantes, sciences de la vie, sciences humaines et sociales avant de rejoindre une licence ou un master d'archéologie.

### Une formation sur le terrain

L'apprentissage en tant que bénévole sur les chantiers de fouilles pendant l'été est recommandé pour compléter la formation.

D'après le site Internet de l'Onisep http://www.onisep.fr/

## Je repère rapidement le plan du texte

**1** **Sans lire le texte, mais en regardant uniquement le titre et les sous-titres, trouve le sujet de ce texte.**

**2** **Selon toi, à quoi sert le site Internet dont est extrait ce texte ?**

## Je trouve une information sans lire tout le texte

**3** **Toujours sans lire le texte en entier, trouve le plus rapidement possible les informations suivantes.**
**Indique ensuite comment tu as raisonné pour trouver chacune de ces informations.**

**1.** Quelles études faut-il faire pour devenir archéologue ?

**2.** Pourquoi un archéologue doit-il être résistant et patient ?

**3.** Combien de temps peuvent durer des fouilles archéologiques ?

**4.** Où un archéologue exerce-t-il son métier ?

**5.** Quelle est la meilleure définition de l'activité de l'archéologue :
– Reconstituer les manières de vivre des sociétés qui nous ont précédés ?
– Fouiller le sol ?

Pour trouver rapidement une information dans un texte documentaire, on utilise les sous-titres : ils résument en général le contenu de chaque partie.

# 13 Correspondance

## Vieux John

Avant que Vieux John n'arrive, il y eut une terrible dispute. Chez les Schirmer, c'est toujours comme ça. Chaque événement nouveau ou extraordinaire est l'occasion de discussions approfondies, le plus souvent à grand renfort[1] de bruit. Sans une bonne dispute, la vie de famille ne fonctionne pas.

Les Schirmer dînaient dans la cuisine. C'était la plus grande pièce de la vieille maison où ils venaient tout juste d'emménager.

Laura et Jacob suivaient le débat entre leurs parents avec passion. Maman était d'avis que Vieux John vienne habiter chez eux.

Papa, comme il disait toujours, « faisait des réserves ».

– Vieux John a déjà soixante-quinze ans, disait-il. Il peut devenir une charge. Et puis il est un peu toqué. Tu sais bien Irène !

– Ah bon ? se contenta de demander Maman, ce qui fit un peu plus enrager Papa.

Quand les parents étaient sur les nerfs, surtout Papa, il était préférable de ne pas s'en mêler. Laura hasarda quand même :

– Après tout, Vieux John est le père de Maman.

Jacob ajouta à toute vitesse :

– Notre grand-père !

– Tu me prends pour un imbécile, hurla Papa, en martelant son assiette de sa fourchette.

Maman lui fit remarquer qu'il allait casser l'assiette. Papa n'y prêta pas attention. Il frappa de plus belle et s'exclama, les sourcils froncés par la colère :

– Ne vous mêlez surtout pas de ça !

– Vous en avez au contraire tout à fait le droit, estima Maman. Elle se leva et retira l'assiette sous la fourchette virevoltante[2] de Papa. Les enfants vont vivre comme nous avec Vieux John.

1. **à grand renfort de… :** avec beaucoup de…

2. **virevoltante :** qui tourne vite sur elle-même.

**3. à la cantonade :** à tout le monde en même temps.

**4. une bicoque :** une petite maison (mot familier).

– C'est bon, grogna Papa, en posant d'un air embarrassé sa fourchette sur la table et en fouillant dans sa pipe avec une allumette.

Maintenant il n'y avait plus rien à craindre. C'était toujours la même chose. Après s'être énervé, Papa savait être très gentil et très doux. Mais la moindre crotte de mouche l'exaspérait.

Maman s'assit de nouveau et demanda à la cantonade[3] :

– Et si nous lui écrivions que sa chambre est prête et qu'il peut venir ? Nous lui avions promis autrefois, quand nous avions projeté d'acheter cette maison, qu'il pourrait s'y installer avec nous.

– Allez ! Commençons, s'écria Laura.

– Doucement, doucement, dit Papa. Nous ne sommes pas vraiment installés. Il y a encore une foule de choses à réparer, à peindre, à construire. Je me demande si cela ne va pas déranger Vieux John.

– Allons donc. Il peut se rendre utile, dit Maman. Ça lui plaira sûrement.

– À toi de savoir, dit Papa en tirant vigoureusement sur sa pipe. Alors, que lui écrivons-nous ?

– Cher Vieux John, dit Laura.

– Ça va de soi, dit Papa.

– Mais pas du tout ! Maman pourrait aussi écrire : « Cher Papa ! » et nous pourrions aussi écrire : « Cher Papi », dit Jacob. Maman se mit à rire.

– Il croirait que nous nous payons sa tête.

Papa s'impatienta une fois de plus.

– Alors, que lui écrivons-nous ?

Il se leva et prit un bloc de papier et un crayon dans l'armoire de la cuisine. Papa savait drôlement bien écrire. C'était nécessaire dans son travail. Il travaillait dans un bureau où l'on dessinait des affiches. Il écrivit : « Cher Vieux John ». Et au-dessus à droite : « Dempflingen, le 2. 3. 1976 ».

Laura dicta :

– Maintenant tu peux venir.

– Tu vas un peu vite en besogne. Papa secoua la tête. Vieux John n'a certainement pas pensé que nous mettrions notre maison si vite en état.

– Écris donc : notre bicoque[4] est prête, tu peux venir, s'exclama Jacob.

5. **une lubie :** une idée étrange, une envie folle.

6. **un sténographe :** une personne qui utilise la sténographie pour écrire vite.

Tout cela ne convenait pas à Maman.

– Vieux John a ses lubies[5], dit-elle, et il faut, même dans une lettre, que nous le préparions petit à petit.

On voyait à son air que quelque souvenir lui revenait à l'esprit.

– Vous vous rappelez peut-être le jour où Vieux John a voulu prendre un ascenseur qui n'existait pas ? Tout le monde s'en souvenait et on se mit à rire. [...]

Du coup on sut ce qu'il fallait lui écrire :

Qu'on pensait souvent à lui et qu'on parlait beaucoup de lui.

Qu'il devait se sentir bien seul.

Que tout le monde le voyait très bien habiter ici.

Qu'on avait besoin de toute urgence de son aide à la maison.

Qu'il aurait une chambre donnant sur le jardin, avec même des toilettes indépendantes et une douche.

Que tout le monde se réjouissait beaucoup de le voir.

– Thomas, écris tout cela, dit Maman, dans l'ordre où nous te l'avons dit.

– Je ne suis pas sténographe[6], soupira Papa. Mais il se mit tout de suite à écrire.

Peter Härtling, *Vieux John* © 1981, Beltz & Gelberg in der Verlagsgruppe Beltz, Weinheim & Basel.

## Comprenons le texte ensemble

**1** Relève le nom et le prénom des personnes (présentes ou absentes) de cette famille.

**2** Qu'apprends-tu sur cette famille ?

**3** Quels sont les sentiments de chaque membre de la famille à l'égard de Vieux John ? Que penses-tu de l'intervention de Laura (ligne 17) ?

**4** Selon toi, qu'est-ce qui peut être à l'origine de cette invitation ?

**5** Pourquoi les personnages rencontrent-ils des difficultés pour commencer leur lettre (lignes 45 à 58 ) ? Ont-ils trouvé la formule adaptée à leur destinataire ?

**Je dis le texte** Lis le texte à voix haute avec des camarades, de la ligne 11 à la ligne 71. Essayez de trouver des voix adaptées à chaque membre de la famille.

**Je donne mon avis** Es-tu d'accord avec l'affirmation lignes 4 et 5. Donne tes arguments.

## J'écris une lettre

- **Relis le texte à partir de la ligne 57.**
- **Essaie d'écrire la lettre que doit rédiger le père à partir de toutes les indications données dans le texte.**

# J'organise une lettre

## Communiquer clairement avec son correspondant

### J'observe

**1** Relis *Vieux John* de la ligne 34 à la ligne 67 (pp. 133-134).

**a.** Quelles questions se sont posées les personnages au moment d'écrire leur lettre ?

**b.** Pourquoi se sont-ils posé ces questions ?

**2** **Lis la lettre de Dylan, un jeune lecteur qui participe à un débat proposé par un journal sur le thème : « Que pensez-vous des colonies de vacances ? »**

**a.** Nomme les éléments qui doivent toujours figurer dans une lettre.

**b.** Repère leur emplacement sur la feuille.

Dylan Durieux
6, rue des bleuets
38370 Saint-Amand

Le 23 juin 2008

Chère Sarah,
Les colonies de vacances, je n'aime pas trop car j'ai peur que les gens ne me parlent pas.
Mais quand il y a ma grande sœur dans la même colonie, j'aime bien parce que je n'ai pas peur.
Amicalement

Dylan

Celui qui écrit une lettre est l'expéditeur et celui qui la reçoit est le destinataire.
L'expéditeur doit donner au destinataire toutes les informations nécessaires pour bien comprendre la situation : son nom, son adresse, la date, l'objet de l'échange.
Une lettre est habituellement présentée de cette manière :

| | |
|---|---|
| Nom de l'expéditeur<br>Adresse de l'expéditeur | Date |
| Formule pour s'adresser au destinataire | |
| Texte de la lettre | |
| Formule de politesse | |
| | Signature |

### Je m'exerce

**Remets les éléments de cette lettre dans l'ordre et recopie la lettre sur du papier blanc en respectant la présentation habituelle.**

Salut Sarah !
60, rue Albert
89 100 Sens
Mais ce qui est dommage,
c'est que le temps passe vite.
Fanny Perrin
Fanny
Je t'adresse mon meilleur souvenir.
Le 21 juin 2008
Je fais des colonies tous les ans
et j'adore ça car je rencontre
des nouvelles copines.
Souvent, je les revois dans une
autre colonie et c'est bien. En plus,
les activités ne sont pas les mêmes
qu'à la maison, alors on s'amuse bien.

# En relisant ta lettre

En relisant ta lettre, je m'aperçois que l'orthographe et toi, ça fait deux
C'est toi que j'aime
Ne prend qu'un M
Par-dessus tout
Ne me dis point
Il en manque un
Que tu t'en fous
Je t'en supplie
Point sur le i
Fais-moi confiance
Je suis l'esclave
Sans accent grave
Des apparences
C'est ridicule
C majuscule
C'était si bien
Tout ça m'affecte
Ça c'est correct
Au plus haut point
Si tu renonces
Comme ça s'prononce
À m'écouter
Avec la vie
Comme ça s'écrit
J'en finirai
Pour me garder
Ne prend qu'un D
Tant de rancune
T'as pas de cœur
Y'a pas d'erreur
Là y en a une
J'en mourirai
N'est pas français
N'comprends-tu pas ?
Ça s'ra ta faute
Ça s'ra ta faute
Là y'en a pas […]

Paroles et musique de Serge Gainsbourg

## Comprenons le texte ensemble

1 Qui a envoyé une lettre, selon toi ? À quelle occasion ?

2 Que nous apprend le titre ?

3 Comment est organisé ce texte ? D'où proviennent certaines phrases ?

4 Essaie de reconstituer la lettre telle qu'elle a été envoyée. Quels sentiments exprime cette lettre ?

**Je dis le texte** Lis le texte avec un camarade en vous répartissant les rôles : les parties de la lettre et les commentaires.

5 Le destinataire de cette lettre a-t-il pris au sérieux l'ensemble de la lettre qu'il a reçue ? Justifie ta réponse.

**Je donne mon avis** Que penses-tu de cette façon de relire une lettre émouvante en ne s'intéressant qu'aux fautes d'orthographe ?

Pablo Picasso, ***Portrait de Guillaume Apollinaire à la tête bandée***, 1916.

# Carte postale

*Le poète Guillaume Apollinaire, soldat pendant la Première Guerre mondiale, envoie cette « carte postale » depuis le champ de bataille.*

Je t'écris de dessous la tente
Tandis que meurt ce jour d'été
Où floraison éblouissante
Dans le ciel à peine bleuté
Une canonnade éclatante
Se fane avant d'avoir été

Guillaume Apollinaire, *La tête étoilée*,
dans *Calligrammes* © Gallimard.

## Comprenons le texte ensemble

1 Quel élément du poème permet de comprendre que cette « carte postale » est envoyée depuis le champ de bataille ?

2 Documente-toi sur la vie des soldats pendant la Première Guerre mondiale. Quels aspects de leur vie le poète évoque-t-il ?

3 Quelle image se forme dans ton esprit en lisant ce poème ? Réalise une illustration.

**Je donne mon avis** Qui peut être le destinataire de cette « carte postale » ?

# Lettre à sa mère

16 août 1912
Oxford, Mississippi.

Belle dame,

J'espère que tu as fait bon voyage, et que tu prendras de bonnes photos avec mon appareil. Hier et toute la nuit, il a plu très fort, et il pleut encore.

Tout le monde est gentil avec nous, et Grand-père est vraiment formidable, je t'assure. J'imagine qu'il savait que Tantine voudrait lire nos lettres, alors il nous a dit, à Jack[1] et à moi, de passer à la banque, où il garde plein d'enveloppes et de papier. Ce matin, au petit déjeuner, quand Jack est entré, Grand-papa lui a dit : « Voilà mon p'tit bonhomme en beurre de cacahuètes », et à moi il a dit : « As-tu bien dormi la nuit dernière, Bill ? »

Dis à papa que nous nous occupons bien du bétail et dis-lui que si Mr. Drew Roane ne peut pas me trouver une lampe, Grand-père m'achètera une Beal. C'est une lampe à pétrole, mais c'est une bonne lampe. Il me l'a prêtée pour que je l'essaie.

Hier, nous avons pris l'auto pour aller jusqu'à Davidson's Bottom et j'ai découvert que ce que Ches[2] appelle « une sacrée maudite sangsue » s'était collée à mon pied. Elle avait fourré sa tête sous ma peau et, pour la sortir de là, Ches a dû la couper en deux avec un couteau de boucher.

J'ai vu deux petits garçons que j'ai pris pour Johnsy[3] et l'autre jour, j'allais en ville, j'ai vu un monsieur et j'allais crier « Bonjour, Papa » – et alors j'ai vu que ce n'était pas lui. Toi, je n'ai vu personne qui te ressemble parce que tu es trop belle.

J'attends une lettre.

Afectueusement.
Ton fisse Billie

1. et 3. **Jack et Johnsy :** noms des deux frères de Billie.
2. **Ches :** nom du chauffeur.

William Faulkner, *Lettres à sa mère, 1918-1925*, coll. « Arcades », trad. de D. Coupaye et M. Gresset © Gallimard.

## Comprenons le texte ensemble

1 Qui est l'auteur de cette lettre ? À qui écrit-il ?

2 Pourquoi écrit-il cette lettre ?

3 Comment la lettre commence-t-elle ?

**Je donne mon avis** Que penses-tu de la manière de s'adresser ainsi à sa mère dans une lettre ?

4 Grand-père est « formidable », écrit Billie. Qu'est-ce qui justifie cet adjectif qualificatif ?

5 Relève dans cette lettre les marques d'affection.

**Je donne mon avis** Est-il plus facile de témoigner son affection à l'oral ou à l'écrit ?

6 Selon toi, quel âge a l'auteur lorsqu'il écrit cette lettre ?

7 Relève les quelques fautes d'orthographe.

**Je donne mon avis** Ces fautes d'orthographe empêchent-elles le destinataire de comprendre la lettre ?

## Je lis en réseau

### 1 Des lettres

« Des lettres ? Moi ? Je n'en reçois jamais, songea la taupe. Jamais. »
Envahie par un sentiment d'injustice, elle se mit à creuser une galerie dans la terre sombre.
« Pas même un petit bonjour, pensa-t-elle. Ou une invitation à venir sous le désert. Ou sous la glace. Jamais. »
De rage, elle frappa le sol.
Mais il n'y eut pas de réponse.
« Il n'y a qu'une seule personne qui veuille bien m'écrire, réfléchit-elle. Et je suis cette personne. »

C'est ainsi que, enfouie profondément sous la terre, dans l'obscurité, elle se mit à s'écrire lettre sur lettre.
*Chère taupe,*
*Je te salue cordialement.*
*La taupe*
ou :
*Chère taupe,*
*Tu me manques.*
*La taupe*

Toon Tellegen, *Lettres de l'écureuil à la fourmi*, illustration de Axel Scheffler, avec l'aimable autorisation des Éditions Albin Michel.

### 2 Une œuvre complète… et d'autres lettres

« Il y avait une fois, il y a très longtemps, un homme néolithique… »
L'histoire de Tegumai, de sa fille Taffy qui a inventé la première lettre, de l'étranger qui l'a portée au village et des mésaventures qui s'en suivirent.

Rudyard Kipling, « **La première lettre** », dans *Histoires comme ça*, Gallimard Jeunesse.

* Sarah Stewart et David Small, ***Le jardin secret de Lydia***, Syros.

** Jacqueline Brisson, ***Cher cousin caché…***, Syros.

*** Jo Hoestlandt, ***Mémé, t'as du courrier !***, Nathan.

à l'oral

## Je participe à un débat

- Écrire ou téléphoner aux gens qu'on aime ? Prépare tes arguments pour un débat dans la classe : *je préfère écrire / téléphoner parce que…*
- La classe est partagée en trois équipes pour le débat :
les deux premières défendent chacune un point de vue, la troisième écoute et dit qui a le mieux défendu son point de vue et pourquoi.

## J'écris une lettre personnelle

- Choisis une personne à qui tu pourrais écrire :
tes grands-parents, un(e) cousin(e) ou un(e) ami(e) que tu ne vois pas souvent…
- Parmi tout ce qui t'est arrivé ces jours derniers, pense à un événement heureux ou malheureux que tu aimerais lui raconter.
- Rédige ta lettre. N'oublie pas que le destinataire de ta lettre n'a pas vécu l'événement que tu lui racontes. Donne-lui toutes les informations nécessaires !

# Je rédige une lettre personnelle

## Se raconter

### J'observe

**Quel est le but commun de ces deux extraits de lettres ?**

**1.** On est arrivé hier soir. Il faisait noir. Ce matin, le jardin est vert et il y a des framboises rouges. Ma chambre est petite avec une fenêtre pointue. Pour voir la mer, je monte sur une chaise.

G. Caban, *Je t'écris, j'écris*, illustration de Z. Modiano, coll. « Folio cadet » © Gallimard Jeunesse.

**2.** Ma chère grand-mère,
Nous venons d'essuyer une terrible tempête et le *Méralda* a été dangereusement secoué par d'énormes vagues. Papa a eu fort à faire avec les animaux dans la cale ; leurs caisses se sont brisées et ils se sont échappés.

C. Brighton, *Ma chère grand-mère*, avec l'aimable autorisation des Éditions Albin Michel.

Lorsque l'on est éloigné des personnes que l'on aime, on peut leur écrire pour leur donner des nouvelles, leur raconter des petits ou des grands événements de sa vie.
On écrit souvent à la première personne du singulier et on donne des informations essentielles qui permettront au destinataire de bien comprendre ce qui s'est passé.

### Je m'exerce

**Fais la liste des petits ou des grands événements qui te sont arrivés cette semaine.**

**Parmi ces événements, lesquels aurais-tu envie de raconter dans une lettre à une personne qui t'est chère (voir p. 139) ?**

## Exprimer ses sentiments

### J'observe

**1 Dans cette lettre envoyée par l'écrivain Victor Hugo à sa femme Adèle, relève les expressions qui manifestent de l'affection.**

Bruxelles, 18 août 1837

Je suis encore à Bruxelles, mon Adèle.
En attendant la diligence, je te commence une lettre que je finirai à Louvain ou à Malines. Tu vois comme c'est un bonheur pour moi de me rapprocher de toi par la pensée en t'écrivant.
Je t'ai promis de te reparler de Mons. C'est en effet une ville fort curieuse. […]

**2 Dans *Lettre à sa mère* (p. 138), relève les formules employées par Billie pour témoigner son affection.**

Dans une lettre à un proche, on trouve souvent des manières personnelles de s'adresser à lui et de lui manifester son affection : *mon Adèle*, *chers parents*, *cher ami*…

### Je m'exerce

**Lis cette lettre envoyée par Cyril à ses parents pendant une classe de découverte.**

**Essaie de rendre la lettre plus personnelle :**
**– introduis des précisions sur les événements ;**
**– ajoute quelques marques et formules d'affection.**

Chers parents,
On est bien arrivés hier à Moissy. On s'est installés. Je suis dans la même chambre que Tristan. Aujourd'hui, on a visité une ferme.
Bons baisers
Cyril

## Je choisis mes mots

**Dans une lettre personnelle, l'expéditeur demande souvent des nouvelles de son destinataire.**

Et toi… ? – Comment va… ? – J'espère que… – Je pense…

- Complète ces débuts de phrase et cherche d'autres expressions.
- Classe les expressions ci-dessous en deux groupes :
*celles qui évoquent un moment heureux / celles qui évoquent un moment malheureux.*

c'était formidable – j'étais triste – j'étais ravi(e) – j'avais envie de pleurer – j'étais désolé(e) – j'ai été surpris(e) – ça m'a énervé(e) – j'avais peur – j'avais honte – c'était sensationnel – j'étais enchanté(e) – j'avais très envie.

## J'étudie la langue pour mieux écrire

Pour tous les verbes et à tous les temps de l'indicatif, la terminaison « **s** » est la marque de **la 2e personne du singulier**.

En relisant ton texte, vérifie les accords des verbes dont le sujet est « tu ».

**Conjugaison**
Unités : 4, p. 231 ; 5, p. 233 ; 7, p. 237 ; 9, p. 241 ; 12, p. 247

| tu es | tu chantais | tu pris | tu finiras | tu as fini |
|---|---|---|---|---|
| présent | imparfait | passé simple | futur | passé composé |

## Je relis et je réécris

**Reprends ta lettre (voir p. 139).**

- As-tu donné à ton destinataire toutes les informations essentielles sur l'événement que tu racontes ?
- Essaie d'améliorer ton texte en utilisant la rubrique « Je choisis mes mots ».
- Avant de recopier ton brouillon au propre, corrige-le à l'aide de **la grille de réécriture** suivante. Vérifie et corrige un seul élément à la fois.

| | |
|---|---|
| 1 | J'ai précisé la date, mon prénom et, si nécessaire, le lieu d'où j'ai écrit. |
| 2 | J'ai respecté la présentation d'une lettre. |
| 3 | J'ai raconté un ou plusieurs événements de ma vie qui pouvaient intéresser mon destinataire ou qui me semblaient importants. |
| 4 | J'ai raconté les événements de façon claire pour mon destinataire. |
| 5 | J'ai trouvé une manière personnelle pour faire part de mes sentiments. |
| 6 | J'ai demandé des nouvelles de mon destinataire. |

# 14 Interviews

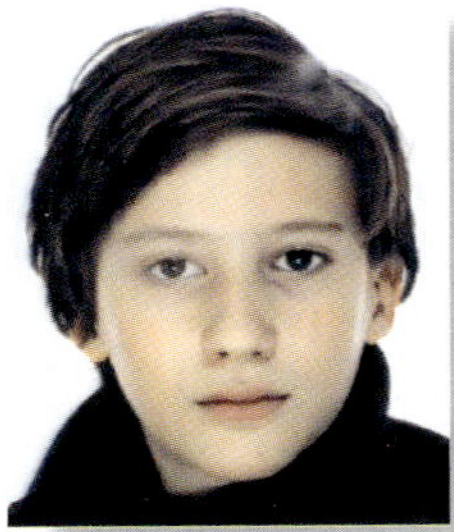

## Julien : « moi, j'aime les chauves-souris ! »

***Julien, 10 ans, observe les chauves-souris dans son jardin. Pour lui, ces animaux ne sont ni laids ni méchants, mais doux et mignons.***

LE JOURNAL DE L'ÉCOLE : **Qu'est-ce qui te plaît tant chez les chauves-souris ?**

JULIEN : Ce sont des animaux très particuliers. Les chauves-souris sont les seuls mammifères qui volent. Elles émettent aussi des ultrasons qui leur permettent de se diriger.

LE JOURNAL DE L'ÉCOLE : **Pourquoi la plupart des personnes n'aiment pas les chauves-souris ?**

JULIEN : Les gens pensent que les chauves-souris sont de dangereux vampires qui mordent et sucent le sang pour se nourrir. On dit aussi qu'elles s'accrochent dans les cheveux. C'est faux ! Moi, j'ai déjà pris des chauves-souris dans mes mains : elles sont très douces et très mignonnes.

LE JOURNAL DE L'ÉCOLE : **Comment fais-tu pour les observer ?**

JULIEN : Il faut les observer la nuit avec un « bat détecteur » [en anglais, *bat* signifie chauve-souris]. Cet appareil capte les ultrasons des chauves-souris et permet de reconnaître les différentes espèces. J'en vois souvent dans le jardin ou bien dans des grottes, où je vais avec mes parents. Il faut faire attention à ne pas les éblouir avec une lampe, car ce sont des animaux fragiles.

LE JOURNAL DE L'ÉCOLE : **Comment s'occupe-t-on des chauves-souris ?**

JULIEN : On peut les recueillir dans une pièce et les nourrir. Mais seulement le soir, car elles dorment le jour. Avec mes parents, on les nourrit avec des insectes, des grillons par exemple. Elles reprennent des forces et se remettent à voler dans la pièce. Puis on les relâche.

LE JOURNAL DE L'ÉCOLE : **Quelle est ton espèce préférée ?**

JULIEN : L'oreillard. Les oreilles de cette chauve-souris sont si grandes qu'en hiver elle les replie sous ses bras pour les protéger du froid.

**Propos recueillis par Myriam Angéli.**
*Le Journal de l'école*, n° 90, juin 2008.

**Les oreilles de l'oreillard** sont presque aussi longues que son corps.

## Comprenons le texte ensemble

1 Comment appelle-t-on ce genre d'article ? D'où est-il tiré ? Qui a réalisé cet article ? Comment ?

2 Sais-tu comment s'appelle la partie écrite en gros caractères sous le titre de l'article ? Selon toi, quel est son rôle ?

3 Où trouve-t-on le nom du journaliste qui a écrit cet article ?

4 Le nom du journaliste apparaît-il devant chaque question ? Que trouve-t-on à la place ?

5 Grâce à cet article, qu'as-tu appris de nouveau sur les chauves-souris ?

**Je donne mon avis** Aimes-tu les chauves-souris ? Pourrais-tu, comme Julien, t'en occuper ?

# « J'ai commencé par gribouiller »

***Jean-Claude Tran est français. Il travaille comme animateur pour le studio de dessins animés Pixar.***

**? Quel a été votre parcours avant d'entrer chez Pixar ?**

JEAN-CLAUDE TRAN : J'ai fait une école d'animation, le CFT des Gobelins[1] à Paris, pendant deux ans. Ensuite, j'ai été embauché par Disney à Montreuil et j'ai travaillé sur *Hercule*. C'était une très bonne formation. Je suis allé plus tard en Floride pour travailler sur *Frère des ours*. Pixar a entendu parler de moi par un autre animateur français. Le directeur a pris contact et je suis arrivé ici.

**? Vous avez toujours été passionné de dessins animés ?**

JEAN-CLAUDE TRAN : Je regardais *L'Île aux enfants* avec Casimir et la Noiraude. C'étaient des dessins qui bougeaient. Je trouvais ça sympa et je voulais faire la même chose. J'ai commencé par gribouiller puis par copier les BD. La qualité des dessins est venue après.

**? Comment travaillent les animateurs sur un film comme *Cars* ?**

JEAN-CLAUDE TRAN : Nous prenons en charge plusieurs séquences du film. Ici, John Lasseter (le réalisateur) nous donnait cinq ou six scènes à la suite. Ce qui fait un mois de travail pour cinq secondes à une minute de film au total ! Je me suis occupé de la séquence avec les journalistes au début et de la course finale. Le matin, il y a une réunion avec tous les animateurs et le réalisateur pour que les scènes soient bien liées les unes aux autres.

1. Centre de Formation Technique des Gobelins : une école pour apprendre tous les métiers de « l'image » (cinéma, photographie, multimédia…).

**Le premier croquis et l'image retravaillée** à l'ordinateur d'une scène de *Cars*.

## Il y a une ambiance particulière chez Pixar ?

JEAN-CLAUDE TRAN : C'est une philosophie de vie et de travail. Il y a un confort et une liberté qui nous aident à être plus créatifs. Mais quel que soit l'endroit, en général on se stresse tout seul.

## Quels sont vos projets ?

JEAN-CLAUDE TRAN : Pour l'instant, je continue à apprendre. Au bout de vingt ans, peut-être, je réaliserai mon propre projet. J'ai 32 ans. Je devrais donc peut-être attendre d'avoir 50 ans !

**Propos recueillis par Isabelle Lainé-Macler.**
*Le Journal des Enfants*, jeudi 7 décembre 2006.

**L'image finalisée** de la scène de *Cars*.

## Comprenons le texte ensemble

1. Comment s'appelle la journaliste qui a réalisé l'interview ?
2. Qui est interviewé ? À quel sujet ?
3. À ton avis, à quelle occasion le journal a-t-il publié l'interview ?
4. Le titre résume-t-il l'article ? Propose un autre titre, reprenant un autre élément important des propos de Jean-Claude Tran.

**Je donne mon avis** Aimerais-tu exercer le métier de Jean-Claude Tran ? Pourquoi ?

## J'écris des questions pour une interview

- **Tu vas réaliser l'interview d'un ou d'une camarade de ta classe.**
- **Interroge-toi d'abord : a-t-il ou a-t-elle une passion ou une activité préférée sur laquelle tu pourrais l'interviewer (sport, musique, danse, théâtre) ?**
- **Prépare quatre ou cinq questions sur ce que tu veux savoir : le temps consacré à son activité, les difficultés rencontrées, ses projets…**
- **Note tes questions sur une feuille.**

# Je réalise une interview

## Poser des questions

### J'observe

**Lis ces questions qu'un journaliste pose à la championne de volley-ball Vica Ravva, dans un magazine pour enfants.**

– Depuis quand pratiques-tu le volley ?
– Pourquoi as-tu quitté la Géorgie ?
– Quels souvenirs gardes-tu de ton arrivée en France ?
– Comment vois-tu la suite de la saison et de ta carrière ?

**a.** Ces questions te donnent-elles une idée du plan de l'interview ?

**b.** Compare-les avec celles des interviews de Julien (p. 142) et de Jean-Claude Tran (pp. 143-144). Que remarques-tu ?

Dans une interview, les questions que l'on pose à une personne dépendent du sujet de l'interview. Mais, en général, un journaliste construit le plan de son interview à partir des questions : *qui ? quoi ? où ? quand ? comment ? pourquoi ?*

### Je m'exerce

**Lis les réponses de Nicolas Capdeville, champion de bodyboard, interviewé pour un magazine de la presse jeunesse, et retrouve les questions posées par le journaliste lors de son interview.**

– À l'âge de 13 ans, je faisais beaucoup de tennis. Mais j'ai eu un accident de moto. J'ai fait de la rééducation en piscine. J'avais un copain qui avait un bodyboard. Nager avec des palmes derrière cette planche, c'était très bon pour mes genoux.

– J'aime me retrouver dans l'océan avec les vagues. J'ai l'impression de ne faire qu'un avec la nature. Quand je prends une vague, j'oublie tout.

– L'épreuve dure vingt minutes en général. On a le droit de prendre dix vagues au maximum et les juges comptabilisent les trois meilleures.

## Présenter une interview

### J'observe

**Lis cette interview de Tatiana, 15 ans, championne de tennis, parue dans un magazine pour enfants.**

Comment es-tu venue au tennis ? J'ai touché une raquette pour la première fois à l'âge de 3 ans. À 7 ans, je suis partie dans une académie américaine, en Floride. Est-ce spécial pour toi de jouer à Roland-Garros ? Oui. Être régulière sur 15 jours et gagner ce type de compétition, c'est un rêve en soi. Quel conseil donnerais-tu à un jeune qui veut réussir dans ce sport ? Je parlerai de mon expérience et je lui dirai surtout qu'il faut jouer par passion.

**a.** Peux-tu lire facilement cet article ? Pourquoi ?

**b.** Comment faudrait-il le présenter pour une meilleure lecture ?

Pour qu'une interview soit compréhensible pour le lecteur, il faut la présenter clairement :
– Indiquer le nom du journal ou du journaliste devant les questions et le nom de l'interviewé devant les réponses.
– Distinguer les questions posées des réponses données en allant à la ligne et en changeant la typographie.

### Je m'exerce

**Recopie l'interview de Tatiana ci-dessus en suivant les conseils donnés.**

**Le bouquet final** d'un feu d'artifice à Draveil, dans l'Essonne.

# « J'ai passé une soirée explosive »

***Max, 13 ans, a assisté à la préparation et au tir d'un feu d'artifice avec Jacques Couturier et son fils Joseph. Une rencontre haute en couleur.***

MAX : **Pourquoi êtes-vous devenu artificier ?**

JACQUES COUTURIER : J'étais instituteur et, il y a vingt ans, j'ai décidé de changer. La pyrotechnie, c'était une vraie passion…

JOSEPH COUTURIER : C'est peut-être aussi à cause de ta naissance…

JACQUES : Oui ! Je suis né un 14 juillet à 23 heures. Ça commençait mal… *(Rires.)*

MAX : **Quelles études faut-il suivre pour faire ce métier ?**

JACQUES : Aucune en particulier. Beaucoup d'artificiers exerçaient d'autres métiers avant, certains continuent leur profession et nous rejoignent seulement pendant leurs vacances. Pour devenir artificier, il faut suivre une formation de cinq jours avec un examen à la fin. Puis les diplômés reçoivent un carnet de tir, qu'ils font valider à chaque spectacle. Au bout de deux ans, ils obtiennent la qualification. Ce métier s'apprend sur le terrain. Tous ceux qui y touchent attrapent le virus.

MAX : **Comment se passe la préparation d'un feu ?**

JACQUES : Les produits sont fabriqués en Chine. Nous sélectionnons ceux qui nous intéressent. Parfois, nous imaginons de nouvelles formes qui sont confectionnées sur mesure. Nous avons, par exemple, créé les « pyroshows », des compacts qui giclent d'un seul coup, comme lorsqu'un paon fait la roue. Nous préparons nos artifices sur notre site, près de Nantes, selon un scénario que nous avons écrit au préalable. Une fois arrivés sur le champ de tir, nous installons les feux. Le montage dure un ou deux jours, ou une semaine pour les plus gros feux.

**MAX : Comment imaginez-vous les spectacles ?**

JACQUES : Nous écrivons nos scénarios comme des partitions. En musique, il y a des noires, des croches, des silences. En pyrotechnie, c'est pareil. Nous disposons d'effets très brefs, de quelques secondes, et d'autres plus longs. Si une musique dure 25 secondes, nous devons calculer notre coup, sinon l'effet sera raté. C'est un travail très minutieux. Nous racontons une histoire mais en couleurs.

**MAX : J'imagine que vous ne créez pas le même spectacle pour le festival de Cannes ou pour la Coupe du monde de football…**

JOSEPH : Non, effectivement ! À chaque fois, nous concevons un spectacle en fonction du thème […]. Nous jouons avec les couleurs, le rythme de la musique accompagnant la prestation. Si nous voulons exprimer la joie, avec de la musique relevée, nous utilisons des matières brillantes, colorées. Dans des moments plus tristes, nous lançons seulement quelques feux. Dans « Chouette ma planète », qui parle de la protection de l'environnement, nous employons notamment des comètes bleues et vertes quand le texte évoque la mer.

**MAX : Annulez-vous un feu d'artifice en cas de pluie ?**

JOSEPH : Non. Avant le tir, les feux sont bien protégés par des plastiques. Pendant le spectacle, en cas de pluie, les couleurs sont plus éclatantes. Mais c'est moins marrant pour les spectateurs et pour nous, durant le montage ! Nous craignons davantage le vent. En effet, s'il est dirigé vers le public, des poussières incandescentes risquent de lui tomber dessus. En revanche, un petit vent nous

**La mise en place de chandelles** sur un site de tir avant un spectacle.

aide beaucoup car il disperse la fumée. Notre autre ennemi est le brouillard car les effets se voient alors beaucoup moins bien.

**MAX : Les feux d'artifice sont-ils dangereux ?**

JACQUES : Les règles de sécurité sont extrêmement strictes. Pour une bombe grimpant à cent mètres de haut, le public doit être placé hors d'un périmètre de cent mètres. En effet, si la bombe n'éclate pas, par exemple si elle a pris l'humidité, elle redescendra en un seul morceau de cette altitude. C'est donc très dangereux. [...]

**MAX : Quel est votre meilleur souvenir ?**

JOSEPH : C'était en 1994, j'étais ado. J'étais tellement ému que j'ai pleuré. C'était un spectacle de mon père sur Christophe Colomb. Des répliques de ses navires, notamment la *Santa Maria*, sculptées dans la glace et installées sur des barges, entraient dans le port pendant le feu. C'était magnifique ! [...]

**MAX : Avez-vous déjà raté un feu ?**

JACQUES : Nous n'en avons pas raté, mais plusieurs fois, nous avons eu chaud ! Une fois, nous tirions un feu en bordure d'eau et nous étions protégés par une barrière de deux mètres car il y avait une reconstitution de chasse à courre avec une meute de chiens. Mais les chiens sont passés par l'eau et ils sont arrivés sur le champ de tir. Ils ont tout fait tomber. [...]

D'après *Géo Ado*, juillet 2008, D. R.

**Un feu d'artifice** à Monaco.

## Comprenons le texte ensemble

**1** Le titre de l'article et le « chapeau » (le petit texte sous le titre) contiennent des jeux de mots. Lesquels ? Pourquoi, selon toi ?

**2** Qui est l'auteur de cet article ? Combien de personnes sont interviewées ?

**3** L'article est illustré. Qu'a-t-on choisi de mettre en évidence ?

**Je donne mon avis** La vie des artificiers est-elle passionnante ? Pourquoi ?

**4** Trouve très rapidement ces informations :
**a.** Qu'est-ce que la pyrotechnie ?
**b.** Où sont fabriqués les produits pyrotechniques ?
**c.** Pourquoi un feu d'artifice peut-il être dangereux ?
**d.** Sur quels éléments jouent les artificiers pour concevoir leurs spectacles ?

**Je donne mon avis** Aimes-tu assister à un feu d'artifice ? Pourquoi ?

## Je lis en réseau

### 1 Une bande dessinée

**Une aventure de Spirou et Fantasio**

Émile Bravo, *Spirou, le journal d'un ingénu* © Dupuis.

### 2 Une œuvre complète… et des journaux pour les enfants

Un livre où tu apprendras beaucoup de choses sur l'histoire de la presse, sur les journaux aujourd'hui, sur la manière de choisir les informations, d'écrire et de mettre en pages les articles…

Sophie Lamoureux, ***La presse à petits pas***, Actes Sud Junior.

*******Les clés de l'actualité junior.*

*******Mon quotidien.*

*******Sciences et vie découvertes.*

## à l'oral — Je réalise une interview

- En groupe, vous allez réaliser l'interview d'une personnalité locale : artisan, commerçant, artiste, sportif, écrivain…
- Vous pouvez interroger cette personne sur ses activités professionnelles, ses passions personnelles ou ses souvenirs si celle-ci a été témoin d'événements historiques importants.
- Préparez les questions que vous souhaitez lui poser.
- Réalisez votre interview sans oublier de prendre un carnet ou un magnétophone pour noter ou pour enregistrer les réponses.

## Je transcris une interview pour un journal

- Dans chaque groupe, partagez-vous la transcription de l'interview : rédigez et présentez votre interview pour la publier dans le journal de la classe ou de l'école.

# Je rédige une interview

## Transcrire une interview

### J'observe

**Lis ces deux étapes de la réalisation d'une interview et compare-les.**

**1. Les paroles prononcées par l'interviewé enregistré au magnétophone :**

Depuis quand es-tu éclaireur ?
ROMAIN : Euh… Je crois que ça fait deux ans… non, trois ans, j'ai commencé à 12 ans, quand je… C'est un copain, Cédric, qui m'a emmené à un week-end, quand j'étais en 5e, parce que… euh… Les éclaireurs, on commence à 12 ans, avant c'est les louveteaux.

**2. La transcription faite par le journaliste pour publier l'interview dans le journal de l'école :**

JDL : Depuis quand es-tu éclaireur ?
ROMAIN : Depuis trois ans. J'avais douze ans, j'étais en 5e. C'est mon copain Cédric qui m'a emmené à un week-end. J'avais bien douze ans, car c'est à douze ans qu'on devient éclaireur ; avant on est louveteau.

Pour publier une interview dans un journal, il faut d'abord transcrire les paroles de la personne interviewée :
– On supprime les petits mots caractéristiques de l'oral : *euh*, *ben*…
– On construit des phrases complètes.
– On veille à ce que les questions et les réponses s'enchaînent logiquement.

### Je m'exerce

**Transcris la suite de l'interview de Romain pour qu'elle puisse être publiée dans un journal.**

Qu'est-ce qui te plaît chez les éclaireurs ?
ROMAIN : Ben, euh… la nature, les jeux en plein air, parce que, moi, ma passion, c'est la nature… partir dans les bois, on campe, on fait du feu, c'est super comme impression !… on fait nos installations… et puis il y a la liberté, enfin… je veux dire, y a pas toujours quelqu'un derrière nous…

## Trouver un titre

### J'observe

**Classe ces titres d'interviews parues dans la presse pour enfants en deux groupes : *ceux qui donnent l'information essentielle de l'article / ceux qui éveillent la curiosité du lecteur.***

**1.** Julien : moi, j'aime les chauves-souris !
**2.** J'ai passé une soirée explosive !
**3.** Rencontre avec Jonathan, 9 ans, la tête dans les étoiles
**4.** Olivier Panis : dur dur d'être pilote !
**5.** Rencontre : une grande pianiste de 11 ans !
**6.** Frissons dans la vague
**7.** Sophie, 14 ans, finaliste du championnat de France de hockey
**8.** Lucky Luke a 50 ans…

Dans une interview, le choix du titre est très important : c'est lui qui permet aux lecteurs « d'entrer » dans l'article.
On peut choisir un titre plutôt informatif qui va donner une idée du contenu de l'interview ou un titre plus surprenant pour susciter la curiosité du lecteur.

### Je m'exerce

**Relis les interviews de cette unité (pp. 142 à 144 et pp. 146 à 148) et essaie de trouver des titres qui éveillent davantage la curiosité du lecteur.**

## Je choisis mes mots

**Dans les interviews, on rencontre souvent des termes précis liés à l'activité de la personne interviewée.**

match – concert – exposition – entraînement – répétition – galerie – stade – épreuve – audition – compétition – chef d'orchestre – sportif – partition – artisan – jury – prix – coupe – concerto – concours – ébauche – joueur – concertiste.

- Classe ces mots selon l'activité à laquelle ils se rapportent : *sport / musique / artisanat*.

## J'étudie la langue pour mieux écrire

Dans un texte, **les signes de ponctuation** ont des rôles très précis et permettent de reconnaître les types de phrases et la présence d'un dialogue.

En relisant ton texte, vérifie la ponctuation :

– As-tu placé **un point** à la fin de chaque phrase ?

– As-tu mis le signe **« deux-points »** pour introduire des paroles rapportées ?

– As-tu terminé les questions par **un point d'interrogation** ?

**Grammaire**
Unité 14, p. 191
Identifier les phrases déclaratives, interrogatives et injonctives

## Je relis et je réécris

**Reprends l'interview que tu as réalisée (p. 149).**

- As-tu correctement transcrit et présenté ton interview ? Le plan est-il clair ?
- Fais lire ton texte à un camarade. Demande-lui s'il repère bien les questions et les réponses et s'il sait sur quel sujet tu as fait ton interview.
- Essaie d'améliorer ton texte en utilisant des termes précis, comme ceux que tu as rencontrés dans la rubrique « Je choisis mes mots ».
- Avant de recopier ton brouillon au propre, corrige-le à l'aide de **la grille de réécriture** suivante. Vérifie et corrige un seul élément à la fois.

| | |
|---|---|
| 1 | J'ai bien distingué les questions posées et les réponses de la personne interviewée. |
| 2 | Les questions sont posées dans un ordre logique. |
| 3 | J'ai transcrit les paroles de l'interviewé en faisant des phrases bien construites. |
| 4 | J'ai choisi un titre à mon interview pour susciter la curiosité du lecteur ou donner une idée du contenu de mon interview. |

# 15 Biographies

## La vie de Vincent Van Gogh

**Van Gogh** **Vincent (1853-1890)**

Peintre néerlandais. Il passa les dernières années de sa vie en France, à Paris et en Provence. Il fut influencé par les peintres impressionnistes (Monet, Cézanne, etc.), mais son style est très original. Pour exprimer la force de ses sentiments, il utilisait des couleurs très vives et déformait violemment les choses qu'il représentait. Inconnu de son vivant, misérable et solitaire, parfois atteint de crises de folie, il finit par se suicider. Il a profondément influencé l'art moderne.

*Dictionnaire Larousse Super Major* © Larousse, 2005.

Vincent Van Gogh, ***Autoportrait***, 1889.

Vincent Van Gogh naît en Hollande en 1853. Il reçoit une éducation sévère et marquée par la foi de son père, qui est pasteur. Il vit à la campagne, dans les paysages de plaines balayées par le vent du nord. Lui aussi aimerait prêcher l'Évangile. Il rêve d'enseigner et d'aider les pauvres gens. Il descend au fond des mines, visite les malades. Pendant plus d'un an, il suit des études difficiles pour entrer au séminaire et devenir pasteur, mais il n'est pas reçu. Seul, sans s'inscrire dans aucune école ou aucun atelier, il se met à dessiner furieusement. Avec toute sa passion, il peint la vie des paysans ; ses couleurs sont tristes et terreuses.

Vincent Van Gogh, ***Les Mangeurs de pommes de terre***, 1885.

Vincent Van Gogh, ***La Récolte***, 1889.

En 1885, il s'installe à Anvers où il passe beaucoup de temps dans les musées et s'enthousiasme pour les œuvres de Rembrandt et de Rubens. Son frère Théo, qui l'aide et le conseille, est à Paris : il va le retrouver.

Théo est le seul à croire en lui et à l'encourager à peindre. Vincent découvre les peintres impressionnistes ; il est fasciné par leurs audaces : la joie de vivre qui éclate sur les toiles, les couleurs claires et gaies. Il voit aussi pour la première fois des estampes japonaises, qui ne ressemblent pas aux images qu'il a pu connaître.

En 1888, Vincent Van Gogh part pour Arles, dans le sud de la France. Il est ébloui par la lumière chaude du Midi. Il peint la nature, « les champs de blé grands comme la mer ». Il mélange de moins en moins ses couleurs : elles sont pures et d'autant plus fortes qu'elles s'entrechoquent par contraste. Vincent Van Gogh se sent toujours très seul. Le peintre Gauguin vient travailler avec lui ; ensemble ils échangent passionnément des idées, mais ils ne sont pas toujours d'accord : lors d'une dispute, après avoir tenté de blesser son ami, Van Gogh se coupe lui-même l'oreille.

En 1889, tourmenté par des accès de folie, il est envoyé à l'hôpital de Saint-Rémy-de-Provence. Seule la peinture l'apaise : il se fait apporter sa palette et des toiles pour travailler. Il s'installe ensuite à Auvers-sur-Oise.

Le docteur Gachet, ami de plusieurs peintres impressionnistes, s'occupe de lui ; Van Gogh en laisse un émouvant portrait. Mais la maladie l'emporte et le peintre se suicide en juillet 1890.

Aujourd'hui, ses peintures sont connues dans le monde entier. Toi aussi, lorsque tu verras un tournesol ou un cyprès, tu penseras à lui.

D'après Mila Boutan,
*Vincent Van Gogh pour les enfants*, D. R.

Vincent Van Gogh,
***Les Tournesols***,
1889.

## Je cherche des informations dans le texte

**1** Dans quel pays Vincent Van Gogh est-il né ?

**2** Quel métier exerçait son père ?

**3** Où Van Gogh a-t-il découvert la force de la lumière ?

**4** De quelle façon utilisait-il la couleur ?

**5** Relève le nom des peintres qu'il a aimés et admirés. Quand ont-ils vécu ?

**6** Retrouve les grandes étapes de la vie de Vincent Van Gogh en complétant ce tableau.

| date | lieu |
|---|---|
| 1853 | naissance en … |
| … | … |

**7** À quel genre appartient le texte encadré page 152 : roman, documentaire, article de dictionnaire ? Et le texte principal pages 152 à 154 ?

**8** Le texte encadré est beaucoup plus court que l'autre texte. Sur quelles informations le texte encadré insiste-t-il ?
Quelles informations supplémentaires trouve-t-on dans le texte principal ?

**Je donne mon avis** Lequel des deux textes préfères-tu ? Pourquoi ?

**Je donne mon avis** Aimes-tu les tableaux de Van Gogh ? Expose tes raisons.

## J'écris la biographie d'une personne célèbre

- **Choisis un personnage célèbre dont la vie t'intéresse beaucoup : chanteur, comédien, écrivain, peintre, homme politique…**

- **Rédige un court article pour raconter les moments importants de sa vie comme dans un dictionnaire des noms propres.**

# Je rédige une biographie

## Organiser selon l'ordre chronologique

### J'observe

**Lis cette biographie de Molière.**

**Molière** (1622-1673), Jean-Baptiste Poquelin de son vrai nom, auteur dramatique français.

Il créa L'Illustre-Théâtre en 1643, puis dirigea pendant 15 ans une troupe de comédiens ambulants qui interpréta ses premières comédies en province. En 1659, il s'installa à Paris. Acteur, auteur et directeur de troupe, il créa de nombreuses comédies : *Le Bourgeois gentilhomme* (1670), *Les Femmes savantes* (1672)… Il mourut en 1673, lors d'une représentation du *Malade imaginaire*.

**a.** Relève les informations concernant les lieux et les dates.

**b.** Dans quel ordre sont racontés les moments de la vie de Molière ?

Une biographie est le récit de la vie d'une personne. Elle donne les informations importantes sur sa vie : *ses activités marquantes*, *des dates*, *des lieux*.
Ces informations sont organisées dans l'ordre chronologique.

### Je m'exerce

**Remets cette biographie de Mozart dans l'ordre chronologique.**

**Mozart** (Wolfgang Amadeus, compositeur autrichien, 1756-1791).

**1.** De 1762 à 1767, poussé par son père, il se produit dans toute l'Europe.
**2.** Mozart connaîtra triomphe et disgrâce : on l'enterra misérablement, à Vienne, en 1791.
**3.** Mozart naît en 1756 à Salzbourg.
**4.** De 1769 à 1773, il se consacre à la composition.
**5.** À six ans, il compose ses premières pièces musicales.
**6.** Son père, Leopold, violoniste, le met au clavecin dès l'âge de quatre ans.

## Choisir le temps des verbes

### J'observe

**Relis ces deux passages sur Van Gogh.**

**1.** Il descend au fond des mines, visite les malades. Pendant plus d'un an, il suit des études difficiles pour entrer au séminaire et devenir pasteur, mais il n'est pas reçu.

**2.** Il passa les dernières années de sa vie en France, à Paris et en Provence. Il fut influencé par les peintres impressionnistes.

**a.** À quel temps est écrite la biographie dans le texte 1 ? Et dans le texte 2 ?

**b.** Quel autre temps du passé pourrais-tu utiliser ?

Pour écrire la biographie d'une personne, on peut utiliser soit les temps du passé, soit le présent pour faire comme si l'on revivait les moments de sa vie.

### Je m'exerce

**1 Réécris cette biographie au présent.**

**Artagnan** (seigneur d', 1611-1673).

Fils de la petite noblesse du Gers, Charles de Montesquiou se fit appeler « d'Artagnan », du nom d'une terre que sa famille possédait. Sous le règne de Louis XIV, il fut nommé lieutenant de la première compagnie des mousquetaires en 1667, puis maréchal de camp en 1672. Il fut tué au siège de Maastricht en 1673.

**2 Réécris le début de cette biographie au passé.**

**Jules Romains** ne s'appelle pas Jules Romains. Son vrai nom est Louis Farigoule. Il naît le 25 août 1885. Le père du petit Louis est instituteur et Louis suit ses traces : nommé professeur en 1909, à Brest, puis à Paris, il quitte l'enseignement en 1919. Il se consacre alors au théâtre.

# Jean-François Champollion et les hiéroglyphes

**Champollion** Jean-François (1790-1832)

Archéologue français qui réussit à déchiffrer les hiéroglyphes. Spécialiste de l'Égypte, Champollion a longtemps étudié les inscriptions gravées sur une pierre découverte par les Français en 1799 dans la ville égyptienne de Rosette. Sur cette plaque de marbre noir, le même texte était écrit en trois écritures : l'écriture grecque, l'écriture égyptienne, avec des lettres liées, et les hiéroglyphes.

*Dictionnaire Larousse Super Major* © Larousse, 2005.

***Portrait de Jean-François Champollion***, égyptologue, par Léon Cogniet, 1831.

En 1822, Jean-François Champollion, installé chez son frère à Paris, poursuit ses travaux sur la pierre de Rosette et émet l'hypothèse que l'écriture égyptienne comporte des signes qui représentent directement des idées et des choses, mais aussi d'autres signes traduisant sans doute des sons.

S'il commence à bien comprendre la deuxième écriture qui figure sur la pierre (l'écriture simplifiée de l'égyptien, appelée **démotique**), il n'a toujours pas la clé pour lire les **hiéroglyphes** (ce mot veut dire « écriture sacrée »).

## La pierre de Rosette

En 1799, une étrange pierre gravée est découverte en Égypte, près du Nil, dans un lieu appelé Rosette. Vieille de 2 000 ans, cette pierre comporte le même texte avec trois écritures différentes.
L'une de ces écritures est parfaitement connue : il s'agit du grec ancien.
La deuxième est de l'égyptien ancien déjà déchiffré.
Mais la troisième écriture est alors l'un des grands mystères de l'archéologie.
Il s'agit des hiéroglyphes, l'écriture sacrée utilisée au temps des pharaons.

1. **un cartouche :** un cadre dans lequel est inscrit le nom d'un pharaon égyptien.

Champollion s'obstine, reçoit d'un voyageur l'inscription d'un obélisque sur lequel on voit, en grec et en hiéroglyphes, les noms de Cléopâtre et de Ptolémée, et parvient à trouver les équivalences de tous les signes. Enfin, le 14 septembre, il se penche sur un récent envoi de l'architecte Nicolas Huyot, qui a relevé avec soin le dessin de deux cartouches[1] royaux provenant des temples d'Abou Simbel.

Jean-François écarquille les yeux. L'esprit tendu dans un suprême effort d'analyse et de comparaison, il remarque que chacun de ces noms est écrit avec trois signes, que ces deux noms sont terminés par deux signes identiques, alors que le premier est différent et donne les noms déjà connus des dieux Râ et Thot. Les deux mots ont donc une construction semblable. En fait, il s'agit des noms des pharaons Ramsès et Thoutmôsis qui vécurent entre 1 500 et 1 200 av. J.-C. !

**Ramsès**, temple d'Abou Simbel, Égypte.

**Les Égyptiens ne notaient que les consonnes :**

**Ra ms s s**

qui signifie « Râ l'a enfanté »
(Râ est le dieu du Soleil.)

**Thot ms s**

qui signifie « Thot l'a enfanté »
(Thot est le dieu de l'écriture et de la sagesse.)

Autrement dit, le système de notation est triple : les signes peuvent être à la fois et alternativement des sons et des idées et, de plus, certains sont muets.

La surprise est immense : ses travaux s'appliquent donc aux inscriptions les plus anciennes, puisqu'il se trouve devant les noms de deux pharaons glorieux de l'Égypte antique ! Avec fièvre, il vérifie et revérifie encore la découverte fabuleuse qu'il vient de faire et qui couronne ses longues années de travail. Il est désormais sûr de pouvoir lire, sinon traduire, bien des mots. Il n'y tient plus, se précipite chez son frère et crie, hors de lui : « J'ai trouvé ! » puis, terrassé par l'effort surhumain qu'il vient de fournir, s'effondre anéanti. Les deux frères rédigent ensemble la communication qu'il fera devant les Académiciens, le 27 septembre, face à une salle comble.

D'après Monique Kanawaty,
*Jean-François Champollion et les hiéroglyphes*, coll. « Eurêka », D. R.

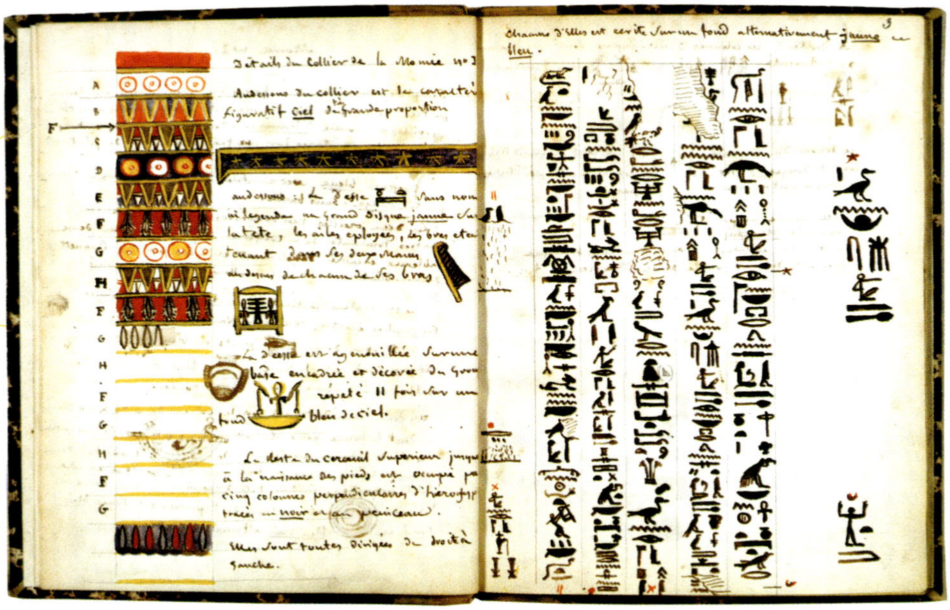

**Cahier de notes** de Jean-François Champollion sur les hiéroglyphes.

## Comprenons le texte ensemble

**1** Quelles sont les trois écritures qui figurent sur la pierre de Rosette ?

**2** Indique la bonne réponse. Rosette est le nom :
**a.** de la fiancée de Champollion ;
**b.** d'un lieu près du Nil ;
**c.** d'une des inscriptions sur la pierre.

**3** Quelle période de la vie de Champollion est racontée dans le texte principal ? Quel âge Champollion a-t-il à ce moment-là ?

**4** Quelle journée est décrite avec le plus de détails ? À ton avis, pourquoi ?

**5** À partir de quelles inscriptions Champollion finit-il par découvrir comment déchiffrer les hiéroglyphes ? Sur quel support se trouvent-elles ?

**Je donne mon avis** Aurais-tu aimé faire cette découverte ?

## Je lis en réseau

### 1 Une lettre

Dans cette lettre de Vincent Van Gogh à son frère, le peintre évoque des moments de sa vie qui lui tiennent à cœur.
Quelle différence vois-tu entre cette manière de raconter sa vie et une biographie ?

J'ai peint dans le bois, cette semaine, quelques études assez grandes. [...]
Celle qui, à mon sens, est le mieux réussie, n'est rien d'autre qu'un lopin de terre bêchée, du sable blanc, noir et brun après une pluie battante. Si bien que les mottes de terre prennent feu de-ci de-là et parlent mieux.
Après avoir dessiné pendant quelque temps ce lopin de terre, il y eut un orage avec une formidable pluie battante, qui a bien duré une heure. Mais j'avais tellement pris goût à la chose que je suis resté à mon poste et que j'ai cherché tant bien que mal un abri derrière un gros arbre. Quand l'orage avait passé, et que les corneilles s'étaient remises à voler, je ne regrettai pas d'avoir attendu à cause de l'admirable ton sombre que le sol du bois avait pris après la pluie.
Comme j'avais commencé sur mes genoux, avant l'orage, avec un horizon bas, j'ai dû m'agenouiller dans la boue, et c'est à cause de pareilles aventures, qui se produisent souvent sous formes diverses, qu'il n'est pas superflu à mon sens de porter des vêtements d'ouvrier auxquels il n'y a rien à gâter.

Vincent Van Gogh, *Lettres à son frère Théo* © Grasset.

### 2 Une œuvre complète... et d'autres biographies

François Place, ***Le vieux fou de dessin***, Gallimard Jeunesse.

L'auteur-illustrateur François Place imagine la rencontre d'un jeune garçon et du grand peintre japonais Hokusaï à la fin de sa vie. Plus qu'une biographie traditionnelle, un voyage dans l'art du maître de l'estampe, qui est aussi l'inventeur des mangas.

* Tomi Ungerer, ***Otto, autobiographie d'un ours en peluche***, L'École des loisirs.

** Margaret Davidson, ***Louis Braille, l'enfant de la nuit***, Gallimard Jeunesse.

** Margaret Davidson, ***La métamorphose d'Hélène Keller***, Gallimard Jeunesse.

## à l'oral — Je joue au jeu de la biographie mystère

- Avec un camarade, choisis la biographie d'une personne célèbre dans un dictionnaire des noms propres ou dans une encyclopédie.
- Vos camarades vous posent des questions pour trouver de qui il s'agit.
Attention : vous ne devez répondre que par « oui » ou par « non » !
- Dès que vous répondez « oui » à une question, donnez un indice au camarade qui a posé la question : il est né en..., il a vécu à...

## J'écris une biographie imaginaire

- Imagine que l'un de tes camarades est devenu une personne célèbre.
Rédige une courte biographie.
- Fais attention aux temps utilisés et à l'ordre chronologique des informations !
- Fais ensuite un « zoom » sur le moment important de sa vie qui permet de mieux comprendre pourquoi et comment il est devenu célèbre. Raconte ce moment en détail.

# Je décris un moment de la vie d'une personne

## Donner des précisions sur le temps et les lieux

### J'observe

**Relis ces phrases extraites de *Jean-François Champollion et les hiéroglyphes* (pp. 156 à 158).**

En 1822, Jean-François Champollion, installé chez son frère à Paris, poursuit ses travaux. Enfin, le 14 septembre, il se penche sur un récent envoi de l'architecte Nicolas Huyot. Il s'agit des noms des pharaons Ramsès et Thoutmôsis qui vécurent entre 1 500 et 1 200 av. J.-C. !
Il fera sa communication devant les Académiciens, le 27 septembre, face à une salle comble.

**a.** Quelles informations fournissent ces phrases ?

**b.** Pourquoi sont-elles importantes pour le lecteur ?

Dans une biographie, pour raconter en détail un moment de la vie d'une personne, il faut donner des indications précises de lieu et de temps (en particulier des dates). Ces précisions permettent au lecteur de « suivre » la personne au cours de sa vie, d'avoir des repères.

### Je m'exerce

**Complète ces phrases avec les informations de la liste.**

*à Figeac – Le 23 décembre 1790 –*
*Dom Calmels – dans le Quercy – En 1799 –*
*À l'âge de quatorze ans – de Grenoble*

… , Jean-François Champollion naît … , … , deuxième et dernier garçon d'une famille de sept enfants. … , on confie Jean-François à un prêtre, … , qui découvre ses dons pour l'étude des langues anciennes. Il l'initie au latin, au grec et déjà à l'hébreu. … , Jean-François est reçu comme boursier au lycée … .

## Décrire les actions et les réactions du personnage

### J'observe

**Relis ces phrases et ces expressions extraites de *Jean-François Champollion et les hiéroglyphes* (pp. 156 à 158).**

Il se penche sur un récent envoi. Jean-François écarquille les yeux. L'esprit tendu dans un suprême effort. La surprise est immense. Avec fièvre, il vérifie et revérifie encore. Il n'y tient plus, se précipite chez son frère et crie, hors de lui : « J'ai trouvé ! » puis, terrassé par l'effort surhumain qu'il vient de fournir, s'effondre anéanti.

**a.** Quels mots nous font comprendre l'activité de Jean-François ?

**b.** Quelles expressions soulignent ses réactions et l'état dans lequel il se trouve ?

Dans une biographie, il ne suffit pas d'indiquer les actions successives de la personne. Il faut aussi montrer ses réactions, l'état dans lequel il se trouve, ce qu'il ressent : *il écarquille les yeux*, *avec fièvre*, *il se précipite*.

### Je m'exerce

**Complète cet extrait de la biographie de Jules Verne. Imagine et décris précisément l'activité de l'écrivain et ses réactions après son premier succès.**

En 1862, Jules Verne présente son manuscrit de *Cinq semaines en ballon* au célèbre éditeur Hetzel. Celui-ci a compris que le grand public commence à se passionner pour les découvertes scientifiques et il signe tout de suite un contrat avec l'auteur. L'ouvrage paraît en 1863 et le succès est immédiat. À partir de ce premier succès, Jules Verne s'enferme pour lire des revues scientifiques…

## Je choisis mes mots

**Certaines personnes célèbres, comme Champollion, ont des métiers peu connus.**

Champollion était un archéologue, spécialiste de l'Égypte ancienne.
D'autres sont : paléontologue – volcanologue – spéléologue – musicologue…

- Recherche dans un dictionnaire à quoi correspondent ces métiers.
- Lis ces verbes et ces expressions qui évoquent souvent les activités de personnes célèbres. Retrouve ceux qui sont synonymes.

créer – inventer – trouver – découvrir – concevoir – imaginer – construire – explorer – fabriquer – rédiger – battre le record – composer – écrire – se dépasser – améliorer ses performances.

## J'étudie la langue pour mieux écrire

**On accorde le verbe avec son pronom sujet.**
Parfois, le pronom n'indique pas la personne et le nombre du sujet ; dans ce cas, on regarde **le nom remplacé par ce pronom.**
En relisant ton texte, vérifie l'accord du verbe avec son pronom sujet s'il y a lieu.
**Sur le brouillon**, aide-toi en traçant **la chaîne des accords.**

Grammaire
Unité 12, p. 188
Compléter un nom (2)

*L'écriture égyptienne comporte **des signes** qui représentent directement des idées.*

Le pronom « qui » remplace « des signes » → le verbe « représentent » s'accorde à la troisième personne du pluriel.

## Je relis et je réécris

**Reprends la biographie que tu as inventée (voir p. 159).**

- Essaie de l'améliorer à l'aide **des grilles de réécriture** suivantes.

**Les éléments importants de la biographie d'une personne**

| | |
|---|---|
| 1 | J'ai placé son nom et son prénom au début du texte. |
| 2 | J'ai donné sa date de naissance. |
| 3 | J'ai résumé l'activité ou l'événement qui a rendu cette personne célèbre. |
| 4 | J'ai donné les informations dans l'ordre chronologique. |

**Le « zoom » sur un moment important de sa vie**

| | |
|---|---|
| 1 | J'ai raconté un moment qui fait comprendre comment et pourquoi elle est devenue célèbre. |
| 2 | J'ai donné des détails et des indications de temps et de lieu. |
| 3 | J'ai raconté de façon vivante la scène en choisissant des verbes qui décrivent ses actions. |
| 4 | J'ai essayé de montrer ses réactions, ses émotions. |

# Récréation

## Le dragon doux

Un serpent de mer arrive à bon port
il rencontre des journalistes
il leur explique quel est son sort
et pourquoi il se sent si triste
et d'où vient le fait qu'il existe

Au bout de peu de temps on se familiarise
on l'appelle par son petit nom
les femmes veulent lui faire des bises
un chasseur prépare du petit plomb

Quand il parle maintenant on ricane
plus question de lui à la télévision
on lui reproche d'obstruer la porte océane
ce qui amène de nombreuses protestations

Alors il retourne vers sa solitude marine
avant qu'on ne lui fasse un mauvais sort
s'il avait soufflé un peu de feu par les narines
peut-être aurait-il trouvé un plus accueillant port.

Raymond Queneau, *Fendre les flots* © Gallimard.

## L'affaire se complique

*(Agacé, commençant à s'affoler,*
*mais décidé à garder son sang-froid.*
*Un rien de dignité offensée.)*

Qu'est-ce que c'est
que tout ceci
qui va d'ici
jusque là-bas ?

Ho-ho par-ici !
hou-hou par-là !
Qui est ici ?
et qui va là ?

Je dis : hé-là !
mais c'est pour qui ?
Et pourquoi qui ?
et pourquoi quoi ?

Quoi est à qui ?
À vous ? à lui ?
Qui vous l'a dit ?
Ce n'est pas moi
(ni moi non plus)
ni moi ni moi.

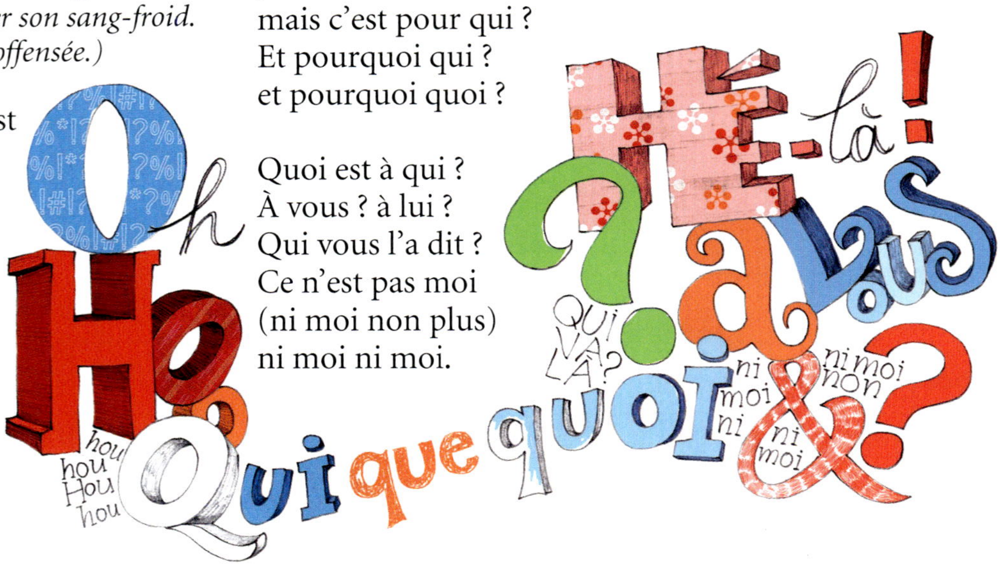


Jean Tardieu, « Monsieur, Monsieur », dans *Le fleuve caché* © Gallimard.

# ÉTUDE DE LA LANGUE

Dans la seconde partie de ton livre, tu vas continuer à étudier la langue française et ainsi comprendre à quoi servent la grammaire, l'orthographe, la conjugaison et le vocabulaire.

➜ Tu vas découvrir :

- comment les mots s'écrivent et s'organisent dans la phrase et dans les textes,
- comment les noms, les déterminants et les adjectifs s'accordent les uns avec les autres,
- comment les verbes s'accordent avec leurs sujets,
- comment choisir les mots justes.

➜ Tu vas apprendre les règles principales de la langue française qui te permettront de mieux lire et de mieux écrire.

➜ Tu t'entraîneras avec des exercices variés.

## GRAMMAIRE



## ORTHOGRAPHE



## CONJUGAISON



## VOCABULAIRE

# 1 À quoi sert la grammaire ?



## J'observe

**Au ski**

**1.** Aujourd'hui, Alex et Zoé vont skier. Par la fenêtre, Médor, le chien, regarde les enfants. Dehors, les enfants enfilent vite leurs gants bleus.

**2.** Aujourd'hui, Médor va skier. Par la fenêtre, Alex et Zoé, les enfants, regardent le chien. Dehors, les gants bleus enfilent vite le chien.

1. Qui va skier dans le texte 1 ? Et dans le texte 2 ?
2. Qui regarde quoi par la fenêtre dans le texte 1 ? Et dans le texte 2 ?
3. À ton avis, quels événements ne pourraient pas se passer dans la réalité ? Explique pourquoi.

## Je découvre

**1** Décris ce qui se passe sur l'image 1, puis sur l'image 2.

1.
2.

**2** Observe l'image et ajoute des mots à cette phrase pour la rendre plus précise.

Le bateau part.

- À l'écrit et à l'oral, **on assemble des mots** pour faire des phrases.
Chaque mot que l'on choisit a **un rôle** dans la phrase. Il peut :
– désigner les personnes ou les choses dont on parle → **le sujet** : *les enfants* ;
– indiquer une action → **le verbe** : *enfilent* ;
– indiquer sur quoi porte l'action → **le complément** : *leurs gants* ;
– donner des précisions → **l'adjectif**, **l'adverbe** : *bleu* ~ *dehors* ~ *vite*.

- **La grammaire** permet de connaître **le rôle des mots et de les placer correctement** dans la phrase pour se faire comprendre.

## Je m'exerce

**1 * Recopie ce texte et souligne tous les mots qui désignent des personnes ou des choses dont on parle.**

Dans notre jardin, mon père cultive des roses blanches et rouges. Elles ont une odeur merveilleuse. Le jardinier vient une fois par semaine pour tailler la haie du jardin. À chaque fois, mon petit frère veut l'aider, mais le jardinier dit que c'est trop dangereux. Alors mon père lui propose d'arroser les roses avec lui.

**2 * Change la place de certains mots pour rendre cette histoire possible.**

Le livre a pris Samy et en a dévoré la moitié. Il était assis tranquillement dans le micro-ondes pendant que son verre de lait chauffait sur le canapé. En refermant Samy pour aller chercher la lune dans la cuisine, le livre a vu le lait dans le ciel.

**3 ** Remplace les mots en gras pour rendre cette histoire impossible.**

Maria se promenait dans la forêt **de chênes**, quand elle vit un écureuil **marron**. L'écureuil avait deux petites **noisettes** dans la bouche. Il les déposa **dans** un tronc d'arbre et s'en alla rejoindre ses **amis**.

**4 ** Complète ces phrases avec les mots de la liste.**

*sa – un – fouillis – jours – minutes – cartable – préfère – quand*

Comme tous les … , Jeanne met deux … avant de retrouver ses clefs dans son … . Quel … à l'intérieur ! … vrai bric-à-brac ! Pourtant, elle … les ranger là ; elle les a perdues trop souvent … elle les mettait dans … poche.

Tu peux vérifier avec le texte p. 8, lignes 1 à 4.

**5 *** Recopie ce texte en ajoutant les mots qui manquent pour le rendre compréhensible.**

Raphaël regarde à travers les embuées. Dehors, la neige sur la station. De gros tombent lentement. Pistes disparaissent complètement. Des inquiets attendent. Les violentes rafales de neige piquent les. Le village est. La neige forme rideau blanc. Aujourd'hui, Raphaël restera la maison.

### À deux !

**L'un écrit trois phrases en utilisant les noms et les verbes de la liste. L'autre ajoute des mots pour préciser quand se passe l'action.**
**Noms :** le chat – la sorcière – l'oiseau.
**Verbes :** s'envoler – bondir – croquer.

Exercices supplémentaires ▶ Fichier Étude de la langue p. 3

# 2 Identifier une phrase simple et une phrase complexe



## J'observe

**La chèvre et le loup**

La chèvre entendit derrière elle un bruit de feuilles. Elle se retourna et elle vit dans l'ombre deux oreilles courtes, toutes droites, avec deux yeux luisants.
Elle frissonna de peur parce qu'elle reconnut le loup.
Énorme, immobile, il regardait la petite chèvre, il se pourléchait les babines. Quand elle l'aperçut, il se mit à rire méchamment.

D'après A. Daudet, *La chèvre de monsieur Seguin*.

1. **Combien y a-t-il de phrases dans ce texte ? Et combien y a-t-il de verbes conjugués ?**
2. **Relève la phrase qui ne contient qu'un seul verbe conjugué. Combien d'actions y a-t-il dans cette phrase ?**
3. **Relève les phrases qui contiennent plusieurs verbes conjugués. Combien d'actions y a-t-il dans chaque phrase ?**
4. **Pour chaque phrase avec plusieurs verbes, indique si les actions se déroulent en même temps ou l'une après l'autre.**

## Je découvre

**1 Complète ce texte avec les verbes de la liste. Ils sont donnés dans l'ordre. Indique les phrases qui ne contiennent qu'une seule action.**

*obéit ~ touche ~ sent ~ ordonne ~ avance ~ se prépare ~ voit ~ voit ~ sent*

Jeanne … . Sa main … presque la vitre. Elle … des picotements au bout de ses doigts.
– Encore ! … la bouche. … encore !
Jeanne … à toucher l'écran de sa main mais, à sa grande surprise, elle la … s'enfoncer dans l'image ! Elle ne … plus ses doigts, ne les … plus !

Tu peux vérifier avec le texte p. 11, lignes 26 à 31.

**2 Recopie ces phrases et repère les verbes conjugués. Sépare ensuite les grandes parties de chaque phrase par un trait.**

Les fourmis aperçoivent un lézard, elles s'approchent doucement. ~ Les abeilles s'agitent parce que l'apiculteur a ouvert la ruche. ~ Quand nous descendons dans le souterrain, nous allumons nos torches électriques et nous voyons des chauves-souris.

## 2 Identifier une phrase simple et une phrase complexe

- Une phrase qui contient **un seul verbe conjugué** est **une phrase simple** : il y a **une seule proposition**.
*La chèvre entendit derrière elle un bruit de feuilles.* → 1 verbe = une proposition
- Une phrase qui contient **plusieurs verbes conjugués** est **une phrase complexe** : il y a **autant de propositions que de verbes conjugués**.
*Elle se retourna / et elle vit deux yeux luisants.* → 2 verbes = deux propositions
- Dans une phrase complexe, les propositions peuvent être réunies par **une virgule** ou par des mots comme **« et »**, **« puis »**, **« mais »**, **« car »**, **« quand »**, **« lorsque »**, **« parce que »**, **« qui »**, **« que »**…

## Je m'exerce

**1 * Recopie ce texte et souligne les verbes conjugués. Indique le nombre de propositions pour chaque phrase.**

Anton était un très petit garçon, tout juste de la taille d'une tasse de thé. Il vivait avec sa mère, son père et ses deux frères, dans un grand château. Ça ne le gênait pas d'être si petit, car il remarquait souvent des choses que personne ne pouvait voir. Un après-midi, il se baignait dans une douve, et il aperçut quelque chose de bizarre.

D'après C. McNaughton, *Les pirates*, trad. de M. Sineux © Gallimard Jeunesse.

**2 * Ce texte ne contient que des phrases simples. Recopie-le en mettant les majuscules et les points comme il convient.**

c'était un soir après dîner j'étais allongé sur le tapis je somnolais je n'étais pas de très bon poil mon chien était assis dans mon fauteuil il regardait la télévision il n'était pas dans son assiette non plus je le sentais j'ai un flair terrible à force de vivre avec mon chien le chien, je le sens

R. Devos, « Mon chien, c'est quelqu'un », dans *Matière à rire* © Plon.

**3 ** Recopie ces phrases complexes et sépare les différentes propositions par un trait.**

J'ai oublié mon parapluie, il a plu. – Les bêtes rentraient dans l'étable et le fermier préparait le fourrage. – Le chameau volant regagna le sol, il atterrit au milieu des autres chameaux et les chasseurs ne purent le retrouver.

**4 ** Recopie ces phrases complexes et entoure les mots qui réunissent les propositions.**

La maîtresse nous présenta le nouveau quand il entra. – Les bateaux restent au port car la mer est démontée. – Patricia caressa le lion parce que c'était son ami. – J'écrirai à mes grands-parents lorsque l'on partira en classe de mer.

**5 *** Ce texte contient des phrases simples et des phrases complexes. Recopie-le en mettant les majuscules et les points comme il convient.**

jeune étudiant, j'avais un superbe singe huppé c'était une femelle elle habitait une cage très spacieuse dans la pièce qui me servait de chambre et de bureau quand j'étais à la maison et que je pouvais la surveiller, elle avait le droit de circuler librement dans la pièce quand je sortais, je l'enfermais dans sa cage et elle mettait tout en œuvre pour en sortir le plus vite possible

D'après K. Lorenz, *Il parlait avec les mammifères, les oiseaux et les poissons* © Flammarion.

### À deux !

**Chacun transforme les deux phrases simples en une phrase complexe.**

Exemple : Le chien aboie. La caravane passe.
→ Le chien aboie quand la caravane passe.

L'athlète a gagné. Il s'est bien entraîné. – Le car est arrivé. Nous sommes montés. – Le brouillard s'est levé. Nous sommes arrivés au refuge.

**Comparez vos phrases.**

Exercices supplémentaires ► Fichier Étude de la langue p. 4

# 3 Identifier le sujet et le COD



## J'observe

### Drôle de festin !

La petite chèvre gambadait dans les prés ; elle courait, elle sautait. Elle mangeait un brin d'herbe, puis elle grignotait quelques feuilles. Blanchette n'avait jamais été aussi heureuse. Soudain, au détour d'un sentier, elle rencontra un énorme loup.

..............................

Au matin, la petite chèvre mangea le loup.

**1.** Imagine ce qui a pu se passer entre le début et la fin de l'histoire.

**2.** Si l'on écrivait : « Au matin, le loup mangea la petite chèvre », qu'est-ce qui changerait dans l'histoire que tu viens d'imaginer ? Qui ferait l'action ?

**3.** Dans la phrase en jaune, essaie de supprimer le groupe nominal « un énorme loup ». Explique pourquoi tu ne peux pas.

**4.** Dans la phrase en jaune, essaie de remplacer le verbe « rencontrer » par le verbe « sursauter ». Explique pourquoi tu ne peux pas.

## Je découvre

**1** **Indique combien il y a de personnages dans ce texte. Relève les mots qui désignent ce ou ces personnage(s). Indique si ces mots sont des noms communs, des noms propres ou des pronoms.**

La petite chèvre gambadait dans les prés ; elle courait, elle sautait. Blanchette n'avait jamais été aussi heureuse.

**2** **Repère tous les verbes de ce texte et complète-les avec les groupes de mots de la liste. Tous les verbes sont-ils complétés par un groupe de mots ?**

*une salade de fruits ~ la pâte feuilletée ~ la tarte ~ les couverts ~ la pile ~ les verres et les assiettes ~ le bruit et l'agitation ~ des disques ~ le saladier*

### On organise une fête

Avec les fraises, les pêches et les melons, Lucile prépare ... dans un grand saladier ; puis elle met ... dans le réfrigérateur. Séléna et Olivier installent ... , Julien dispose ... . Quant à maman, elle déroule ... et garnit ... . Myriam apporte ... ; elle pose ... près du lecteur de disques. Le petit chat s'ennuie ... . Il n'aime pas ... . Il bâille ... .

- **Le sujet** indique **qui fait** l'action et **le COD** indique **sur quoi** porte l'action.
- Dans une phrase, **le sujet** est généralement placé **avant le verbe** et **le complément d'objet direct (COD) après le verbe** :
  *La chèvre mangea le loup. ~ Le loup mangea la chèvre.*
  sujet du verbe « manger » — COD du verbe « manger »

⚠ Parfois, le sujet est placé **après** le verbe : *Que fait la chèvre ?*

- Les verbes conjugués ont **tous un sujet** (sauf à l'impératif).
  Le groupe sujet peut être un groupe nominal ou un pronom :
  *La chèvre / Blanchette / Elle mangea le loup.*
- Les verbes conjugués n'ont **pas tous de COD** :
  – certains **doivent** avoir un COD : *Elle rencontre le loup.*
  – certains **peuvent** avoir un COD : *Elle mange. ~ Elle mange un brin d'herbe.*
  – certains **ne peuvent pas** avoir de COD : *Elle gambade.*

## Je m'exerce

**1 * Recopie ce texte, entoure les groupes sujets et souligne les COD.**

Éva emprunte un roman policier et une bande dessinée chaque semaine. Elle trouve ces livres à la bibliothèque municipale. La fillette dévore le roman rapidement. Après sa lecture, elle prête le roman policier à son frère. Éva garde la bande dessinée plusieurs jours. Elle relit la bande dessinée avec plaisir.

**2 * Recopie seulement les phrases qui contiennent un COD.**

La cheminée du chalet fume. – L'homme fumait un gros cigare. – Je bois un litre d'eau par jour. – Il court tous les dimanches matins. – Sarah écrit à son amie. – Le soleil éblouit les spectateurs. – Le soleil brille.

**3 ** Ajoute, quand c'est possible, des COD de ton choix aux verbes en gras.**

La belette **mange** … . – Pour connaître l'heure, Arthur **utilise** … . – Pour traverser la rivière, on **emprunte** … . – Le petit chat **dort** … . – Tous les soirs, Idriss **lit** … . – Le petit poisson **nage** … . – Le boulanger **vend** … .

**4 *** Recopie ces phrases, entoure les groupes sujets et remplace les COD par d'autres COD de ton choix.**

Mathis a trouvé des souris dans sa maison. – Le lion a aperçu une girafe. – On a découvert des fossiles dans la colline. – Les écureuils dévorent des glands. – Le renard attaque la poule rousse. – La lionne poursuit la gazelle.

**5 *** Recopie ces phrases, souligne les COD et remplace les groupes sujets par d'autres groupes sujets de ton choix.**

Mamie dorlote le bébé. – Le taureau attaque le toréador. – Le fermier trait la vache. – Le fermier remplit les bidons. – Mehdi mange une tarte. – J'observe le ciel avec une lunette. – Le plongeur explore les fonds marins.

### À deux !

**Chacun remplace les COD par d'autres COD de son choix.**

As-tu préparé ton cartable ? – Avez-vous visité ce musée ? – Le lion a-t-il poursuivi le zèbre ? – Les enfants aiment-ils Astérix ? – La pluie a-t-elle arrosé le jardin ? – Les voitures polluent-elles l'air ?

**Comparez vos phrases.**

Exercices supplémentaires ► Fichier Étude de la langue p. 5

# 4 Distinguer le COD et le COI

## J'observe

### Sandrine remporte la coupe

La dernière manche du match commençait. Les joueuses frappaient la balle avec prudence. Chacune pensait à la victoire. Sur sa chaise, Guy lançait des encouragements à Sandrine ; il se méfiait de sa nervosité en fin de match. Enfin, la Française fit un dernier service gagnant et jeta sa raquette au public. Le président remit à Sandrine une superbe coupe.

**1.** **Les compléments d'objet direct (COD) sont en bleu. D'autres groupes nominaux complètent aussi des verbes : ils sont en jaune. Sont-ils liés aux verbes de la même manière ?**

**2.** **Quels petits mots sont placés devant les groupes nominaux en jaune ?**

**3.** **Classe les verbes :**
- ceux qui ont seulement un groupe nominal complément en bleu ;
- ceux qui ont seulement un groupe nominal complément en jaune ;
- ceux qui ont deux groupes nominaux compléments.

## Je découvre

**1** **Choisis les verbes qui conviennent.**

**1.** À la ferme, les poules *(se nourrissent / dévorent)* de maïs. ~ À la ferme, les poules *(se nourrissent / dévorent)* le maïs.
**2.** Dans le magasin, les vendeuses *(préparent / se préoccupent)* leur rayon. ~ Dans le magasin, les vendeuses *(préparent / se préoccupent)* de leur rayon.
**3.** Au cirque, les enfants *(se moquent / applaudissent)* d'un clown. ~ Au cirque, les enfants *(se moquent / applaudissent)* un clown.
**4.** L'enquêteur *(interroge / se méfie)* deux témoins. ~ L'enquêteur *(interroge / se méfie)* des deux témoins.

**2** **Complète ces phrases avec les prépositions « à » ou « de ».**

### Ania, la correspondante de Barbara

Depuis le début de l'année, Barbara étudie l'allemand. Elle parle souvent … sa correspondante allemande. Elle écrit … Ania régulièrement, parle … ses exploits sportifs. Barbara se souvient … son séjour en Allemagne. Avec Ania, elles avaient assisté … une rencontre de football, et avaient participé … une petite fête. Son amie Beatrix fêtait son anniversaire. Barbara se souvient … cette soirée avec bonheur.

**3** **Dans le texte ci-dessus, relève les deux verbes qui ont un COD.**

- **Les compléments d'objet** indiquent **sur quoi** porte l'action.
- **Le complément d'objet direct (COD)** répond à la question **« quoi ? »** ou **« qui ? »** que l'on pose après le verbe. Il n'y a **pas de préposition** entre le verbe et le COD :
*Les joueuses frappaient la balle.* → *Les joueuses frappaient* ***quoi ?*** *:* ***la balle***
« la balle » est le COD du verbe « frapper »
- **Le complément d'objet indirect (COI)** répond à la question **« à quoi ? »** ou **« à qui ? »**, **« de quoi ? »** ou **« de qui ? »** que l'on pose après le verbe. Le COI est lié au verbe par **une préposition** comme « à » ou « de », ou encore « avec », « sans », « contre », « sur »… :
*Chacune pensait à la victoire.* → *Chacune pensait* ***à quoi ?*** *:* ***à la victoire***
« à la victoire » est le COI du verbe « penser »

## Je m'exerce

**1 * Recopie ces phrases, souligne les COI et entoure les prépositions qui les relient aux verbes.**

Alexandre se souvient de ce match. – La digue protège de l'inondation. – Le sanglier se nourrit de glands. – Caroline joue à saute-mouton. – Valentin songe à Émilie. – Le renard s'attaque aux poules.

**2 * Recopie ces phrases, souligne les COI et entoure les COD des verbes en gras.**

Margaux **participe** à la fête de l'école. Tous les soirs, elle **apprend** son texte. Tous les matins, elle **parle** à son chien, elle **récite** son rôle. Dès qu'elle **rencontre** un ami, Margaux **parle** de ce spectacle. Et puis, elle **s'occupe** de son costume. Plus la date approche, plus elle est impatiente. Elle est heureuse parce que ses parents **ont répondu** à son invitation : ils **verront** le spectacle.

**3 ** Remplace les COI par d'autres COI de ton choix.**

Exemple : Tu parles à ton frère. → Tu parles à Hugo.

Nous pensons à notre voyage. – Virgile et Max jouent à la bataille. – La biche s'occupe de ses petits. – Je m'intéresse à l'informatique. – Le renard se moque de son cousin. – Samir tient à ses timbres. – Justin obéit à la maîtresse.

**4 *** Remplace les COI par d'autres COI de ton choix.**

Owen a offert ce livre à son oncle. – Nous lançons la balle à Léo. – Sonia discute avec Karine. – Un touriste demande son chemin à une vieille dame. – Papi donne un bonbon à Eliot. – La vieille dame indique la route au touriste. – Sophie parle avec Baptiste et Robin.

**5 *** Complète ces phrases avec un complément d'objet de ton choix. Indique si c'est un COD ou un COI.**

Clément a mangé …. – Dorian renonce …. – Le vieux marin raconta …. – Le vieux marin parlait … . – Ce stylo appartient … . – Christophe possède … . – Karim prête … . – Antoine se méfie … .

**À deux !**

**L'un complète ces questions avec un COI. L'autre répond aux questions par une phrase.**

Exemple : Parles-tu souvent … ? → à ta voisine – Oui, je parle souvent à ma voisine.

Est-ce que vous répondez … ? – Est-ce que vous pensez … ? – Est-ce que tu t'adresses … ? – As-tu écrit … ? – Est-ce que vous participez … ?

Exercices supplémentaires ▶ Fichier Étude de la langue p. 6

# 5 Le verbe et ses compléments d'objet

## J'observe

**Sarah a vu un film**

« Sarah, tu te souviens de ce film ? Tu racontes l'histoire à ton petit frère ?
– Bon, voilà. Un bonhomme mange un steak et des frites. Il pose sa fourchette, lève les yeux et demande des allumettes à son voisin. Celui-ci donne une boîte d'allumettes au bonhomme. Soudain, le bonhomme tousse, il pâlit et il tombe. Un grand cri retentit. Un médecin arrive. Il constate que le bonhomme est tout rouge. Il dit que le gars a peut-être été empoisonné. »

1. **Les groupes de mots en bleu sont-ils des COD ou des COI ?**
2. **Pour chaque groupe de mots en bleu, indique si c'est un groupe nominal ou une proposition.**
3. **Les groupes de mots en jaune sont-ils des COD ou des COI ?**
4. **Quels verbes n'ont pas de complément ?**

## Je découvre

**1 Complète les verbes, quand c'est nécessaire, avec les groupes de mots de la liste.**

*son crayon à papier ~ des bandes dessinées ~ son cartable ~ que sa trousse est complète ~ ses leçons ~ ses chansons préférées ~ sur son ordinateur ou avec ses amies*

Dans sa chambre, Noémie ne s'ennuie … jamais. Elle écoute … , elle lit … et, souvent, elle joue … . Le dimanche soir, elle prépare … . Elle vérifie … , parfois elle taille … . Souvent, elle révise … . Mais très vite, elle bâille … et s'endort … .

**2 Relève les verbes qui ont un ou plusieurs COD. Indique les deux verbes qui ont aussi un COI. Relève les verbes qui n'ont pas de complément d'objet.**

Ce soir, Dorian raconte son prochain voyage à Chloé. Il visitera le nord de la Chine et enverra une carte à tous ses amis. Il aime particulièrement les grandes villes, là où les lumières scintillent et où les gens circulent vite. Dans les restaurants, on trouve des canards laqués et des crevettes en beignets.

**3 Les verbes en gras sont complétés par des COD. Indique si ce sont des groupes nominaux ou des propositions. Par quels mots commencent les propositions COD ?**

Les poules sont des volatiles gloutons et stupides. Elles **croient** que tout est bon à manger. Une petite poule brune **vit** une cuillère. Elle **s'imagina** que la cuillère était pleine de graines. Elle **ne savait pas** que la cuillère contenait une potion magique. Elle **avala** son contenu. Et soudain, nous **vîmes** qu'elle grandissait en bondissant droit dans le ciel comme une fusée.

D'après R. Dahl, *La potion magique de Georges Bouillon*, trad. de M.-R. Farré © Gallimard Jeunesse.

GRAMMAIRE

- Certains verbes sont complétés par :
- **un COD** : *Le bonhomme mange un steak et des frites.*
- **un COI** : *Tu te souviens de ce film ?*
- **un COD et un COI**. Dans ce cas, le COI s'appelle **le complément d'objet second (COS)** : *Il donne une boîte d'allumettes au bonhomme.*

*une boîte d'allumettes* : COD du verbe « donner » — *au bonhomme* : COI du verbe « donner », appelé COS

⚠ Certains verbes ne peuvent pas avoir de complément d'objet : *Il tousse ~ Il pâlit.*

- **Le COD** d'un verbe peut être :
- **un groupe nominal** : *Il pose sa fourchette.*
- **un pronom personnel** : *Il la pose.*
- **une proposition** : *Il constate que le bonhomme est tout rouge.*

- **Le COI** d'un verbe peut être :
- **un groupe nominal** : *Tu racontes l'histoire à ton petit frère ?*
- **un pronom personnel** : *Tu lui racontes l'histoire ?*

## Je m'exerce

**1 * Recopie ces phrases, souligne les verbes et indique s'ils ont un COD, un COI, les deux ou aucun complément d'objet.**

Noémie se souvient de ses vacances. – Il a retrouvé ses clés dans sa poche. – Ce chien aboie souvent. – Louise ressemble à Sophie. – Le lièvre s'enfuit dans la forêt. – Le boucher coupe deux steaks. – Ce couteau coupe bien. – Alice donne des gâteaux à Titou. – Pauline écrit souvent à sa tante.

**2 * Choisis les verbes qui conviennent.**

Le cerf *(défend / s'éloigne)* son territoire. – Il *(se nourrit / broute)* d'herbe. – À l'automne, il *(se méfie / appelle)* les femelles. – Il *(éloigne / se bat)* les autres mâles. – Il *(éloigne / se bat)* contre les autres mâles. – Il *(pousse / pousse à)* un brame.

**3 ** Remplace chaque groupe nominal COD en gras par une proposition ayant le même sens.**

Exemple : J'attends **ta venue.** → J'attends que tu viennes.

Le chien attend **le retour de son maître**. – Il annonce **son départ**. – Nous voulons **des explications**. – Les blessés attendent **l'arrivée des secours**. – Nous espérons **l'ouverture de la bibliothèque**.

**4 ** Complète les verbes en gras avec une proposition COD qui convient.**

| | |
|---|---|
| 1. J'**espère** | **a.** qu'il nous explique la leçon. |
| 2. Je **pense** | **b.** que mon pigeon reviendra. |
| 3. Je **souhaite** | **c.** qu'il fera beau. |
| 4. Je **crois** | **d.** que tu viendras nous voir. |

**5 *** Recopie ce texte, entoure les COD et souligne les COI. Indique si ce sont des GN, des pronoms personnels ou des propositions.**

Le théâtre ouvre ses portes. Les gens donnent leurs billets à l'ouvreuse. Elle les contrôle. Chacun cherche sa place et s'assied. Tout à coup, le noir et le silence s'installent. Les gens ne parlent plus à leur voisin. Les comédiens espèrent que la pièce va plaire aux spectateurs.

### À deux !

**Chacun complète ces phrases avec les verbes de la liste à mettre au présent de l'indicatif.**

*se débarrasser – téter – se protéger – s'attaquer – soigner – se frotter*

Le cerf ... des loups avec ses sabots. – Le petit faon ... sa mère. – Le lynx ... aux petits faons. – Le cerf ... dans des creux pleins de boue. – Il ... des parasites et ... ses blessures.

**Comptez ensemble les verbes qui ont un COD, un COI ou aucun complément.**

Exercices supplémentaires ▶ Fichier Étude de la langue p. 7

# 6 Identifier les pronoms personnels compléments

## J'observe

### L'assiette

Alice et Sophie se mirent à courir. « Vous ne devriez pas jouer à ça, dit Clément, leur grand frère. Vous allez encore casser quelque chose. Et les parents vont vous gronder. »
Au milieu de la table, il y avait une assiette en porcelaine. Les parents l'aimaient particulièrement. En courant autour de la table, les deux fillettes la heurtèrent.
L'assiette en porcelaine glissa et se brisa sur le carrelage. « Vite, ramassons les débris et allons les jeter dans un fossé, suggéra Sophie. Trop tard, voilà les parents qui rentrent.
– Malheureuses ! s'écrièrent-ils, cette assiette, nous l'avions dans la maison depuis notre mariage. Et vous l'avez mise en morceaux ! »
Les parents étaient furieux contre Alice et Sophie. Ils leur donnèrent une punition.

1. **Sais-tu : qui les parents vont gronder ? ce que les parents aimaient particulièrement ? ce que les deux fillettes heurtèrent en courant ? ce que les enfants pourraient jeter dans le fossé ?**
2. **Sais-tu à qui les parents donnèrent une punition ?**
3. **Comment s'appellent les mots en jaune ?**

## Je découvre

**1 Choisis les mots qui conviennent.**

La petite vieille allait son chemin comme si elle n'avait même pas entendu.
Tod *(le / la)* rattrapa d'un bond, il se campa devant elle et *(lui / la)* corna aux oreilles :
– La bourse ou la vie, je *(nous / vous)* dis !
Cette fois, la vieille s'arrêta, en appui sur son bâton, une main en cornet à l'oreille.
– Pour ça oui, chevrota-t-elle. Tu *(l' / leur)* as dit. Toujours la pluie. Quel temps pourri !
Tod *(lui / la)* brandit son couteau sous le nez. Ce n'était pas un vrai coutelas. Tod *(te / l')* avait taillé dans une écorce grise, et frotté de betterave au bout, pour faire rouge et redoutable. Il *(le / la)* trouvait très réussi.

Tu peux vérifier avec le texte p. 79, lignes 28 à 39.

**2 Transforme les secondes phrases en évitant de répéter les mots en gras.**

Exemple : Les parents trouvent les débris de l'assiette en porcelaine. Ils ramassent **les débris de l'assiette en porcelaine.** → Ils les ramassent.

**1.** Les parents sont mécontents des enfants. Ils donnent une punition **aux enfants.**
**2.** Les parents pensent à leur voisine Marthe. Ils demandent aux fillettes de porter un pot de confiture **à leur voisine Marthe.**
**3.** Alice et Sophie n'aiment pas la voisine Marthe. Celle-ci embrasse beaucoup **Alice et Sophie,** ce qui n'est pas très agréable, à cause de la barbe, et elle en profite pour pincer **Alice et Sophie.**

GRAMMAIRE

- Pour remplacer un groupe nominal complément d'objet, on peut utiliser **un pronom personnel complément** qui se place **avant** le verbe. Le mot « pronom » veut dire « à la place du nom ».
- Voici quelques pronoms personnels **compléments d'objet directs** :
**me, te, le, la, l', nous, vous, les.**
*La voisine Marthe aperçoit les enfants. Elle les embrasse.*
« les » remplace « les enfants » ;
c'est un pronom personnel, COD du verbe « embrasser »
- Voici quelques pronoms personnels **compléments d'objet indirects** :
**me, te, lui, nous, vous, leur.**
*Les fillettes vont chez la voisine. Elles lui apportent un pot de confiture.*
« lui » remplace « la voisine » ;
c'est un pronom personnel, COI du verbe « apporter »

## Je m'exerce

**1 * Recopie ces phrases et souligne les pronoms personnels compléments.**

Arthur appelle Florent au téléphone ; il l'invite à son anniversaire. – Chloé pense à sa grand-mère ; elle lui envoie une carte. – Les déménageurs ont livré les meubles ; ils les ont installés dans le salon. – Alice rencontre ses amis ; elle leur dit bonjour.

**2 ** Remplace les COD en gras par les pronoms personnels compléments qui conviennent.**

Le chamelier a dix-sept chameaux. Il offre **les dix-sept chameaux** à ses fils. – Les fils ont besoin des conseils d'un cadi. Ils rencontrent **le cadi**.– Le cadi compte les chameaux. Il répartit **les chameaux** équitablement entre les fils.

**3 ** Remplace les COI en gras par les pronoms personnels compléments qui conviennent.**

Lorsque nos correspondants nous écrivent, nous répondons rapidement **à nos correspondants**. – Nous apprenons l'anglais pour discuter avec nos amis. Nous parlons **à nos amis** dans leur langue. – J'ai rencontré un nouvel ami sur la plage. J'ai donné un beau coquillage **à ce nouvel ami**. – Les enfants de l'école voisine sont venus dans notre classe. Nous avons distribué nos poèmes **aux enfants de l'école voisine**.

**4 ** Complète ce texte avec les pronoms personnels compléments qui conviennent.**

Depuis longtemps, Renart pense aux jambons d'Ysengrin. Il … rend une petite visite et … invite à venir se promener. Ysengrin ne se méfie pas de Renart. Il … fait confiance. Renart flatte toute la famille du loup. Le soir, il escalade leur toit et … dérobe deux magnifiques jambons.

**5 *** Remplace le COI de chaque verbe par le pronom personnel qui convient.**

Exemple : Tu parles à ton frère. → Tu lui parles.

Valentin écrit à sa voisine. – Nous lançons la balle à Léo. – Le lynx ressemble à un gros chat. – Les lynx ressemblent à de gros chats. – Le facteur apporte un colis à madame Denoël. – Le maître rend les devoirs aux élèves.

### À deux !

**Chacun remplace les GN en gras par les pronoms personnels compléments qui conviennent.**

Nous préparons une exposition sur les fables de La Fontaine. Nous dévoilerons **cette exposition** lors de la fête de l'école. Nous avons appris chacun une fable. Nous dirons **la fable** devant nos parents. Nous présenterons **toutes les fables à nos parents** dans un beau décor.

**Échangez vos phrases. Avez-vous utilisé les bons pronoms personnels ?**

Exercices supplémentaires ▶ Fichier Étude de la langue p. 8

# 7 Identifier les compléments circonstanciels (1)



## J'observe

**La rentrée**

Chaque année, nous arrivions à Peïrouré avec une joie immense. À la rentrée des classes, les vignes rouges couvraient la campagne. Mais vers le 15 octobre, la pluie descendait lentement des collines et, au premier coup de vent, toutes les feuilles partaient des arbres. Averses et rafales se succédaient furieusement et, pendant quatre longs mois, le mauvais temps régnait sur le pays.

D'après H. Bosco, *L'âne Culotte*, coll. « Folio junior »


**1.** **Classe les groupes de mots en jaune en trois groupes :**
- ceux qui répondent aux questions « où ? » et « d'où ? » ;
- ceux qui répondent à la question « quand ? » ;
- ceux qui répondent à la question « comment ? ».

**2.** **Dans la première phrase, déplace les groupes de mots en jaune. Le sens de la phrase a-t-il changé ?**

## Je découvre

**1** **À quelle question répondent les groupes de mots en bleu ? Ceux en vert ? Ceux en jaune ?**

À pas de velours, le chat s'approcha des merles pendant qu'ils ne le regardaient pas. Au moment où la clochette tinta, les oiseaux s'envolèrent rapidement vers les arbres. Après quelques minutes d'observation, le félin rentra au salon d'un air dépité.

**2** **Dans le texte ci-dessus, déplace les groupes de mots en couleur à l'intérieur de chaque phrase. Le sens des phrases a-t-il changé ? Puis supprime ces groupes de mots. La phrase a-t-elle toujours du sens ?**

**3** **Classe dans un tableau les mots et les groupes de mots qui répondent aux questions « où ? », « quand ? », « comment ? ».**

Nos amis marchaient lentement vers notre chalet. Nous les avions aperçus au bout du chemin, au bord du ravin. Ils arrivèrent dans le chalet vers six heures, juste après l'orage. Ils s'étaient réfugiés dans une grotte. Ils posèrent leurs vêtements près de la cheminée, s'allongèrent sur les lits de camps et s'endormirent rapidement.

| Où ? | Quand ? | Comment ? |
|---|---|---|
| | | |

## 7 Identifier les compléments circonstanciels (1)

● Dans une phrase, pour donner des précisions sur les circonstances d'une action, on peut utiliser **des compléments circonstanciels (CC)**. Un CC peut indiquer **le lieu, le moment** ou **la manière** :

*Chaque année,* (CC de temps) *nous arrivions* *à Peïrouré* (CC de lieu) *avec une joie immense.* (CC de manière)

● Le plus souvent, on peut **déplacer les CC sans changer le sens** de la phrase :
*Nous arrivions chaque année avec une joie immense à Peïrouré.*

● En général, quand on **supprime les CC, la phrase a toujours du sens,** mais elle est moins précise : *Elle ouvrit la porte brutalement.* → *Elle ouvrit la porte.*

## Je m'exerce

**1 * Complète ces phrases avec les compléments circonstanciels (CC) de la liste.**

*sur cette immonde marmelade – nettement – contre la porte – en arrière – sur les plateaux – sauvagement – affreusement – la veille au soir*

Madame Leroi, horrifiée, fit un bond … et se colla … . Son magasin avait été … saccagé. Les vitres étaient brisées et il n'y avait plus un seul gâteau … où elle les avait déposés … . Le sol était couvert de débris de verre, de brioches écrasées, maculé de crème pâtissière, … souillé de mousse au chocolat. … , madame Leroi, terrifiée, distingua très … des empreintes. Elle hurla.

Tu peux vérifier avec le texte p. 24, lignes 7 à 14.

**2 * Indique quelle précision apportent les CC en gras : lieu, moment, manière.**

– Où avez-vous vu le petit âne ?
– Je l'ai vu **dans cette rue**, il partait **vers la colline**.
– Quand l'avez-vous vu ?
– Je l'ai aperçu **jeudi, après la sortie de l'école**.
– Comment se déplaçait-il ?
– Il trottait **très vite**, **avec obstination**.

**3 * Indique si les compléments en gras sont des COD ou des CC.**

Nos amis partiront **ce soir**. – Abdel a invité **ses amis**. – Le petit garçon traverse **la rue**. – Julie traverse **au passage piétonnier**. – Le lion rugit **dans sa cage**. – Il vociféra **des injures**.

**4 ** Ajoute un CC de lieu dans chaque phrase.**

Marie achète un magazine. – La neige tombe. – Noémie a rangé son livre. – Lundi prochain, nous partirons en vacances. – J'ai trouvé un très joli coquillage. – Anne se promène.

**5 ** Ajoute un CC de temps dans chaque phrase.**

Papi a acheté une voiture. – Nous sommes allés à la pêche. – Marc a joué au football. – L'orage a éclaté avec violence. – Mon petit frère avait de la fièvre. – Agnès cueille des roses.

**6 ** Ajoute un CC de manière dans chaque phrase.**

La pie chante. – La souris détale. – L'eau coule. – Le navire s'enfonce. – L'oiseau s'envole.

**7 *** Repère les CC et classe-les en trois groupes.**

Les vacanciers montent joyeusement dans le car. Avant le départ, le chauffeur rappelle calmement qu'il est interdit de salir les sièges. Pendant le trajet, les enfants discutent bruyamment. Ils se sont tous assis à l'arrière du car. Après trente minutes de route, Benjamin a mal au cœur. Ses parents lui disent avec gentillesse : « Nous arrivons bientôt. »

**À deux !**

**L'un ajoute un CC de temps. L'autre ajoute un CC de manière ou de lieu.**
Céline dessinait. – Arnaud court. – Olivier lit. – Malika révise.

Exercices supplémentaires ▶ Fichier Étude de la langue p. 9

# 8 Identifier les compléments circonstanciels (2)



## J'observe

**Grandma**

Un samedi matin, la mère de Georges Bouillon dit brusquement à son fils :
– Je vais faire des courses au village. Sois sage et ne fais pas de bêtises.
Voilà exactement ce qu'il ne faut pas dire à un petit garçon.
– Et quand il sera onze heures, n'oublie pas de donner sa potion à Grandma, poursuivit la mère.
Puis, elle sortit en refermant la porte.
Grandma, qui sommeillait dans son fauteuil, près de la fenêtre, ouvrit avec lenteur un petit œil méchant.
– Tu as entendu ce qu'a dit ta mère, Georges, aboya-t-elle. N'oublie pas ma potion.

D'après R. Dahl, *La potion magique de Georges Bouillon*, trad. de M.-R. Farré


**1.** Les groupes de mots en couleur sont-ils des COD, des COI ou des CC ?
**2.** À quelle question répond le mot en vert ? Sais-tu comment s'appelle ce mot ?
**3.** À quelle question répond la proposition en bleu ?

## Je découvre

**1** **Les propositions en gras apportent des précisions sur le moment de l'action. Repère les mots qui réunissent les propositions au reste de la phrase.**

Dantès se glissa dans le sac **avant que les fossoyeurs arrivent**.
Il ressentit la fraîcheur de la nuit **quand les porteurs arrivèrent dehors**.
Dantès poussa un cri **lorsqu'il entra dans l'eau glacée**.

D'après A. Dumas, *Le comte de Monte-Cristo*.

**2** **À quelle question répond chaque CC en gras : « où ? », « quand ? », « comment ? ».**

**Dès qu'il se réveillait**, Papa ouvrait la fenêtre. Il se levait **à six heures du matin**, **en toute saison**. Il se préparait un peu de café et le buvait **dans la cuisine**. Il travaillait **ensuite dans son bureau jusqu'à midi**. Il écrivait **lentement sur des cahiers à spirales**. **Puis**, il tapait **méthodiquement** son texte **sur sa vieille machine à écrire**.

**3** **Classe les CC en gras du texte ci-dessus dans un tableau.**

| Groupes nominaux | Adverbes | Propositions |
|---|---|---|
| | | |

GRAMMAIRE

- **Le complément circonstanciel (CC)** d'une phrase peut être :

– **un groupe nominal** souvent introduit par **une préposition** comme « à », « de », « dans », « sur », « avec », « contre »… :

*Ce matin, nous avons marché dans la montagne avec peine.*
(Ce matin : CC de temps ; dans la montagne : CC de lieu ; avec peine : CC de manière)

– **un adverbe** comme « demain », « aujourd'hui », « ici », « dedans », « souvent », « lentement », « soudain », « ensuite », « aussitôt »… :

*Hier, l'orage éclata brusquement. ~ Dehors, la pluie se mit à tomber bruyamment.*
(Hier : CC de temps ; brusquement : CC de manière ; Dehors : CC de lieu ; bruyamment : CC de manière)

– **une proposition** introduite par « quand », « lorsque », « après que », « avant que »… :

*L'orage a éclaté lorsque nous sommes arrivés dans le chalet.*
(lorsque nous sommes arrivés dans le chalet : CC de temps)

## Je m'exerce

**1 * Recopie ces phrases, souligne les GN compléments circonstanciels et entoure les adverbes compléments circonstanciels.**

Lucas se précipita dans l'atelier, et se cacha rapidement sous l'établi. – Hier, le feu se propageait sur les collines. – Soudain, l'avion apparut derrière la montagne. – Les oiseaux s'enfuirent aussitôt.

**2 * Recopie ces phrases et souligne les propositions compléments circonstanciels.**

Tu viens quand tu veux. – Nous partirons lorsque tu auras fini. – Nous sommes rentrés dès que la pluie a commencé à tomber. – Le renard rôde autour du poulailler quand la nuit tombe.

**3 ** Complète ces phrases avec les CC.**

*dans la maison – dessus – dans un petit cadre doré – tout au fond – au-dessus de la cheminée – quand elle était petite – en ce temps-là*

La maîtresse, c'est Miss Thompson. Sauf qu'elle s'appelait Blanche, … . Et bien sûr elle n'était pas du tout comme elle est maintenant. Je le sais, parce que …, …, …, il y a une image minuscule (un portrait, comme dit la maîtresse) …, et c'est une fille de mon âge avec des longues boucles en tire-bouchon. …, il y a écrit LA MAISON DE BLANCHE, et le portrait, c'est celui de Blanche, Miss Thompson … .

Tu peux vérifier avec le texte p. 36, lignes 3 à 10.

**4 ** Indique si les CC en gras sont des GN, des adverbes ou des propositions.**

**Quand le chat est parti**, les souris dansent. – On a trouvé des framboises **au bout du chemin**. – Samia s'est **rapidement** cachée **sous la table**. – **Hier**, il a glissé **sur une plaque de verglas**. – On a vu arriver le voilier **derrière la jetée**. – Ils se sont réchauffés **devant une énorme cheminée**.

**5 *** Complète ces phrases avec une proposition complément circonstanciel de temps de ton choix.**

Le commissaire fut étonné quand … . – Monsieur Pierrot reçut madame Leroi dans ses bras lorsque … . – Dès que …, le commissaire se dit qu'un tigre avait dévalisé les pâtisseries. – Chaque fois que …, bébé pleure. – Je te téléphonerai dès que … . – Nous partirons lorsque … . – Dès que …, les élèves chantent.

**À deux !**

**Complétez ces phrases avec un complément circonstanciel : l'un avec un GN ou un adverbe, l'autre avec une proposition.**

Le bateau tanguait … . – Les singes criaient … . – Robinson chantait … . – Le chien aboyait … .

**Échangez vos phrases et vérifiez ensemble.**

Exercices supplémentaires ► Fichier Étude de la langue p. 10

# 9 Attribuer une qualité : l'attribut du sujet

## J'observe

**Claude est gourmande**

1. Claude mange … .

2. Son gâteau est appétissant.

3. Monsieur Le Gall est agent de police.

4. Monsieur Le Gall rencontre … .

1. **Complète les phrases 1 et 4. Quels sont les verbes utilisés ? Comment s'appellent les groupes de mots que tu as ajoutés ?**
2. **Quels sont les dessins où l'on voit seulement un personnage ou seulement un objet ? Quel est le verbe utilisé ?**
3. **Sur quoi ou sur qui les mots en jaune donnent-ils des précisions ? Que deviennent les phrases si l'on supprime ces mots ?**
4. **Indique si les mots en jaune sont des GN, des verbes ou des adjectifs.**

## Je découvre

**1 Choisis les verbes qui conviennent. Puis fais la liste des verbes que tu as choisis.**

Dans le pré, les fleurs *(sont / bercent)* mauves, et elles *(aperçoivent / ont l'air)* jolies. Mais le colchique *(est / chante)* vénéneux pour les vaches. Quand une vache mange des colchiques, elle *(devient / poursuit)* malade. Et pourtant ces fleurs *(glissent / paraissent)* inoffensives. Mais les fermiers *(portent / restent)* vigilants.

**2 Relève les mots qui donnent une précision sur les sujets en gras.**

**La mer** est immense, **le ciel** est bleu. Au loin, **les voiliers** semblent immobiles. Les oiseaux volent dans le ciel ; **ils** paraissent nonchalants.
En bas, dans les criques, des baigneurs ramassent des coquillages. **Certains coquillages** sont roses, **d'autres** sont gris. Dans le ciel, les mouettes planent et piaillent. **Elles** sont bruyantes.

GRAMMAIRE

- Pour indiquer **qui est le sujet** ou **comment est le sujet**, on utilise **un attribut du sujet**. On « attribue » une particularité, une qualité au sujet.

L'attribut du sujet est **essentiel** dans la phrase : on ne peut pas le supprimer.
*Qui est Claude ? Claude est une fille. ~ Comment est Claude ? Claude est brune.*
(une fille : attribut du sujet « Claude » ; brune : attribut du sujet « Claude »)

- **L'attribut du sujet** peut être :
– **un groupe nominal** : *Monsieur Le Gall est agent de police.*
(Monsieur Le Gall : sujet ; agent de police : attribut du sujet « Monsieur Le Gall »)
– **un adjectif qualificatif** qui s'accorde en genre et en nombre avec le sujet :
*Le gâteau est appétissant.* ~ *Les brioches sont appétissantes.*
(Le gâteau : sujet ; appétissant : attribut du sujet « le gâteau » ; Les brioches : sujet ; appétissantes : attribut du sujet « les brioches »)

- Devant l'attribut du sujet, on trouve le plus souvent les verbes **« être »**, **« paraître »**, **« sembler »**, **« devenir »**, **« rester »**, **« avoir l'air »**. On les appelle **des verbes d'état** :
*Vincent est un bon musicien. ~ Mélanie paraît joyeuse. ~ Zoé semble triste…*

## Je m'exerce

**1 * Recopie seulement les phrases qui contiennent un attribut du sujet.**

Le petit chat deviendra grand. – Le Pacifique est un océan dangereux. – Jérémie arrose ses fleurs. – Il cueille des roses. – Vincent paraît triste. – Il reste silencieux toute la journée.

**2 * Recopie ce texte, souligne les sujets et entoure les attributs du sujet.**

Le vieux Philou était ébéniste. Un jour, il alla dans la forêt et aperçut un grand chêne. Ce chêne semblait gigantesque. Il était magique. Les objets fabriqués avec son bois devenaient vivants. Le vieil ébéniste coupa une branche, il en fit une marionnette. Celle-ci devint un petit garçon.

**3 ** Choisis les mots qui conviennent et indique s'ils sont attributs du sujet ou COD.**

Ce monument impressionne *(les touristes / magnifique)*. – Ce monument est *(les touristes / magnifique)*. – Ce clown est *(drôle / les enfants)*. – Ce clown amuse *(drôle / les enfants)*. – Le corbeau tient *(un fromage / naïf)*. – Le corbeau paraît *(un fromage / naïf)*.

**4 *** Transforme ces phrases pour que les adjectifs qualificatifs en gras deviennent des attributs du sujet.**

Exemple : J'aime les gâteaux **croustillants**.
➜ J'aime les gâteaux qui sont croustillants.

Valentin voit des merles **gris**. – Lucas chante un air **joyeux**. – Naïma porte un pantalon **jaune**. – Sophie a des cheveux **bouclés**.

**5 *** Fais l'inverse de l'exercice 4.**

Exemple : Le livre que je lisais était **captivant**.
➜ Je lisais un livre captivant.

L'histoire que maman raconte est **drôle**. – Le problème que le maître nous donne semble **facile**. – Le chanteur que nous avons vu est devenu **célèbre**. – Le chien de Fabien est **joyeux**.

**À deux !**

**Chacun complète ces phrases avec des attributs du sujet.**

Après l'excursion, les touristes semblent … . – Ils ont l'air … parce qu'ils ont vu de magnifiques monuments. – Lilian travaille bien ; il deviendra … . – Ses parents sont … . – Le renard est … . – Les poules sont … .

**Comparez vos réponses.**

Exercices supplémentaires ▶ Fichier Étude de la langue p. 11

# 10 Identifier les déterminants



## J'observe

### Le petit coq noir

C'était un petit coq noir à la crête rouge et au jabot luisant. Il appartenait à une très pauvre femme, et ils vivaient tous deux dans une vieille masure[1]…

Souvent, le petit coq grattait la terre autour de la masure et piquait du bec des vers, des grains, des miettes et la pauvre femme le regardait tendrement.

Un matin, ce brave petit coq déterra une pièce d'or qui se mit à luire au soleil. Un sultan passait par là. Il dit au coq :

« Petit coq noir, donne-moi la pièce d'or ! C'est ma pièce.

– Pour ça non, répondit celui-ci. Cette pièce est pour ma maîtresse qui en a plus besoin que toi ! »

D'après N. Caputo, *Contes des quatre vents*, D. R.

1. **une masure :** une maison misérable.

1. **Par quels petits mots commencent les groupes de mots en couleur dans le premier paragraphe ? Dans le deuxième paragraphe ? Et dans le troisième paragraphe ?**
2. **Compare les groupes de mots d'une même couleur. Connaît-on déjà le « coq », la « femme » et la « masure » dans le premier paragraphe ? Et dans la suite du texte ?**
3. **La première fois que le mot « pièce » apparaît, quel est le petit mot placé devant ? Et les fois suivantes ? Explique ces changements.**

## Je découvre

**1 Complète ces textes avec les petits mots qui manquent.**

… jour, au fond d'… vallon,
… serpent mordit Jean Fréron.
Que croyez-vous qu'il arriva ?
Ce fut … serpent qui creva.

Voltaire.

Maître Corbeau sur … arbre perché
Tenait en … bec … fromage.
Maître Renard par … odeur alléché
Lui tint à peu près … langage. […]

Jean de La Fontaine.

**2 Relève dans *Le petit coq noir* :**

– trois noms déterminés par « un », « une » ou « des » ;
– trois noms déterminés par « le », « la » ou « les » ;
– un nom déterminé par « ce », « cet », « cette » ou « ces » ;
– deux noms déterminés par « mon », « ma » ou « mes ».

**3 Fais la même recherche dans *Les déménageurs*.**

Voir le texte pp. 16-17.

GRAMMAIRE

● Les petits mots placés au début des groupes nominaux s'appellent **des déterminants**. Ils indiquent **le genre** (masculin / féminin) et **le nombre** (singulier / pluriel) du nom : *un petit coq* (masc. sing.) ~ *la pauvre femme* (fém. sing.) ~ *des vers* (masc. pl.) ~ *des miettes* (fém. pl.).

● On utilise :
– **les articles indéfinis** pour désigner un personnage ou une chose que l'on ne connaît pas encore : **un**, **une**, **des** ;
– **les articles définis** pour désigner un personnage ou une chose que l'on a déjà évoqué : **le**, **la**, **l'**, **les** ;
– **les adjectifs démonstratifs** pour montrer ou désigner un personnage ou un objet que l'on connaît : **ce**, **cet**, **cette**, **ces** ;
– **les adjectifs possessifs** pour montrer qu'une chose ou un personnage appartient à quelqu'un : **mon**, **ma**, **ton**, **ta**, **son**, **sa**, **notre**, **votre**, **leur**, **mes**, **tes**, **ses**, **nos**, **vos**, **leurs**.

● Le mot « déterminant » vient de « déterminer » qui veut dire « préciser ». Le mot « démonstratif » vient de « montrer ». Le mot « possessif » vient de « posséder ».

## Je m'exerce

**1 * Recopie ce texte, souligne en rouge les articles définis, en bleu les articles indéfinis et en vert les deux adjectifs possessifs.**

Mes amis les déménageurs ont pris le gros camion, et ils sont entrés dans ma tête. Ça me faisait dans les oreilles un vacarme effroyable ! Quand ils sont sortis, j'ai regardé dans le camion, et j'ai vu… un renard, une sorcière, un bateau, une ogresse, la fille de l'ogresse…

D'après P. Gripari, *Les contes de la Folie Méricourt*
© Grasset Jeunesse.

**2 * Recopie ces phrases, souligne les adjectifs démonstratifs et entoure les articles.**

**1.** Ce château et ces jardins ont été réalisés à l'époque de Louis XIV, quand les nobles vivaient à la cour.

**2.** Les géologues ont trouvé ces fossiles en visitant une carrière. Cette découverte permet de penser que la mer occupait la région à l'époque où vivaient ces animaux.

**3.** Ce savant anglais a découvert le pays des Géants. Ces Géants chantaient d'une voix douce.

**3 ** Complète ce texte avec les articles de la liste. Tu peux utiliser plusieurs fois le même mot.**

*un – des – la – l' – les – le*

Nous participons à … rallye pédestre dans … quartier. … maîtresse a demandé à … gendarme et à … parents de nous accompagner dans … rues. Nous répondons à … questions en regardant … panneaux de … circulation et … monuments de … ville. En rentrant à … école, nous donnons… réponses à … maîtresse.

**4 ** Remplace les noms masculins par les noms féminins entre parenthèses et modifie les déterminants comme il convient.**

Il a mangé au restaurant *(cantine)*. – J'ai joué au tennis *(marelle)*. – Le conteur *(animatrice)* va arriver. – Le pain de ce boulanger *(boulangère)* est croustillant. – J'ai donné mon cahier au maître *(maîtresse)*.

**5 *** Remplace les articles définis par les adjectifs démonstratifs qui conviennent.**

Le cycliste est italien. – Les athlètes sont prêts. – L'équipe est formidable. – L'avion s'est posé en catastrophe. – Les passagers sont maintenant rassurés. – Le conteur arrive demain.

Exercices supplémentaires ▶ Fichier Étude de la langue p. 12

# 11 Compléter un nom (1)

## J'observe

### Petit-Féroce

Vous vous souvenez de moi ? Je m'appelle Petit-Féroce. J'ai les cheveux noirs, une jolie massue en bois et deux gentils ronronges bruns. L'un a des oreilles pointues, de longues dents et une queue interminable. L'autre a des oreilles tombantes, des dents blanches et acérées et une petite queue en tire-bouchon.

Nous habitons une caverne magnifique, au bord du lac, près de la grande forêt. Aujourd'hui, au bord de la rivière, mon petit frère Sifflotin et moi dégustons un énorme morceau de mammouth avec mes deux meilleures amies.

L'une s'appelle Cerise-qui-mord et l'autre Fleur-qui-sourit. Cerise-qui-mord est la fille du sorcier, elle a des yeux de chatte, des cheveux de braise et parfois un caractère de cochon. Fleur-qui-sourit a des yeux de biche, des cheveux de soie et toujours un caractère de canaille.

D'après P. Thiès, *Petit-Féroce et ses amis* © Rageot Éditeur.

1. Les deux ronronges de Petit-Féroce se ressemblent-ils ?
   Relève les mots qui permettent de les distinguer. À côté de quels mots sont-ils placés ?
2. Pour décrire ses deux amies, Petit-Féroce parle de leurs yeux, de leurs cheveux et de leur caractère. Relève les groupes de mots qui permettent de distinguer chacune des deux amies.

## Je découvre

**1** Choisis les mots qui conviennent pour compléter les noms en gras. Explique tes choix.

Éva et Natacha revenaient des courses avec leurs **sacs** *(à dos / en tire-bouchon)*. Elles avaient acheté deux **morceaux** *(de cahier / de savon)*, trois **pains** *(au chocolat / aimables)*, un **panier** *(de fraises / ombragé)* et un **bouquet** *(automatique / de fleurs)*. Au **milieu** *(du chemin / de la piscine)*, elles aperçurent un *(pur / gros)* **chien** qui marchait la **tête** *(basse / rocheuse)*. Sous l'**effet** *(en bois / de la surprise)*, il eut un **mouvement** *(de recul / en plastique)* et un **grondement** *(sans manches / de colère)*.

**2** Relis le texte *Petit-Féroce* et dessine les deux ronronges et les deux amies de Petit-Féroce.

**3** Dans le dernier paragraphe de *Petit-Féroce*, remplace les groupes de mots qui complètent les noms « yeux », « cheveux » et « caractère » par un adjectif qualificatif de ton choix.

- Pour **compléter** ou **préciser** le sens d'un nom, on peut utiliser :

– **un adjectif qualificatif épithète du nom** placé avant ou après le nom. Il s'accorde en **genre** (masculin / féminin) et en **nombre** (singulier / pluriel) avec le nom qu'il qualifie :

*les cheveux **noirs*** → adjectif qualificatif épithète du nom « cheveux », masculin pluriel

*une **jolie** massue* → adjectif qualificatif épithète du nom « massue », féminin singulier

– **un groupe nominal complément du nom** placé après le nom. Il est introduit par **une préposition** comme « de », « à », « en », « au », « du », « sans », « avec »... :

*des yeux **de chatte*** → groupe nominal complément du nom « yeux »

*une massue **en bois*** → groupe nominal complément du nom « massue »

- Le mot « qualificatif » vient de « qualifier », qui veut dire attribuer une qualité particulière. Le mot « épithète » veut dire « qui est ajouté ».

- Le mot « préposition » vient de « pré » qui veut dire « avant » et de « poser » : une préposition se place avant le nom complément du nom.

## Je m'exerce

**1 * Recopie ce texte, souligne les adjectifs qualificatifs épithètes et relie-les par une flèche aux noms qu'ils qualifient.**

Mais soudain, alors que l'un des jeunes garçons contrefaisait la voix chevrotante d'un vieux guerrier, une flamme blanche a léché les grandes tentures de cuir du wigwam. En quelques minutes, celui-ci ne fut qu'un gigantesque brasier. Le vent chaud de l'été soufflait ce soir-là sur le campement indien.

D'après M. Piquemal, *Samani, l'Indien solitaire*
© Sedrap, 1998.

**2 * Recopie ce texte, souligne les noms qui complètent les noms en gras et entoure les prépositions qui les relient.**

Au bout de la rue, j'ai rencontré **un marchand** de fruits ; il avait **une casquette** à visière et **un gilet** sans manches. Il proposait, dans **des paniers** en osier, **des dattes** d'Algérie et **des ananas** de Guadeloupe.

**3 ** Complète les noms en gras avec un complément du nom de ton choix.**

Les athlètes entrent dans le stade sous les **acclamations** .... – Le train arrive en gare avec dix **minutes** .... – La péniche navigue sur le **canal** .... – L'alpiniste a pris son **sac** ....

**4 *** Remplace les compléments du nom par des adjectifs qualificatifs épithètes.**

Exemple : un chemin de montagne
→ un chemin montagneux.

l'équipe de France – la journée de l'Europe – la voiture du président – un fromage de ferme – un buisson d'épines – une forêt des tropiques – un arbre à fruits – un chemin de cailloux.

**5 *** Remplace les adjectifs qualificatifs épithètes par des compléments du nom.**

la fête villageoise – le trafic routier – la forme circulaire – le timbre postal – la maison campagnarde – le foulard soyeux – les femmes allemandes – un cri joyeux.

### À deux !

**L'un complète ces noms avec un adjectif qualificatif épithète, puis l'autre ajoute un complément du nom.**

Exemple : le papillon → le **petit** papillon
→ le **petit** papillon **de nuit**.

l'avion – le capitaine – le chien – un bateau – un livre – un pull – une armoire – un crayon – une maison.

Exercices supplémentaires ▶ Fichier Étude de la langue p. 13

# 12 Compléter un nom (2)



## J'observe

### Une course d'orientation

La maîtresse avait divisé la classe en quatre équipes. Chaque équipe disposait d'une boussole que la maîtresse avait donnée.
L'équipe blanche partit la première. C'était l'équipe qui devait passer par la maison du garde forestier.
L'équipe qui devait franchir trois ruisseaux partit juste après. C'était l'équipe bleue.
L'équipe rouge partit la troisième. C'était l'équipe qui devait trouver une cabane de bûcherons.
L'équipe qui devait repérer un arbre frappé par la foudre partit en dernier. C'était l'équipe verte.

1. Combien d'équipes participent à la course d'orientation ?
   Repère les adjectifs qualificatifs épithètes qui complètent le nom « équipe » et qui permettent de les distinguer.
2. Des propositions permettent également de compléter le nom « équipe » et de les distinguer. Elles commencent toutes par le même mot. Lequel ?
3. Qui a donné la boussole ? Relève la proposition qui te l'indique.
   Par quel mot commence cette proposition ?

## Je découvre

**1** Indique le nom qui est complété par chaque proposition en gras.

Au zoo, nous avons vu des éléphants **qui venaient d'Asie**. ~ Les grands arbres de la forêt ressemblaient à d'énormes piliers **qui semblaient soutenir le ciel**. ~ Archibald aperçoit des géants **qui l'accueillent avec bienveillance**. ~ Il écoutait une musique **qui charmait ses oreilles et son cœur**. ~ Maman a préparé une tarte **qui est délicieuse**.

**2** Dans les phrases ci-dessus, remplace les propositions en gras par les adjectifs qualificatifs épithètes ou les compléments du nom de la liste.

*de marbre* ~ *adorables* ~ *aux abricots* ~ *cristalline* ~ *d'Afrique*

**3** Indique les noms qui sont complétés par des propositions.

Voici Pierre qui a semé le grain qui a nourri le coq qui a réveillé le bon monsieur qui a arrêté le méchant brigand qui a battu la servante qui a trait la vache qui a corné le chien qui a étranglé le chat qui a attrapé le rat qui a mangé la farine qui est dans le grenier de la maison que Pierre a bâtie.

S. Cone Bryant, *Comment raconter des histoires à nos enfants*, D. R.

- Pour **compléter** ou **préciser** le sens d'un nom, on peut aussi utiliser **une proposition relative complément du nom**. Elle est introduite par **un pronom relatif** comme **« qui »** ou **« que »** :
*C'était l'équipe qui devait passer par la maison du garde forestier.*
*Chaque équipe disposait d'une boussole que la maîtresse avait donnée.*

- Comme l'adjectif qualificatif épithète et le groupe nominal complément du nom, la proposition relative complément du nom donne **des informations supplémentaires** sur le nom qu'elle complète :
*l'équipe blanche* → adjectif qualificatif épithète du nom « équipe »
*l'équipe en blanc* → groupe nominal complément du nom « équipe »
*L'équipe qui porte les maillots blancs.* → proposition relative complément du nom « équipe »

## Je m'exerce

**1 * Recopie ce texte et souligne les pronoms relatifs.**

L'enveloppe que fabrique la chenille s'appelle le cocon. La chenille produit elle-même le fil de soie qui lui sert à tisser le cocon. La soie est une substance que sécrètent les araignées et certains insectes.

C. Duchesne et C. Marois, *Cyrus, L'encyclopédie qui raconte* © Québec-Amérique, 1996.

**2 ** Complète ces phrases avec les pronoms relatifs « qui » ou « que ».**

C'est le pré … a été inondé l'an dernier. – Le village … j'ai visité pendant mes vacances est très ancien. – Le paysan … j'ai rencontré fabrique un miel … est délicieux. – Je te parle du voyage … nous avons fait l'an dernier.

**3 ** Pour éviter les répétitions, fais une seule phrase en utilisant un pronom relatif.**

Exemple : Célia mange un gâteau. Ce gâteau est savoureux. → Célia mange un gâteau qui est savoureux.

Lilou a un vélo. Son vélo est tout neuf. – Lilian caresse le chat. Le chat ronronne. – Nous avons pris un goûter. Ce goûter était délicieux. – Nous avons vu un film. Le maître nous a conseillé ce film.

**4 *** Remplace les propositions relatives en gras par un adjectif qualificatif épithète ou un complément du nom.**

Exemple : Le maître présente un livre **qui me passionne.** → Le maître présente un livre passionnant / d'aventures.

Papa a raconté une histoire **qui est amusante**. – Merci pour cette soirée **qui nous a bien plu**. – Lou a écrit une lettre **que j'aime beaucoup**. – L'eau est un liquide **qui n'a pas d'odeur**.

**5 *** Remplace les adjectifs qualificatifs épithètes et les compléments du nom par une proposition relative.**

Exemple : Le boulanger de l'avenue Jean-Jaurès fait aussi des gâteaux. → Le boulanger qui est dans l'avenue Jean-Jaurès fait aussi des gâteaux.

Le bus à deux étages va à la piscine. – Le bus climatisé va à la piscine. – J'ai visité un magasin de poterie. – J'ai visité un magasin immense.

### À deux !

**L'un complète les noms en gras avec une proposition relative, l'autre avec un groupe nominal complément du nom.**

Nous avons joué dans **le pré** … . – J'ai passé mes vacances dans **le village** … . – **Le paysan** … fabrique un miel délicieux. – **Le chien** … est très joueur.

**Échangez vos phrases et vérifiez ensemble.**

Exercices supplémentaires ▶ Fichier Étude de la langue p. 14

# 13 Identifier la nature et la fonction d'un mot



## J'observe

### Chien et chat

Fox est le chien d'Anaïs. Cet après-midi, Anaïs parlait à son chien dans le jardin. Soudain, le chien est parti à toute vitesse. Il est entré dans la maison et a traversé le salon. Il poursuivait Sépia, la petite chatte grise des voisins. Fox s'attaque toujours à cette chatte. Sépia est pourtant si douce.
Tout à coup, la laisse du chien a accroché la lampe. La lampe est tombée sur le chien. La chatte a disparu en miaulant. Anaïs a rappelé son chien.

**1.** **Le mot en jaune est employé plusieurs fois. À quelle catégorie de mots appartient-il : verbe, nom, adjectif qualificatif ou déterminant ?**

**2.** **Quel est le sujet dans la troisième phrase ?**

**3.** **Repère le COI dans la deuxième phrase.**

**4.** **Que peux-tu dire du rôle du mot en jaune dans ce texte ?**

## Je découvre

**1** **Dans le texte *Chien et chat*, indique le rôle des mots « lampe » et « Sépia » dans chaque phrase où ils sont employés : sujet, verbe, COD, COI, CC ou attribut du sujet.**

**2** **Indique la catégorie des mots en gras et leur rôle dans les phrases.**

**Vieux-Père**, un jour, acheta des grives. Il les donna à **Vieille-Mère**, sa femme, pour les faire rôtir. Mais **Vieille-Mère** les mangea toute seule. **Vieux-Père** revint pour déjeuner et elle accusa le chat de les avoir dérobées !
L'ayant entendue, le **chat** alla bouder sur la **terrasse**.
La **terrasse** lui demanda :
« Qu'as-tu à bouder ? »

D'après M. Dib, *L'histoire du chat qui boude*,
avec l'aimable autorisation des Éditions Albin Michel.

**3** **Repère les adjectifs qualificatifs et indique leur rôle dans chaque phrase : épithète du nom ou attribut du sujet.**

**1.** Les pendules et les carillons donnaient une musique merveilleuse.
La musique des pendules et des carillons était merveilleuse.

**2.** Les pantoufles d'Ali Baba étaient orientales.
Ali Baba chaussa ses pantoufles orientales.

**3.** La grenouille, qui s'enflait et se gonflait de plus en plus, devenait énorme.
L'énorme grenouille s'enflait et se gonflait de plus en plus.

- Les mots ont **une nature** : **nom**, **verbe**, **adjectif qualificatif**, **adverbe**, **déterminant**, **pronom**…
« *chien* » est un nom ~ « *grise* » est un adjectif qualificatif.
- Certains mots peuvent avoir **différentes fonctions**.
- **Les noms** peuvent être :
– **sujet** : *Le chien est parti à toute vitesse.*
– **attribut du sujet** : *Fox est le chien d'Anaïs.*
– **complément du nom** : *La laisse du chien a accroché la lampe.*
– **COD du verbe** : *Anaïs a rappelé son chien.*
– **COI du verbe** : *Anaïs parlait à son chien dans le jardin.*
– **complément circonstanciel** : *La lampe est tombée sur le chien.*
- **Les adjectifs qualificatifs** peuvent être :
– **épithète du nom** : *Sépia, la petite chatte grise, est très douce.*
– **attribut du sujet** : *Sépia est grise.*

## Je m'exerce

**1 * Recopie seulement les phrases dans lesquelles le nom « amis » a la fonction sujet.**

Des amis viennent nous voir. – J'aime beaucoup mes amis. – Le chien de mes amis est dangereux. Ce matin, les amis de mon fils sont venus le chercher. – Je vais souvent chez mes amis. – Max et Léo sont de vieux amis.

**2 * Recopie seulement les phrases dans lesquelles le nom « chat » a la fonction COD.**

Le chat dort sur le fauteuil. – Chaque matin, je caresse mon chat. – Après son repas, mon chat ronronne. – Je ne trouve plus le collier de mon chat. – Le chien de mes voisins a poursuivi mon chat. – J'ai aperçu mon chat sur le toit de la maison.

**3 * Recopie seulement les phrases dans lesquelles le nom « maison » a la fonction complément du nom.**

Des cigognes ont fait leur nid sur le toit de ma maison. – La maison de mes grands-parents a été vendue. – Nous avons acheté une maison au bord de la mer. – Les maçons ont terminé les murs de la maison. – David vient souvent à la maison.

**4 ** Indique la fonction des mots en gras.**

Le **ciel** est, par-dessus le toit,
Si bleu, si calme !
Un **arbre**, par-dessus le toit,
Berce sa **palme**.

La **cloche**, dans le ciel qu'on voit,
Doucement tinte.
Un **oiseau** sur l'arbre qu'on voit
Chante sa **plainte**.

P. Verlaine, *Sagesse*.

**5 *** Indique la nature et la fonction des mots en gras.**

Au bord du fleuve **indien** vivait un vieux **pêcheur**. Un jour qu'il pêchait sur sa barque, il aperçut un **nid** qui flottait sur le **fleuve**.
Dans ce nid dormait un tout **petit garçon**.

H. Hausmann, *L'enfant qui parlait aux oiseaux*, D. R.

**À deux !**

**Chacun écrit quatre phrases contenant le nom « oiseau » avec une fonction différente dans chaque phrase : sujet, COD, COI, complément du nom. Comparez vos phrases.**

Exercices supplémentaires ▶ Fichier Étude de la langue p. 15

# 14 Identifier les phrases déclaratives, interrogatives et injonctives



## J'observe

**Émilie et le crayon magique**

« Au fait : tu aimes dessiner, j'espère ?
– Et comment ! s'exclame Émilie. Tu veux qu'on essaie tout de suite ?
– Bien sûr ! répond le crayon.
– Qu'est-ce qu'on va faire ? demande-t-elle. Oh ! J'ai une idée. Je vais dessiner un énorme goûter ! Une brioche, avec de la confiture.
– D'accord », fait le crayon ravi.
Émilie dessine alors une brioche joufflue. Puis, elle ajoute un pot de confiture d'abricots. La brioche commence à enfler lentement. À côté, le pot et la cuillère sortent à leur tour du papier.
« Alors, tu es convaincue ? demande le crayon.
– Mmm ! Ce que c'est bon ! Vite, dessinons autre chose !
– Pas si vite, réplique le crayon. Finis d'abord de goûter. »

D'après H. Bichonnier, *Émilie et le crayon magique* © Le Livre de Poche Jeunesse, 2007.

1. **Relève les phrases qui racontent quelque chose ou qui donnent une information. Que remarques-tu à la fin de ces phrases ?**
2. **Relève les phrases qui posent des questions. Que remarques-tu à la fin de ces phrases ?**
3. **Dans quelle phrase Émilie donne-t-elle un ordre ? Dans quelle phrase le crayon donne-t-il un ordre ? Que remarques-tu à la fin de ces phrases ?**
4. **Relève les phrases qui expriment une émotion forte : la joie, la surprise, la hâte… Que remarques-tu à la fin de ces phrases ?**

## Je découvre

**1 Lis ce texte à voix haute et choisis les signes de ponctuation qui conviennent. Dans quelles phrases peux-tu hésiter ?**

« Allez, les mecs *(? / !)* Tapez-lui dessus *(! / .)* hurla le plus grand et le plus costaud des garçons. Qu'il n'ait plus jamais le culot de remettre les pieds dans cette rue *(? / !)*
– Oh *(! / .)* s'écria Annika. C'est ce pauvre Willie qu'ils sont en train de tabasser *(? / .)* Comment peuvent-ils être si méchants *(. / ?)*

Tu peux vérifier avec le texte p. 108, lignes 6 à 10.

**2 Lis ce texte à voix haute et ajoute la ponctuation qui manque. Quelles remarques peux-tu faire sur l'intonation de certaines phrases ?**

« Qu'est-ce qu'on fait maintenant demande le crayon
– Tu verras, c'est une surprise »
Émilie commence à tracer la queue d'un animal terminée par une touffe de poils
« Et voilà s'écrie-t-elle
– Mais tu es complètement folle glapit le crayon, c'est un tigre, on n'a jamais fait une chose pareille »

D'après H. Bichonnier, *Émilie et le crayon magique* © Le Livre de Poche Jeunesse, 2007.

● Lorsque l'on s'exprime, on peut utiliser différents **types de phrases** à la forme affirmative ou négative :
– **des phrases déclaratives** : on donne une information, un avis ou on raconte quelque chose. Elles se terminent par **un point** : *On essaie tout de suite.*
– **des phrases interrogatives** : on pose une question.
Elles se terminent par **un point d'interrogation** : *Tu veux qu'on essaie tout de suite ?*
– **des phrases injonctives** : on donne un ordre ou un conseil.
Elles contiennent souvent un verbe à l'impératif et se terminent par **un point** : *Essaie tout de suite.*

● Pour exprimer **une émotion forte**, on peut mettre **un point d'exclamation** à la fin des différents types de phrases : *Tu racontes n'importe quoi !* (déclarative) ~ *Ne me raconte pas n'importe quoi !* (injonctive)

## Je m'exerce

**1 * Indique si ces phrases sont déclaratives, interrogatives ou injonctives.**

– Quand faisons-nous la randonnée à vélo ?
– Nous partirons jeudi prochain.
– Avez-vous préparé vos vélos ?
– On n'a pas encore vérifié les freins.
– Prenez les outils dans l'atelier.
– Tu ne viens pas avec nous ?
– Non, allez-y. Je vous rejoins dans un instant.

**2 ** Réponds aux questions posées sur le texte *Canal différent (1)*.**

Où Jeanne range-t-elle ses clés ? – Ses parents sont-ils là quand elle rentre ? – Que prend-elle pour goûter ? – Que voit-elle en allumant son écran de télévision ?

Voir le texte pp. 8-9.

**3 ** Recopie ce texte avec la ponctuation.**

On n'aperçoit rien ici Oh Je me suis fait mal Prends donc une lampe électrique Où est-elle Dans le tiroir Aïe Qu'est-ce que tu as Je me suis pincé les doigts Fais donc attention va doucement Ah Voilà enfin On y voit quelque chose Mais on n'est pas dans l'atelier aux vélos

**4 ** Trouve une phrase interrogative pour chaque réponse.**

Célia caresse son chat. – Oui, Victor a faim. – Julien arrive demain. – On ne l'a pas trouvé.

**5 *** Trouve deux autres façons de poser ces questions.**

Exemple : Jeanne a-t-elle gagné ?
→ Jeanne a gagné ? → Est-ce que Jeanne a gagné ?

Jeanne est surprise en entendant la bouche lui parler ? – Jeanne n'a-t-elle pas envie de rapetisser ? – Est-ce que Jeanne touche l'écran ? – Jeanne n'est pas d'accord pour jouer ? – Jeanne trouve-t-elle le jeu facile ? – Est-ce que Jeanne a regardé l'écran ?

**6 *** Transforme ces phrases injonctives en phrases déclaratives.**

Exemple : Va chercher un chameau, Ali. → Tu vas chercher un chameau, Ali.

Cours à l'écurie. – Mettez les animaux devant la maison. – Écarte la moitié des bêtes. – Ali, ramène cette bête. – Versez-moi la moitié de l'héritage. – Ne donnez pas cent dinars au chameau – Rentrez chez vous à présent.

### À deux !

**Écrivez un dialogue de quelques lignes. L'un demande à l'autre s'il a aimé le dernier livre qu'il a lu. L'autre répond qu'il a adoré et lui conseille de le lire.**
**Utilisez des phrases déclaratives, interrogatives ou injonctives.**
**N'oubliez pas d'utiliser aussi le point d'exclamation !**

Exercices supplémentaires ▶ Fichier Étude de la langue p. 16

# 15 Identifier les différentes propositions dans la phrase complexe

## J'observe

### La mystérieuse lettre

Le vieux fermier était un peu étrange, il ne parlait à personne. Il habitait une petite maison avec un jardin et une cour. Un jour, le facteur est passé lui déposer une lettre, une grande lettre toute colorée avec une belle écriture. Il est entré dans la cour et il a sonné à la porte. Le vieil homme est devenu tout rouge quand il a vu la lettre. Deux jours après, une autre lettre avec un grand cœur rouge est arrivée. Cette fois, le facteur se doutait que le vieil homme ne viendrait pas lui ouvrir. Il déposa la lettre devant la porte car il n'y avait pas de boîte aux lettres. Lorsqu'il tourna les talons, le facteur vit les rideaux de la cuisine bouger. Qui était ce mystérieux correspondant ? Personne ne le sut.

1. Observe les deux propositions de la phrase complexe en jaune. Peux-tu comprendre la première proposition sans le reste de la phrase ? Et la seconde ? Qu'y a-t-il entre ces deux propositions ?
2. Observe les propositions en bleu. Peux-tu les comprendre sans le reste des phrases ? Par quels mots commencent-elles ?
3. Relève toutes les phrases qui contiennent plusieurs propositions. Par quoi les propositions sont-elles réunies dans chaque phrase ?

## Je découvre

**1** Peux-tu supprimer les propositions en gras ?
Dans chaque phrase, relève les mots qui réunissent les propositions entre elles.

**Nous ne savons pas encore** où nous partirons en vacances. Ma sœur adore la mer mais moi je préfère les lacs de montagne. À la montagne, nous ferions des randonnées et nous irions au lac. **Je me baigne même** quand l'eau est fraîche. Je nage longtemps et je joue au ballon jusqu'au soir. **Maman nous préparerait des sandwichs** parce qu'elle sait que nous aimons manger au bord de l'eau.

**2** Peux-tu supprimer les propositions en gras ?
Par quels mots sont-elles réunies à la première proposition ?

Souvent, Judith voyait un jeune crapaud **qui sautait maladroitement sur ses deux pattes arrière.** Ce petit batracien aimait se promener le soir sur les sentiers de sable **qui longeaient le grand étang.** Des gens disaient que les crapauds étaient des bêtes diaboliques **qui empoisonnaient les marécages**. Mais d'autres personnes, **qui avaient vraiment étudié la vie de ces animaux**, savaient bien que c'étaient des animaux utiles et pacifiques **qui n'avaient jamais rien détruit dans la nature**.

- **Une phrase complexe** peut être composée :
  – **de plusieurs propositions indépendantes** ;
  – **d'une proposition principale et d'une ou plusieurs propositions subordonnées.**
- **Les propositions indépendantes** peuvent être :
  – **juxtaposées** quand elles sont réunies par **une virgule**, **deux-points** ou **un point-virgule** : *Le vieux fermier était un peu étrange, il ne parlait à personne.*
  – **coordonnées** quand elles sont réunies par un mot de liaison qu'on appelle **une conjonction de coordination** : « mais », « ou », « et », « donc », « or », « ni », « car » : *Il est entré dans la cour et il a sonné à la porte.*
- **Une proposition subordonnée** ne peut pas former une phrase à elle seule.
  Elle **complète la principale** ou un mot de la principale.
  Elle commence par des mots comme « qui », « que », « quand », « parce que »… :
  *Le vieil homme est devenu tout rouge* (proposition principale) *quand il a vu la lettre.* (proposition subordonnée)

## Je m'exerce

**1 * Recopie ces phrases, sépare les différentes propositions indépendantes par un trait et entoure les conjonctions de coordination.**

Je rentre de l'école à cinq heures et je goûte. – Tu es triste car tu pleures. – Tu viens avec moi ou tu restes à la maison ? – Je mets mes lunettes de soleil mais le soleil se cache. – Nous sommes lundi donc nous allons à l'école.

**2 * Recopie seulement les phrases qui contiennent une proposition subordonnée.**

Il pleut donc je me mets à l'abri. – Je me mets à l'abri parce qu'il pleut. – Il pleut, je prends mon parapluie. – Je prends mon parapluie quand il pleut.

**3 ** Recopie seulement les deux propositions principales de ce texte.**

Dantès devina que c'étaient les deux fossoyeurs qui venaient le chercher. Ce soupçon se changea en certitude quand il entendit le bruit qu'ils faisaient en déposant la civière.

D'après A. Dumas, *Le comte de Monte-Cristo.*

**4 ** Complète ces phrases avec une conjonction de coordination.**

Le vent souffle … mon chapeau s'est envolé. – Tu m'as convaincu … je reste avec toi. – C'est ton voisin … je ne l'aime pas. – Sami a attrapé froid … il n'avait pas mis son manteau.

**5 *** Transforme ces phrases complexes en deux phrases simples.**

Exemple : Ce chat, qui appartient à la voisine, est très câlin. → Ce chat est très câlin. Il appartient à la voisine.

Ce merle, qui sautille dans la haie, chante merveilleusement bien. – Les deux enfants, qui rentrent de l'école, vont goûter. – Les cigales, qui chantent à tue-tête, sont dans le pin.

### À deux !

**Chacun écrit cinq phrases avec les mots de la liste.**

*quand – lorsque – mais – parce que – et*

**Échangez vos phrases et soulignez en vert les propositions indépendantes et en bleu les propositions subordonnées.**

Exercices supplémentaires ▶ Fichier Étude de la langue p. 17

# 1 À quoi sert l'orthographe ?



## J'observe

### Au tribunal

LE PROCUREUR *(ricanant)* – Le petit Albert pourra-t-il nous expliquer pourquoi il avait écrit dans une dictée : « la tante est insupportable » ? Je dis bien : la tante avec un « a » ! Il ne va tout de même pas prétendre que c'est sa tente de camping qu'il trouvait insupportable ! Voyons, c'est bien de Mademoiselle Rossi qu'il s'agissait !… Pour moi, Monsieur le Juge, l'affaire est claire : ce vaurien est un récidiviste[1] et il mérite les travaux forcés à perpétuité !

LE JUGE – Accusé, qu'avez-vous à dire pour votre défense ?

L'ACCUSÉ – Heu… C'était la faute de l'apostrophe.

LE JUGE – Quoi ?

L'AVOCAT DE LA DÉFENSE – Une simple faute d'apostrophe, Monsieur le Juge. Le texte de la dictée parlait d'une personne qui attendait depuis longtemps le retour d'un être cher et trouvait cette attente insupportable… Encore un mauvais tour de l'orthographe, hélas !

G. Rodari, *Histoires au téléphone* (traduit de l'italien) © La Joie de lire, 2007.

1. **un récidiviste :** une personne qui recommence une mauvaise action.

**1.** **Relève la phrase que le petit Albert a écrite dans sa dictée.**

**2.** **Qu'a compris le procureur en lisant la phrase écrite par le petit Albert ? À quel autre mot le procureur fait-il référence ?**

**3.** **En réalité, de quoi le petit Albert voulait-il parler ? Qu'aurait-il dû écrire pour se faire comprendre ?**

## Je découvre

**1** **Devinette : Qui sont les filles ? Qui sont les garçons ?**

Claude et Frédérique sont les amies de Michèle. ~ Michel et Dominique sont les amis de Claude. ~ Emmanuelle et Danielle sont les amies de Michel. ~ Dominique est l'ami de Frédéric. ~ Frédérique est l'amie de Dominique.

**2** **Choisis les mots qui conviennent et explique pourquoi.**

Maman *(serre / sert)* bébé très fort contre elle pour le rassurer. ~ Maman *(serre / sert)* bébé qui tend son assiette : il aime beaucoup la purée. ~ Bébé *(goûte / goutte)* la purée de ses petites lèvres gourmandes. ~ Il y a encore quelques *(goûte / gouttes)* de pluie sur les feuilles de géranium. ~ Sonia marche d'un pas *(alerte / alertent)* vers la piscine. ~ La grange brûle, les fermiers *(alerte / alertent)* les pompiers.

ORTHOGRAPHE

- À l'oral, certains mots peuvent parfois **se confondre** avec d'autres mots, ce qui empêche de bien se comprendre.
- À l'écrit, **l'orthographe permet d'être sûr de savoir de qui ou de quoi on parle**.
- **Écrire correctement** les mots sert à reconnaître :

– les mots qui se prononcent de la même manière :
*J'aime bien ma tante.* (la femme de mon oncle)
*J'aime bien ma tente.* (ma tente de camping)
– le genre et le nombre des mots que l'on n'entend pas à l'oral :
*Claude est l'amie de Frédéric.* → Claude est une fille.
*Théo regarde les coureurs ; ils passent la ligne d'arrivée.* → Ce sont les coureurs.
*Il crie de joie.* → C'est Théo.

## Je m'exerce

**1 * Choisis les mots qui conviennent. Tu peux utiliser un dictionnaire.**

Les Inuits élèvent des troupeaux de *(rennes / reines)*. – La *(rêne / reine)* des abeilles peut pondre 2 500 œufs en un jour. – Un *(poids / pois)* lourd s'est renversé dans le fossé. – J'ai une casquette à *(pois / poix)* rouges. – J'ai acheté dix *(foies / fois)* de poulet et dix saucisses pour le dîner. – Je ne le répéterai pas deux *(foies / fois)* !

**2 * Recopie ces phrases en séparant correctement les mots.**

Commetouslesjours,Jeannemetdeuxminutesavantderetrouversesclefsdanssoncartable. Quelfouillisàl'intérieur !

Tu peux vérifier avec le texte p. 8, lignes 1-2.

**3 * Choisis les mots qui conviennent.**

J'ai vu *(les colliers / l'écolier)* dans la vitrine du bijoutier. – Il faut faire encore *(un nez fort / un effort)* pour y arriver. – Le magasin est *(ouvert / tout vert)* à partir de neuf heures. – Il faut que tu *(des livres / délivres)* la princesse pour gagner le jeu. – Les petits *(pois sont / poissons)* nagent.

**4 ** Recopie uniquement les phrases qui parlent de personnes de sexe féminin.**

Les jeunes athlètes sont descendues du car. L'entraîneur, ancien champion d'athlétisme, prépare le matériel. Clément et Valentin applaudissent. Pascale est félicitée pour sa victoire. Elle reçoit une magnifique médaille.

**5 *** Complète ces phrases avec les mots de la liste. Tu peux utiliser un dictionnaire.**

*contes – comptes – col – colle –*
*quart – car – chut – chute*

Papa m'a offert des … de Noël. – Dorian a fait une … de cheval. – Le cycliste est arrivé au sommet du … après une course difficile. – Le … de ramassage scolaire est arrivé. – … ! elle dort. – Les bons … font les bons amis. – Tu as mis trop de … , ça coule. – Il est huit heures moins le … .

**À deux !**

**Chacun choisit trois mots de la liste et écrit trois phrases.**
une balle – un bal – six – une scie –
Jean – les gens.
**Échangez vos phrases et vérifiez l'orthographe.**

Exercices supplémentaires ▶ Fichier Étude de la langue p. 18

# 2 Accorder le verbe avec son sujet aux temps simples



## J'observe

**Le chien enragé**

Le chien furieux franchit le portillon.
Antoine et Samia s'enfuient en courant, mais leur petite chienne refuse de les suivre et tire sur sa laisse. La laisse casse et la petite chienne se retrouve seule face au monstre enragé.
Les enfants crient. Ils tremblent pour elle.
Les chiens grognent. Vont-ils se jeter l'un sur l'autre ? Non, heureusement, le maître de l'horrible animal apparaît.
Il l'appelle. Les enfants soulagés peuvent reprendre leur promenade.

1. **Relève les verbes conjugués et leurs sujets.**
2. **Classe les sujets en deux groupes : *sujets au singulier / sujets au pluriel.***
3. **Quand le sujet est au pluriel, que remarques-tu à la fin des verbes ?**

## Je découvre

**1 Choisis les verbes qui conviennent.**

Le chat *(soulève / soulèvent)* les franges du fauteuil, *(se glisse / se glissent)* sous le meuble et *(allonge / allongent)* la patte. Les odeurs douces de la cuisine *(parvient / parviennent)* à ses narines. Mais le chat *(préfère / préfèrent)* rejoindre les oiseaux et les souris dans le jardin. Toutes ces petites bêtes *(devient / deviennent)* ses jouets favoris.

**2 Dis ce poème en commençant par « Lorsque les poissons sauront marcher ». Qu'est-ce qui change dans le deuxième vers ? Recommence avec les strophes suivantes.**

**Avec des « si »**

Si les poissons savaient marcher
ils aimeraient bien aller le jeudi au marché.

Si les canards savaient parler
ils aimeraient bien aller le dimanche au café.

Et si les escargots savaient téléphoner
ils resteraient toujours au chaud dans leur coquille.

C. Roy, *Enfantasques* © Gallimard.

**3 Dis le poème ci-contre en remplaçant :**

– « les poissons »
par « la baleine » ;
– « les canards »
par « ma chienne » ;
– « les escargots »
par « l'escargot ».

**Qu'est-ce qui change à l'oral ? Qu'est-ce qui devrait changer à l'écrit ?**

## 2 Accorder le verbe avec son sujet aux temps simples

- Le verbe s'accorde avec son sujet.

– **Quand le sujet est au singulier, le verbe est au singulier.**
On peut remplacer le groupe nominal sujet par « il » ou « elle » :
*Le petit garçon joue dans le jardin.* → *Il joue.* (3e pers. du sing.)
*La petite fille des voisins court dans le jardin* → *Elle court.* (3e pers. du sing.)
Le verbe s'accorde avec le nom principal du GN sujet.

– **Quand le sujet est au pluriel, le verbe est au pluriel.**
On peut remplacer le groupe nominal sujet par « ils » ou « elles » :
*Les petits garçons jouent dans le jardin.* → *Ils jouent.* (3e pers. du pl.)
*La petite fille et le petit garçon courent dans le jardin.* → *Ils courent.* (3e pers. du pl.)

⚠ Parfois, **le verbe** peut se trouver **avant le sujet** :
*Dans le jardin courent les enfants.*

## Je m'exerce

**1 * Recopie ce texte et souligne les sujets.**

Les jeunes lionceaux attendent leur repas. Les lions les regardent. De la chasse reviennent un lion et une lionne. La lionne ramène une gazelle. Les petits de la lionne se précipitent sur la carcasse de la gazelle.

**2 ** Retrouve les sujets et les verbes qui vont ensemble.**

**1.** Les élèves
**2.** Le fils de mes amis
**3.** Marie et Johann
**4.** La jeune fille

**a.** lisent.
**b.** lit.

**3 ** Recopie ces phrases et souligne le nom ou les noms principaux dans chaque groupe nominal sujet. Indique à la fin de chaque phrase le pronom personnel qui correspond.**

À la fin de l'été, les oiseaux migrateurs partent vers le sud. – Le loup et la chèvre se battent toute la nuit jusqu'à l'épuisement. – Le chien des voisins se sauve souvent. – Les chenilles se transformeront en papillons. – Dans les montagnes, l'aigle royal règne en maître. – Les chats du quartier se promènent dans mon jardin. – Léa et sa petite sœur jouent ensemble.

**4 ** Mets les verbes entre parenthèses au présent de l'indicatif.**

Les minutes *(passer)*. Jeanne *(sentir)* qu'elle est en train de gagner son pari. Elle *(rêver)* à tout ce qu'elle fera avec ses vœux.

Tu peux vérifier avec le texte p. 12, lignes 48-49.

**5 *** Mets les verbes entre parenthèses au présent de l'indicatif.**

Pendant l'été, les vacanciers *(se baigner)* dans une eau limpide. – À Noël *(se réunir)* la famille. – Tous les enfants de la Terre *(aimer)* les glaces. – Les bateaux, à l'abri de la tempête, *(attendre)* le beau temps. – Le guide, malgré les difficultés, *(réussir)* à ramener les touristes égarés.

### À deux !

**L'un écrit un groupe nominal au singulier ou au pluriel. L'autre ajoute un verbe au présent de l'indicatif (et un COD si nécessaire).**
Exemple : Les élèves → mangent leur goûter.
**Changez de rôle et recommencez.**

Exercices supplémentaires ▶ Fichier Étude de la langue p. 19

# 3 Écrire le verbe à l'infinitif



## J'observe

**La rédaction de Thomas : « À la recherche des bouquetins »**

Ce matin, mes deux frères sont allés à la recherche des bouquetins. Ils **adorent** se promener dans la montagne et **aiment** photographier les animaux.

Ils ont marché toute la matinée ; ils **allaient** abandonner leurs recherches quand ils ont aperçu, au loin, un jeune bouquetin sur un piton rocheux. Alors ils se sont mis **à** observer l'animal. Ils **auraient aimé** approcher un peu plus près mais ils **devaient** revenir avant la nuit et ils ont décidé **de** rentrer. Le lendemain, ils sont partis tôt **pour** revoir le bouquetin.

**1.** Les verbes en jaune sont-ils conjugués ?
Après quels mots sont-ils placés ?

**2.** Dans cette rédaction, Thomas a eu du mal à choisir entre le participe passé et l'infinitif des verbes du 1er groupe. À ton avis, pourquoi hésite-t-il sur l'orthographe des verbes ?

**3.** Dans la deuxième phrase, si l'on remplaçait « se promener » par « partir », Thomas hésiterait-il entre l'infinitif et le participe passé ?

## Je découvre

**1 Remplace les verbes en gras par les formes verbales qui conviennent.**

Nous avons pris un filet pour **attraper** *(prendre / pris)* des papillons. ~ Robin a décidé de **participer** *(pris part / prendre part)* au tournoi d'échecs. ~ Renard voulait **jouer** *(rire / ri)* avec le loup. ~ Les trois petits cochons se mettent à **monter** *(construit / construire)* un mur de briques. ~ Renard en profita pour **faire** *(joué / jouer)* un tour à son compagnon. ~ La petite chèvre s'amusait à **gravir** *(escalader / escaladé)* la montagne.

**2 Choisis les formes verbales qui conviennent. Explique tes choix.**

Le loup espérait *(manger / mangé)* le renard. ~ Il voulait aussi *(dévoré / dévorer)* le fromage au fond du puits. ~ Le renard souhaitait *(remonter / remonté)* du puits. ~ Il désirait *(piégé / piéger)* le loup naïf.

**3 Relève le mot placé devant chaque verbe à l'infinitif.**
**Puis indique le sujet du verbe en gras.**

Nous avons commencé à marcher dès l'aube. Julien s'est mis à prendre des photos, mais il n'a pas pu photographier un bouquetin effrayé qui s'est sauvé. Les yeux fixés sur l'animal, nous l'avons vu se mettre à sauter de rocher en rocher. Nous avons décidé de regagner notre campement pour préparer une nouvelle randonnée. Dormir **devenait** nécessaire.

## 3 Écrire le verbe à l'infinitif

- On écrit toujours le verbe à **l'infinitif** :

– **après une préposition** comme « à », « de » ou « pour » :
*Ils ont décidé de rentrer. ~ Ils sont partis tôt pour revoir le bouquetin…*

– **après un autre verbe** (sauf après les auxiliaires « être » et « avoir ») :
*Ils adorent se promener dans la montagne.*

- Un verbe à l'infinitif peut parfois être le sujet de la phrase :
*Dormir devenait nécessaire.*

⚠ Pour les verbes du **1^er^ groupe**, il ne faut pas confondre la terminaison de l'infinitif **« er »** et celle du participe passé **« é »** qui se prononcent de la même façon. Lorsque l'on a un doute, on remplace le verbe par un autre verbe du 2^e^ ou du 3^e^ groupe :
*Ils ont décidé de rentrer.* → C'est l'infinitif car on peut dire : *Ils ont décidé de partir.*

## Je m'exerce

**1 * Réécris ces phrases en remplaçant les verbes à l'infinitif du 1^er^ groupe par des verbes à l'infinitif du 3^e^ groupe.**

J'aime regarder des albums. – Il faudrait une valise pour ranger tes vêtements d'hiver. – Avez-vous réussi à réciter vos leçons ? – On ne peut pas rentrer avec toi.

**2 ** Complète ces phrases avec les verbes de la liste.**

*voler – voyager – se laver – voter*

… est interdit. – … est indispensable. – … est un devoir. – … fait voir du pays.

**3 ** Complète les terminaisons des verbes par « er » ou « é ».**

Jeanne se prépare à touch… l'écran de sa main mais, à sa grande surprise, elle la voit s'enfonc… dans l'image ! Elle ne voit plus ses doigts, ne les sent plus ! C'est comme si le récepteur avait aval… sa main ! L'écran devient rouge pendant un bref instant, puis la bouche réapparaît.
– Merci, Jeanne ! Tu peux la retir… ! À partir de maintenant, tu es notre candidate ! Veux-tu que nous commencions tout de suite à jou… ?

Tu peux vérifier avec le texte pp. 11-12, lignes 29 à 34.

**4 ** Complète les terminaisons des verbes comme il convient.**

Le chat veut mont… sur le toit. – Le chat est mont… sur le toit. – Mon petit frère a embêt… ma sœur. – Mon petit frère veut embêt… ma sœur. – Nicolas est all… visit… la tour Eiffel.

**5 *** Complète ces phrases avec les formes verbales de la liste.**

*abandonner – blessé – travailler – abandonné – blesser – travaillé*

Marie a … samedi matin. – Le chasseur a peur de … son chien. – Le chasseur a … son chien. – Le cycliste a … la course. – Le cycliste doit … la course. – Le maître nous encourage à … .

**À deux !**

**L'un écrit des phrases avec ces verbes à l'infinitif. L'autre écrit des phrases avec ces verbes au passé composé.**
Exemple : monter → Mon petit frère veut monter sur mon dos. – Je suis monté au 10^e^ étage.
chercher – crier – manger – donner – passer.
**Échangez vos phrases et vérifiez ensemble.**

Exercices supplémentaires ▶ Fichier Étude de la langue p. 20

# 4 Marquer le féminin

## J'observe

**Les débuts de Vanessa**

Une petite fille blonde s'avança sur la scène illuminée. Sa voix légère et pure s'éleva.

Lorsqu'elle se tut, un silence complet s'installa.

Puis le public nombreux applaudit pendant de longues minutes.

Vanessa commençait une brillante carrière.

**1.** **Dans la première phrase, remplace « fille » par « garçon ». Que remarques-tu ?**

**2.** **Dans la troisième phrase, remplace « silence » par « tranquillité ». Que remarques-tu ?**

**3.** **Les mots qui composent la première chaîne d'accord sont-ils des déterminants, des noms, des adjectifs ou des verbes ?**

**4.** **Quel est le genre du nom dans les chaînes en bleu : masculin ou féminin ? Et dans les chaînes en rose ?**

## Je découvre

**1 Choisis les noms qui conviennent.**

**1.** Le *(seau / bassine)* vert était plus grand que Cosette. ~ La *(seau / bassine)* verte était plus grande que Cosette.

**2.** La *(boutique / magasin)* était étroite et obscure. ~ Le *(boutique / magasin)* était étroit et obscur.

**3.** La *(voix / ton)* agressive de la Thénardier fit frémir Cosette. ~ Le *(voix / ton)* agressif de la Thénardier fit frémir Cosette.

**2 Choisis les adjectifs qui conviennent.**

**1.** Un *(gros / grosse)* chien aboie. ~ Une *(gros / grosse)* chienne aboie.

**2.** Léa cueille une *(jolie / joli)* fleur. ~ Léa cueille un *(jolie / joli)* bouquet.

**3.** La cantatrice *(élégant / élégante)* s'avance sur la scène. ~ Le ténor *(élégant / élégante)* s'avance sur la scène.

**4.** Céline achète un autobus *(ancien / ancienne)*. ~ Céline achète une voiture *(ancien / ancienne)*.

**3 Choisis les déterminants qui conviennent.**

*(Une / Un)* gros nuage gris apparaît. ~ Le pâtissier prépare *(une / un)* gros gâteau. ~ Mathilde nous raconte *(une / un)* belle histoire. ~ Louis nous présente *(un / une)* joli conte.

- Un nom peut être masculin ou féminin. C'est **son genre** : *un bureau* (masculin) ~ *une table* (féminin).
- Dans un groupe nominal, **le déterminant** permet en général de savoir si le nom est masculin ou féminin :
  *Le mousse* (le jeune marin) *nettoie le pont du navire.*
  *La mousse* (les bulles de savon) *déborde de la baignoire.*
- Avec un déterminant et un nom féminins, **l'adjectif qualificatif** est féminin. En général, on marque **le féminin** en ajoutant un **« e »** à la fin de l'adjectif qualificatif : *un joli chapeau noir* → *une jolie casquette noire.*

⚠ Bien souvent, **on n'entend pas le « e »**. C'est en voyant l'adjectif écrit que l'on peut savoir s'il est au masculin ou au féminin.

## Je m'exerce

**1 * Choisis les noms qui conviennent.**

Ma *(voisine / voisin)* a un joli *(piscine / jardin)*. – Son *(piscine / jardin)* est fleuri toute *(l'année / l'an)*. – *(L'année / L'an)* prochain, nous visiterons la nouvelle *(musée / exposition)*. – Le nouveau *(musée / exposition)* ouvre ses portes à dix heures. – La *(jour / nuit)* était claire avec ce *(ciel / voûte)* étoilé.

**2 * Complète ces phrases avec les noms de la liste.**

*planète – lave – océan – éruption – explosion – volcan*

La Terre est une … vivante. – Le … actif rejette une coulée de … incandescente. – L'… la plus dangereuse est celle qui est accompagnée d'une violente … . – Au large du Japon, l'… est très profond.

**3 ** Recopie ces phrases et souligne les déterminants et les noms féminins, puis entoure les marques du féminin dans l'adjectif.**

Un gros bourdon butine dans la haie. – Une grosse abeille butine une fleur rose. – Jules menait une vie douce et sereine. – La petite souris se promène dans la grande maison.

**4 ** Accorde l'adjectif entre parenthèses comme il convient.**

Valentine mange une pomme bien *(mûr)*. – La *(petit)* chatte *(noir)* s'approcha de la flamme *(bleu)*. – Ta cousine était *(content)* d'aller au zoo avec nous. – La *(grand)* fête du village était *(sensationnel)*.

**5 *** Complète les noms en gras avec les adjectifs qualificatifs de la liste. Fais tous les accords dans le groupe nominal.**

*joli – européen – spatial – scintillant – américain*

Au cirque, nous avons vu une **acrobate**. – Elle portait une **tenue**. – La **navette** approchait de sa base de lancement. – Ariane est une **fusée**. – L'**aventure** est passionnante.

### À deux !

**Chacun recopie ce texte et trace la chaîne des accords du féminin.**

À travers les vitres brisées de la boulangerie de madame Leroi, on apercevait sur le sol une immonde marmelade : des débris de verre, des brioches écrasées, de la crème pâtissière, de la mousse au chocolat !

**Comparez vos réponses.**

Exercices supplémentaires ▶ Fichier Étude de la langue p. 21

# 5 Marquer le pluriel



## J'observe

**Une nuit au zoo**

Les petits animaux sommeillent dans des cages métalliques.

Un homme vêtu de noir entre silencieusement.

Il ouvre les portes de verre. Les animaux se réveillent et s'enfuient.

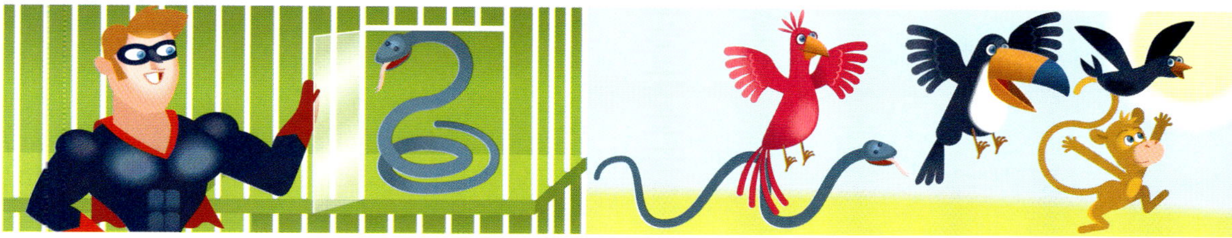

**1.** Dans la première phrase, remplace « Les » par « Le » et « des » par « une ». Que remarques-tu ?

**2.** Dans la deuxième phrase, remplace « Un » par « Des ». Qu'est-ce qui change à l'oral ? Qu'est-ce qui change à l'écrit ?

**3.** Les mots qui composent les chaînes en rose sont-ils des déterminants, des noms, des adjectifs ou des verbes ? Et pour les chaînes en bleu ?

## Je découvre

**1 Choisis les adjectifs qui conviennent.**

Dans mon jardin, il y a un merle *(moqueur / moqueurs)*. ~ Les loups *(naïf / naïfs)* des albums ne nous font pas peur. ~ Dans le puits, il voit une lune *(énormes / énorme)*. ~ En forêt, nous avons vu un *(jeune / jeunes)* renard.

**2 Choisis les sujets qui conviennent.**

*(Les animaux / L'animal)* prend la direction de la ferme. ~ *(Les grands cormorans / Le dauphin)* suit le navire. ~ *(Les animaux de la ferme / L'animal de la ferme)* sentent l'orage arriver. ~ *(Les hirondelles / L'épervier)* volent bas. ~ *(Les pêcheurs / Le pêcheur)* remontent des thons magnifiques. ~ *(Les hirondelles / L'épervier)* plane très haut dans le ciel. ~ *(Le pêcheur / Les pêcheurs)* remonte un thon magnifique. ~ *(Les grands cormorans / Le dauphin)* suivent les navires.

**3 Choisis les verbes qui conviennent.**

Les chevaux sauvages *(galopent / galope)*. ~ Le chien inquiet *(aboient / aboie)*. ~ Les dauphins bleus *(nagent / nage)* dans des eaux profondes. ~ Les jolis poissons volants *(saute / sautent)* sur les vagues. ~ Le chat de mes voisins *(monte / montent)* dans l'arbre.

- Un déterminant, un nom, un adjectif qualificatif ou un verbe peuvent être au singulier ou au pluriel. C'est **leur nombre**.
- **Dans un groupe nominal**, on marque en général **le pluriel** en ajoutant un **« s »** ou un **« x »** à la fin des mots : *le joli chapeau pointu* → *les jolis chapeaux pointus.*
- **Dans une phrase**, quand le sujet est au pluriel, le verbe est au pluriel. On marque **le pluriel** en ajoutant **« nt »** à la fin des verbes à la 3e personne du pluriel : *Le joli chapeau s'envole.* → *Les jolis chapeaux s'envolent.*

⚠ Bien souvent, **on n'entend pas les marques du pluriel**. C'est en voyant le mot écrit que l'on peut savoir s'il est au singulier ou au pluriel.

## Je m'exerce

**1 * Choisis les noms et les adjectifs qui conviennent.**

Le sang contient des *(globule / globules) (rouge / rouges)*. – Il circule dans les *(veine / veines)* et les *(artère / artères)*. – Tous les *(enfants / enfant)* du monde ont le *(droit / droits)* de recevoir une *(éducation / éducations) (gratuites / gratuite)*. – Les *(gentil / gentils)* déménageurs sont entrés dans ma *(maison / maisons)*. – Ils ont sonné la *(grosses / grosse)* cloche.

**2 ** Recopie ces phrases et entoure les marques du pluriel.**

Les pièces et les billets en euro ont été mis en circulation en 2002. – Pendant quelques mois, les magasins ont pratiqué le double affichage des prix. – Depuis que les pièces et les billets circulent, les gens comptent en euros. – Les échanges en Europe sont facilités.

**3 ** Accorde les noms et les adjectifs entre parenthèses comme il convient.**

Mes *(voisin)* ont un joli *(jardin)*. – Les *(jardin)* du *(château)* sont fleuris tous les *(an)*. – L'*(année)* prochaine, nous visiterons le *(nouveau) (musée)*. – La *(nouvelle) (exposition)* durera trois mois.

**4 *** Choisis les noms et les verbes qui conviennent.**

Deux *(merles / merle) (saute / sautent)* dans le *(jardins / jardin)*, *(s'envole / s'envolent)* et *(vont / va)* se poser dans les arbres derrière la *(haie / haies)* fleurie. Trois *(garçons / garçon) (lit / lisent)* des *(histoire / histoires)* sur la *(pelouse / pelouses)* et *(rient / rit)*. Plus loin, des filles *(jouent / joue)* aux cartes.

**5 *** Accorde les adjectifs entre parenthèses comme il convient. Mets les verbes entre parenthèses au présent.**

Près des rives *(ombragé)* par les *(grand)* saules, les grenouilles *(sauter)* et *(coasser)*. Au-dessus des remous *(tumultueux)* de l'eau, les *(petit)* moucherons *(voler)* ou *(rester) (immobile)*. Au loin, les paysans *(récolter)* les maïs déjà *(mûr)*.

### À deux !

**Chacun recopie ce texte et trace la chaîne des accords du pluriel.**

À travers les vitres brisées de la boulangerie de madame Leroi, les nombreux passants aperçoivent sur le sol des débris de verre, des brioches écrasées et des empreintes inquiétantes. Trois autres pâtisseries étaient dans le même état.

**Comparez vos réponses.**

Exercices supplémentaires ▶ Fichier Étude de la langue p. 22

# 6 Le pluriel des noms terminés par « ou »

## J'observe

**Les hiboux**

Ce sont les mères des hiboux
Qui désiraient chercher les poux
De leurs enfants, leurs petits choux,
En les tenant sur les genoux.
Les yeux d'or valent des bijoux
Leur bec est dur comme cailloux,
Ils sont doux comme des joujoux,
Mais aux hiboux point de genoux !

Votre histoire se passait où ?
Chez les Zoulous ? Les Andalous ?
Ou dans la cabane bambou ?
À Moscou ou à Tombouctou ?
En Anjou ou dans le Poitou ?
Au Pérou ou chez les Mandchous ?
Hou ! Hou !
Pas du tout : c'était chez les fous.

R. Desnos, « Les Hiboux », dans *Chantefables et Chantefleurs* © Gründ.

**1.** **Par quel son se termine le dernier mot de chaque vers ?**

**2.** **Relève tous les noms au pluriel qui se terminent par ce même son.**

**3.** **Ces noms ont-ils tous la même marque du pluriel ? Classe-les.**

## Je découvre

- **Relève les noms qui se terminent par le son [u]. Quelles marques prennent-ils au pluriel ?**

Les mérous se cachent dans des trous inaccessibles aux plongeurs. ~ Arrêtez de lancer des cailloux, vous êtes des petits canaillous ! ~ Ces vieux verrous tiennent encore avec des clous rouillés. ~ Le soir, Maman nous fait toujours des bisous. ~ L'été, les gros matous miaulent à la pleine lune. ~ Les coucous font les petits fous dans le nid des autres oiseaux.

- En général, **les noms** qui se terminent par **« ou » au singulier** prennent un **« s » au pluriel** : *un fou → des fous ~ un clou → des clous.*

⚠ **Sept exceptions** à apprendre par cœur prennent un **« x » au pluriel** :
*un bijou ~ un caillou ~ un chou ~ un genou ~ un hibou ~ un joujou ~ un pou*
*des bijoux ~ des cailloux ~ des choux ~ des genoux ~ des hiboux ~ des joujoux ~ des poux.*

## Je m'exerce

**1** * **Chasse l'intrus dans chaque liste.**

**1.** clou – bambou – bisou – pou – trou.
**2.** hibou – genou – bijou – chouchou.

**2** * **Mets ces groupes nominaux au pluriel.**

un beau bijou – un joli caillou – un gentil matou – un petit sou – un long cou.

**3** ** **Mets les noms en gras au pluriel. Attention aux accords !**

Un **chou** vert pousse dans le jardin. – Le **coucou** chante tous les matins. – Le petit **kangourou** se cache dans la poche de sa maman.

**4** *** **Cherche le sens de ces noms, mets-les au pluriel et emploie-les dans des phrases.**

un cachou – un tatou – un écrou – un verrou.

Exercices supplémentaires ▶ Fichier Étude de la langue p. 23

# Le pluriel des mots terminés par « eu » ou « eux »

## J'observe

**Les monstres**

À Lilaville, dans le square de la Butte d'or, vit une famille de monstres, des monstres affreux, hideux, baveux, avec des cheveux bleus. Ça n'amuse pas du tout le fils, Kitou, d'allumer des feux, de crever les pneus des voitures. Mais dans cette famille il faut obéir, et le père a décidé : « Je veux que Kitou devienne le monstre le plus affreux de la terre. »

D'après A. Rocard et M. Degano, *Kitou Scrogneugneu* © Groupe Fleurus, 1987.

**1.** Par quel son se terminent les mots en jaune ?

**2.** Ces mots ont-ils tous la même marque du pluriel ? Classe-les.

**3.** Mets les noms en jaune au singulier. Que remarques-tu ?

**4.** Mets les adjectifs en jaune au féminin. Que remarques-tu ?

## Je découvre

**1 Les adjectifs en gras sont-ils différents au singulier et au pluriel ?**

Les lions en cage semblent **malheureux**. ~ Ces arbres sont **vieux**. ~ Je trouve ce film **affreux**. ~
Le lion en cage semble **malheureux**. ~ Cet arbre est **vieux**. ~ Je trouve ces films **affreux**.

**2 Les noms en gras sont-ils différents au singulier et au pluriel ?**

Il a le **cheveu** terne. ~ Nous allons allumer des **feux**. ~ Ceci n'est qu'un **jeu**. ~
Il a les **cheveux** ternes. ~ Nous allons allumer un **feu**. ~ Ce ne sont que des **jeux**.

- En général, **les noms** qui se terminent par **le son [ø]** prennent un **« x » au pluriel** :
*un feu → des feux ~ un cheveu → des cheveux.*

⚠ **Une exception** est à apprendre par cœur : *un pneu → des pneus.*

- En général, **les adjectifs qualificatifs** qui se terminent par **le son [ø]** prennent un **« x »** au masculin singulier et au masculin pluriel. Et ils font leur féminin singulier en **« euse »** et leur féminin pluriel en **« euses »** :
*un monstre hideux → des monstres hideux → une sorcière hideuse → des sorcières hideuses.*

⚠ **Une exception** est à apprendre par cœur : *bleu → bleus → bleue → bleues.*

## Je m'exerce

**1 * Chasse l'intrus dans chaque liste.**

**1.** jeu – aveu – adieu – bleu – dieu.

**2.** curieux – joyeux – neveux – heureux.

**2 ** Écris une phrase avec chacun des mots.**

vieux – généreux – essieux – pneus.

**À deux !**

**L'un met la première liste de GN au pluriel. L'autre met la seconde liste au singulier.**

**1.** un oiseau bleu – mon meilleur vœu – un pieu solide – un gentil neveu.

**2.** de joyeux compagnons – des adieux pénibles – des ciels bleus et nuageux.

**Échangez vos GN et vérifiez ensemble.**

Exercices supplémentaires ► Fichier Étude de la langue p. 23

# 7 Les noms terminés par « ail / aille », « eil / eille », « euil / euille »



## J'observe

### Un marché de Provence

Dès le réveil, sous le soleil matinal, c'est un marché joyeux, bruyant et odorant où les victuailles sont en abondance. Les touristes s'y promènent mais, pour les marchands, préparer les étals est un travail important. Certains, assis sur un fauteuil, exposent des bagues et des boucles d'oreilles sur des feuilles argentées. D'autres présentent des pêches et des groseilles dans des corbeilles en osier, parfois des olives dans de grandes jarres en émail. Avec la chaleur, l'odeur de l'ail en tresses se mêle à celle des volailles rôties. Soudain, un écureuil surgit au milieu de cette joyeuse pagaille !

1. Quel est le genre des noms en bleu ? Et des noms en vert ?
2. Que remarques-tu avec les terminaisons des noms en jaune ?
3. Que remarques-tu avec les terminaisons des noms en rose ?

## Je découvre

**1** Quel est le genre des noms en gras ? Classe-les en deux groupes.

La maîtresse nous donne toujours de bons **conseils**. ~ Il observait les **oreilles** du cheval. ~ Je me suis fracturé le petit **orteil**. ~ Une **abeille** est entrée dans le salon. ~ Mon **réveil** est tombé sur le tapis. ~ Nous déjeunons à l'ombre de la **treille**.

**2** Quel est le genre des noms en gras ? Classe-les en deux groupes.

Madame la Maire a remis la **médaille** de la ville à la maîtresse. ~ Le **bétail** est transporté dans des camions aérés. ~ Après la course, le **poitrail** du cheval est luisant. ~ Les Anglais ont vaincu Napoléon à la **bataille** de Waterloo. ~ Les vaches se couchent sur de la **paille**.

**3** Mets les noms en gras au pluriel. Tu peux utiliser un dictionnaire. Que remarques-tu ?

Le **vitrail** de cette chapelle est de couleur bleue. ~ Les ouvriers ont fini le **travail**. ~ Les cheminots posent le **rail** du TGV. ~ Le **détail** de ce tableau est magnifique. ~ Grand-mère m'a tricoté un **chandail** bleu. ~ En été, les dames ont parfois un **éventail**.

## 7 Les noms terminés par « ail / aille », « eil / eille », « euil / euille »

● En général, **les noms** qui se terminent par **« ail », « eil », « euil »** sont **masculins** :
*un travail ~ un réveil ~ un écureuil.*
Et **les noms** qui se terminent par **« aille », « eille », « euille »** sont **féminins** :
*une volaille ~ une groseille ~ une feuille.*
⚠ **Quelques exceptions** à apprendre par cœur :
*un chèvrefeuille ~ un portefeuille ~ un millefeuille.*

● **Au pluriel**, les noms terminés par **« ail »** prennent un **« s »** :
*des détails ~ des éventails ~ des chandails.*
⚠ **Sept exceptions** à apprendre par cœur font leur **pluriel en « aux »** :
*un bail ~ un corail ~ l'émail ~ un soupirail ~ un travail ~ un vantail ~ un vitrail*
*des baux ~ des coraux ~ des émaux ~ des soupiraux ~ des travaux ~ des vantaux ~ des vitraux.*

## Je m'exerce

**1 * Chasse l'intrus dans chaque liste.**

**1.** accueil – écureuil – chèvrefeuille – treuil.
**2.** muraille – taille – marmaille – rail – ferraille.
**3.** abeille – cercueil – oreille – bouteille.

**2 * Classe les noms en gras en deux groupes : *féminin / masculin.***

L'**orgueil** est un vilain défaut. – Vous pouvez dormir sur vos deux **oreilles**. – Le navire évite les **écueils** en arrivant au port. – Pliez votre **feuille** en deux ! – Les **abeilles** butinent la lavande. – Le coq salue le **réveil** de la nature. – Ce gâteau aux **groseilles** est une pure **merveille** !

**3 ** Complète ces phrases avec les noms de la liste.**

*œil – appareil – volaille – soleil – cercueil – travail*
Le boucher utilise un … pour hacher la viande.– J'ai une poussière dans l'… . – Le cadavre repose dans un … . – La … rôtit et dore dans le four. – Ce matin, le … brille. – Nous travaillons à deux ; j'aime le … en équipe.

**4 ** Mets les noms en gras au pluriel. Attention aux accords !**

La cave est aérée par un **soupirail**. – Les maçons ont presque terminé le **travail**. – Ils n'ont plus qu'un **détail** à achever. – Le menuisier pose le **rail** du placard. – L'**éventail** atténue la chaleur.– On a mis un **épouvantail** dans le verger.

**5 *** À partir des mots en gras, trouve des noms terminés par « ail » ou « aille » pour compléter ces phrases ou ces groupes de mots.**

Exemple : Des morceaux de **fer**. → De la ferraille.
Courir dans la **brousse**. → Les … me piquent les jambes. – Les **marmots** du port. → La … . – Le capitaine **gouverne** le navire. → Il tient le … . – Un **maillon** de la chaîne. → La … du filet. – La **porte** du jardin. → Le … du jardin.

**6 *** À partir des mots en gras, trouve des noms terminés par « eil » ou « eille » pour compléter ces phrases ou ces groupes de mots.**

Exemple : Une plage **ensoleillée**. → Le soleil brille.
Bébé vient de se **réveiller**. → Il a le … agréable. – Un **treillage** serré. → La … de la vigne. – Il est encore **ensommeillé**. → Il a le … lourd.

**À deux !**

**L'un met la première liste de noms au singulier. L'autre met la seconde liste au pluriel.**
**1.** des trouvailles – des détails – des travaux – des épouvantails – des batailles.
**2.** un chandail – un éventail – un corail – un détail – un portail – le vitrail.
**Échangez vos noms et vérifiez ensemble.**

Exercices supplémentaires ▶ Fichier Étude de la langue p. 24

# 8 Accorder l'adjectif qualificatif épithète



## J'observe

### En Camargue

Les poulains noirs ou bruns prennent la teinte des adultes à l'âge de deux ans. L'étalon et la jument ont une robe, une crinière et une queue blanches. La plaine et le marais vastes et herbeux sont leur terrain d'aventures. Ils vivent sur ces étendues inhabitées. Le mâle sauvage et la femelle indépendante acceptent difficilement la présence des gardians.

**En Camargue**, les gardians sont les « gardiens » d'une troupe de chevaux élevés en semi-liberté.

**1.** Indique le genre et le nombre de chaque nom en jaune.
Indique le genre et le nombre de chaque adjectif qualificatif en bleu.

**2.** Dans la deuxième phrase, indique ce qui est blanc.

**3.** Dans la troisième phrase, indique ce qui est vaste et herbeux.
Combien de noms ces adjectifs qualifient-ils ?

## Je découvre

**1** Indique le genre et le nombre des noms qualifiés par les adjectifs en gras.

Une pluie **fine** et **pénétrante** tombait depuis de **longues** heures. ~ Sur mes lunettes **cassées**, il y a une buée **transparente**. ~ Ses yeux ont un regard **vague** et **tranquille**. ~ Sur la terrasse et l'allée **pavées**, la chienne **rousse** fait des sauts **joyeux**.

**2** Indique le genre et le nombre des adjectifs qualificatifs en gras.
Précise le ou les noms qu'ils qualifient.

Le ciel et la mer **bleus** se confondent. ~ J'ai raccommodé ma veste et ma chemise **déchirées**. ~ De **gros** nuages apparaissent à l'horizon. ~ J'ai raccommodé mon pull et mon pantalon **déchirés**. ~ Papa a mis son écharpe **noire**. ~ Le jardinier a planté des mûriers et des groseilliers **géants**. ~ J'ai raccommodé mon pull et ma chemise **déchirés**.

- Dans un groupe nominal, **l'adjectif qualificatif épithète s'accorde en genre (masculin / féminin) et en nombre (singulier / pluriel)** avec le nom qu'il qualifie :

*les chevaux noirs* ~ *les juments noires*
masculin pluriel — féminin pluriel

- Quand l'adjectif qualificatif épithète qualifie :

– **plusieurs noms masculins**, il est au masculin pluriel :
*Sors ton stylo et ton crayon verts.*
(stylo : masculin ; crayon : masculin ; verts : masculin pluriel)

– **plusieurs noms féminins**, il est au féminin pluriel :
*Mon père a mis sa chemise et sa cravate bleues.*
(chemise : féminin ; cravate : féminin ; bleues : féminin pluriel)

– **des noms masculins et féminins**, il est au masculin pluriel :
*Maman m'a acheté une robe et un pantalon trop courts.*
(robe : féminin ; pantalon : masculin ; courts : masculin pluriel)

## Je m'exerce

**1 * Recopie ce poème et souligne les adjectifs qualificatifs épithètes.**

**Ode à l'oranger**

Ses feuilles vertes, ses blanches fleurs
le font aimer.
Ses mille branches ont de fines épines,
Ses fruits lourds, verts ou dorés
Ont l'éclat d'un réseau de couleurs
Sous son élégante écorce.

D'après K'Iu Yuan, *La poésie chinoise*, D. R.

**2 ** Recopie les GN, souligne les adjectifs qualificatifs épithètes et entoure le ou les noms qu'ils qualifient.**

Papi m'a fait un délicieux gâteau d'anniversaire. – De nombreux pucerons recouvrent les rosiers du jardin. – L'hiver, de gros nuages noirs envahissent le ciel. – J'ai écouté un orchestre et un chanteur formidables. – Un jeune garçon et sa petite sœur jouent dans le parc. – Des miaulements aigus m'ont réveillé. – Je me suis abonné à cette revue trimestrielle pour un an. – Un soleil froid me fit soulever les paupières. – Le Géant chantait d'une voix douce. – Pas un cri ne parvenait à franchir mes lèvres paralysées.

**3 ** Retrouve les GN et les adjectifs qualificatifs qui vont ensemble.**

| | |
|---|---|
| **1.** les chats | **a.** blancs |
| **2.** une écharpe et des gants | **b.** sauvage |
| **3.** une chemise et une veste | **c.** sauvages |
| **4.** une région | **d.** blanches |

**4 *** Accorde les adjectifs qualificatifs épithètes entre parenthèses comme il convient.**

Je me souviens de nos *(premier)* *(vrai)* échanges lors d'*(interminable)* veillées *(nocturne)* : des nuits *(entier)*, leurs voix s'entremêlaient pour appeler une à une les étoiles. Une mélodie *(fluide)*, *(complexe)*, *(répétitif)*, un tissage *(merveilleux)* de notes *(grave)*, *(profond)*, orné de variations *(ténu)*, de trilles *(épuré)*, d'envolées *(cristallin)*.

Tu peux vérifier avec le texte p. 65, lignes 30 à 34.

**À deux !**

**L'un complète ces phrases avec un GN contenant un seul nom, l'autre avec un GN contenant plusieurs noms.**
**Observez bien les marques des adjectifs !**
… féroces aboyaient sans cesse. – Il aimait … frais. – … dorés nous donnent faim. – Le soir, … craintives s'envolent au moindre bruit.
**Échangez vos phrases et vérifiez ensemble.**

Exercices supplémentaires ► Fichier Étude de la langue p. 25

# 9 Accorder l'adjectif qualificatif attribut du sujet

## J'observe

**De nouveaux voisins**

Aujourd'hui, de nouveaux locataires arrivent dans la maison voisine. Le monsieur et la dame sont âgés. Les cheveux de l'homme sont blancs et longs. Ces gens sont silencieux. La maison est silencieuse. La table, les chaises et l'armoire paraissent très anciennes.

**1.** Qui est âgé ? Quels meubles sont anciens ? Que remarques-tu ?

**2.** Relève les phrases avec des adjectifs qualificatifs attributs du sujet.

**3.** Comment expliques-tu l'orthographe des adjectifs en jaune ?

**4.** Dans ces phrases, quel est le genre et le nombre de chaque GN sujet ? Et de chaque adjectif qualificatif attribut du sujet ?

## Je découvre

**1** **Indique le genre et le nombre des noms qualifiés par les adjectifs en gras.**

Le chien de la voisine est **élégant**. ~ La maîtresse de notre classe est **élégante**. ~ La cage de l'oiseau semble **étroite**. ~ Le sentier et la porte sont **étroits**. ~ Les chaînes du portail sont **rouillées**. ~ La serrure est **bloquée**. ~ Les chiens du voisin paraissent **méchants**. ~ Leur regard semble **éteint**.

**2** **Indique le genre et le nombre des adjectifs qualificatifs en gras.**

La grenouille est **verte**. ~ Les chatons semblent **endormis**. ~ Le bûcheron paraît **fatigué**. ~ Les ouvrières paraissent **fatiguées**. ~ Le bûcheron et son fils paraissent **fatigués**. ~ La fourmi n'est pas **prêteuse**. ~ Le roi des animaux est **fier**. ~ Les petits poissons deviennent **grands**.

**3** **Réécris cette phrase en remplaçant le GN sujet en gras par :**

*Le chien et le chat ~ Les chattes ~ La chatte et ses petits ~ Sophie et Leila ~ Les voisins*

**Le jeune homme** était nerveux et impatient.

- Dans une phrase, **l'adjectif qualificatif attribut du sujet s'accorde en genre (masculin / féminin) et en nombre (singulier / pluriel)** avec le nom sujet qu'il qualifie :

*Ces* *gens* *sont* ***silencieux***. ~ *Les* *maisons* *sont* ***silencieuses***.
masculin pluriel — féminin pluriel

- Quand l'adjectif qualificatif attribut du sujet qualifie :

– **plusieurs noms sujets masculins**, il est au masculin pluriel :
*Le singe et l'ours sont* ***velus***.
(singe : masculin ; ours : masculin ; velus : masculin pluriel)

– **plusieurs noms sujets féminins**, il est au féminin pluriel :
*La lionne et la panthère sont* ***dangereuses***.
(lionne : féminin ; panthère : féminin ; dangereuses : féminin pluriel)

– **plusieurs noms sujets masculins et féminins**, il est au masculin pluriel :
*Ma chienne et mon chien sont* ***agressifs***.
(chienne : féminin ; chien : masculin ; agressifs : masculin pluriel)

## Je m'exerce

**1 * Recopie ces phrases, souligne les adjectifs qualificatifs attributs du sujet et entoure le ou les noms qu'ils qualifient.**

Cette histoire est merveilleuse. – Dans les chenils, les animaux ne sont pas heureux. – Le ciel et la mer sont bleus. – Ses chaussures et sa jupe étaient grises. – Ces fruits étaient bien mûrs.

**2 ** Retrouve les deux parties de la phrase qui vont ensemble.**

| | |
|---|---|
| **1.** Ce chien est | **a.** fanées. |
| **2.** Cette rose semble | **b.** inhabité. |
| **3.** Le frère et la sœur sont | **c.** inhabitée. |
| **4.** Cette maison paraît | **d.** gentil. |
| **5.** Ces roses sont | **e.** fanée. |
| **6.** Le château est | **f.** gentils. |

**3 ** Complète ces phrases avec un adjectif qualificatif attribut du sujet de ton choix.**

Les lapins de ma grand-mère sont … . – Ces pommes semblent … . – La terre, sous mes pieds, semble … . – Mon vélo et mon scooter sont … . – Cette auberge est … .

**4 *** Accorde les adjectifs qualificatifs attributs du sujet comme il convient.**

Les gâteaux semblent *(délicieux)*. – Cette revue est *(trimestriel)*. – Les acteurs paraissent *(formidable)*. – La mer est *(déchaîné)*. – La tempête devient *(violent)*. – La température est *(bas)*. – Ces gros nuages semblent *(menaçant)*. – Cette limonade et cette citronnade n'étaient pas très *(frais)*. – Les feuilles de cet arbre sont *(jaune)*. – La voiture du voisin est *(neuf)*. – Les risques d'accident sont *(minime)*. – Ces fauteuils semblent *(confortable)*. – Ce lit et cette banquette paraissent *(agréable)*.

**À deux !**

**L'un complète ces phrases avec un GN contenant un seul nom, l'autre avec un GN contenant plusieurs noms.**
**Observez bien les marques des adjectifs !**
… paraissent intelligentes. – … semblent craintifs. – … deviendront grandes. – … restent petits.
**Échangez vos phrases et vérifiez ensemble.**

Exercices supplémentaires ► Fichier Étude de la langue p. 26

# 10 Accorder le verbe avec son sujet aux temps composés (1)



## J'observe

**La grenouille aux souliers percés**

La grenouille aux souliers percés
A demandé la charité.
Les arbres lui ont donné
Des feuilles mortes et tombées.

Les champignons lui ont donné
Le duvet de leur grand chapeau.

L'écureuil lui a donné
Quatre poils de son manteau

L'herbe lui a donné
Trois petites graines.

Le ciel lui a donné
Sa plus douce haleine.

Mais la grenouille demande toujours, demande
encore la charité
Car ses souliers sont toujours, sont
encore percés.

R. Desnos, « La ménagerie de Tristan »,
dans *Destinée arbitraire* © Gallimard.

**1.** Les verbes en jaune sont-ils conjugués à un temps simple ou à un temps composé ?

**2.** Relève les GN sujets des verbes en jaune et indique s'ils sont au singulier ou au pluriel.

**3.** Le même verbe est utilisé plusieurs fois. Qu'est-ce qui change ? Pourquoi ?

## Je découvre

**1 Choisis les formes verbales qui conviennent.**

Alex *(a / ont)* couru jusqu'à la maison et *(ont / a)* retrouvé son chat qui l'attendait. Ensemble, ils *(a / ont)* joué sur le tapis et *(ont / a)* renversé le vase de Chine du salon. Maman *(ont / a)* grondé Alex. Le chat *(ont / a)* compris tout de suite. Il *(a / ont)* mis sa tête entre ses pattes et *(ont / a)* grimpé l'escalier. Alex aussi. Les deux amis inséparables *(a / ont)* repris leurs jeux dans la chambre.

**2 Conjugue les verbes entre parenthèses au passé composé.**

Léo *(repeindre)* sa voiture. Il *(changer)* les sièges et *(installer)* un autoradio.
Julien et Anna *(nettoyer)* le coffre. Ils *(vouloir)* faire un tour, mais Léo *(refuser)*.

ORTHOGRAPHE

● Quand un verbe est conjugué à un temps composé **avec l'auxiliaire « avoir »**, **seul l'auxiliaire s'accorde** avec le sujet.

– **Quand le sujet est au singulier, l'auxiliaire est au singulier.**
On peut remplacer le groupe nominal sujet par « il » ou « elle » :
*Le garçon a lancé son ballon.* → *Il a lancé son ballon.*
*La mésange a picoré les graines.* → *Elle a picoré les graines.*

– **Quand le sujet est au pluriel, l'auxiliaire est au pluriel.**
On peut remplacer le groupe nominal sujet par « ils » ou « elles » :
*Les garçons ont lancé leur ballon.* → *Ils ont lancé leur ballon.*
*Les mésanges ont picoré les graines.* → *Elles ont picoré les graines.*

● Avec l'auxiliaire « avoir », le participe passé ne s'accorde pas avec le sujet :
*Les garçons ont joué au football. ~ Les filles ont joué au basket.*

## Je m'exerce

**1 * Recopie les verbes conjugués et indique leur infinitif.**

La neige a recouvert le jardin. Dès leur réveil, les enfants ont voulu sortir. Sarah et Max ont fabriqué un énorme bonhomme de neige. Vincent, le plus jeune des enfants, a placé le nez et les yeux. Maman a bien voulu prêter son chapeau et Max l'a posé sur la tête du bonhomme.

**2 ** Recopie les groupes nominaux sujets et indique la personne de la conjugaison qui correspond.**

Pendant la nuit, les voyageurs du vol pour Las Vegas ont eu peur de l'orage. – Pendant la promenade, toute la famille a marché d'un bon pas. – Les élèves de cette école ont visité la tour Eiffel. – La tarte et le gâteau ont cuit en même temps dans le four. – Le garagiste a réparé la voiture.

**3 ** Retrouve les deux parties de la phrase qui vont ensemble.**

**1.** Max et son frère
**2.** Plusieurs samedis de suite, Yann
**3.** Dans le salon, les enfants
**4.** Le plus jeune de mes amis

**a.** ont joué aux échecs.
**b.** a joué aux échecs.

**4 ** Complète ces phrases avec l'auxiliaire « avoir » conjugué comme il convient.**

Farid et Théo … construit un château de cartes. – La tarte aux pommes … remporté un grand succès. – Les meilleurs élèves … reçu des récompenses. – L'aviatrice et son copilote … atterri à midi. – Le téléphone … sonné toute la journée.

**5 *** Conjugue les verbes entre parenthèses au passé composé.**

J' *(salir)* mon pantalon avec de l'huile qui se trouvait dans un pot, je l' *(laver)*, mais ça *(être)* pire encore. Maman m' *(gronder)* parce que je me promenais en maillot de bain, mais je lui *(dire)* que c'était pour m'habituer. Je crois que le mieux serait de tremper complètement le pantalon dans l'huile, comme ça il n'y aurait plus de tache. C'est ce que j' *(faire)*.

Tu peux vérifier avec le texte p. 98, lignes 7 à 12.

### À deux !

**L'un écrit un groupe nominal singulier ou pluriel. L'autre ajoute un verbe conjugué au passé composé avec « avoir » (et un COD si nécessaire).**
Exemple : Les élèves → ont mangé leur goûter.
**Changez de rôle et recommencez.**

Exercices supplémentaires ▶ Fichier Étude de la langue p. 27

# 11 Accorder le verbe avec son sujet aux temps composés (2)



## J'observe

**Au bord de la mer**

Cette année, nous sommes allés en vacances chez notre tante qui habite près de La Baule. Nous avons voyagé en train et notre tante est venue nous chercher à la gare. Notre cousine, Joëlle, nous attendait à la maison. Dès notre arrivée, nous avons enfilé nos maillots et nous sommes partis prendre notre premier bain. Notre cousine est restée toute la journée avec nous. Elle a fait des châteaux de sable avec nous. J'ai su tout de suite que nous allions passer d'excellentes vacances.

1. **Relève les verbes conjugués au passé composé.**
2. **Sont-ils tous conjugués avec le même auxiliaire ? Classe-les.**
3. **Relève les GN sujets pluriels et observe les participes passés. Que remarques-tu ?**
4. **Relève les GN sujets féminins et observe les participes passés. Que remarques-tu ?**

## Je découvre

**1 Choisis les formes verbales qui conviennent.**

Les amis des fleurs, les papillons, *(sont venus / est venu)* nous voir. Ils *(est arrivé / sont arrivés)* ce matin dans notre jardin. Je leur *(ai offert / avons offert)* une collation ; ils *(sont restés / sont restées)* un long moment, mais la pluie *(est arrivé / est arrivée)* et ils *(sont repartis / est reparti)*. Depuis, les fleurs *(est restée / sont restées)* seules, elles *(ont perdu / a perdu)* leurs amis danseurs.

**2 Dans chaque série de phrases, le sujet des verbes est modifié. Que remarques-tu à chaque fois ?**

**1.** Cette année, nous sommes allés en vacances chez notre tante.
Cette année, elle est allée en vacances chez sa tante.
Cette année, elles sont allées en vacances chez leur tante.

**2.** Nous avons voyagé en train.
Elle a voyagé en train.
Elles ont voyagé en train.

**3.** Nous avons enfilé nos maillots et nous sommes partis prendre notre premier bain.
Elle a enfilé son maillot et elle est partie prendre son premier bain.
Elles ont enfilé leur maillot et elles sont parties prendre leur premier bain.

**4.** Notre cousine est restée toute la journée avec nous.
Notre cousin est resté toute la journée avec nous.
Nos cousins sont restés toute la journée avec nous.

Quand un verbe est conjugué à un temps composé **avec l'auxiliaire « être »**, **l'auxiliaire s'accorde en personne et en nombre et le participe passé s'accorde en genre et en nombre** avec le sujet :

*Notre cousine est restée avec nous.* — sujet féminin singulier

*Nos cousines sont restées avec nous.* — sujet féminin pluriel

*Notre cousin est resté avec nous.* — sujet masculin singulier

*Nos cousins sont restés avec nous.* — sujet masculin pluriel

## Je m'exerce

**1 * Classe ces verbes en deux groupes :** ***ceux qui se conjuguent avec l'auxiliaire « avoir » / ceux qui se conjuguent avec l'auxiliaire « être ».*** **Écris leur participe passé. Aide-toi en utilisant : « j'ai… » ou « je suis… ».**

partir – venir – chercher – chanter – suivre – prendre – arriver – grandir – tomber – rester – aimer – appeler – montrer – entrer.

**2 * Accorde les participes passés entre parenthèses comme il convient.**

Les jeunes chiots sont *(resté)* avec leur mère pendant toute la nuit. – Laura est *(allé)* chez sa grand-mère en passant par la forêt. – Ma sœur et ma mère sont *(rentré)* à la maison très tard.

**3 ** Retrouve les deux parties de la phrase qui vont ensemble.**

| | |
|---|---|
| **1.** Ma petite sœur | **a.** sont nés hier. |
| **2.** Les chatons | **b.** sont nées hier. |
| **3.** Julie et Victor | **c.** est née hier. |
| **4.** Les jumelles de mon frère | |

**4 ** Complète ces phrases avec le pronom personnel sujet qui convient.**

Ce matin, … sont partis de bonne heure. – … est restée dans la voiture. – … est monté se coucher. – Cette année, … sont arrivées plus tôt que d'habitude.

**5 ** Complète ces phrases avec un groupe nominal sujet de ton choix.**

… sont parties au bureau. – … est venue me voir. – … et … sont allés au cinéma. – … et … sont arrivées en retard. – … sont devenues sages. – … sont montés à l'étage. – … est passé il y a cinq minutes.

**6 ** Complète ces phrases avec l'auxiliaire « être » conjugué comme il convient.**

Magali … montée par les escaliers. – Nous … arrivés chez nos grands-parents. – Benjamin et Carine … venus voir le spectacle. – Je … retourné dans ma ville natale.

**7 *** Mets ces phrases au passé composé.**

La foudre tombe sur la maison. – Cette lettre et ce paquet arrivent par la poste. – Les enfants montent dans le grenier. – Les filles et les garçons entrent dans la classe en chahutant. – Caroline et Clara vont au cinéma. – Le canard part se baigner dans la mare.

**À deux !**

**Chacun choisit trois verbes de la liste et invente trois phrases au passé composé.**

venir – raturer – repartir – rentrer – menacer – remonter – montrer – faire.

**Échangez vos phrases. Les verbes sont-ils correctement accordés avec les sujets ?**

Exercices supplémentaires ▶ Fichier Étude de la langue p. 28

# 12 Les adverbes en « ment », « emment » et « amment »



## J'observe

**Les alpinistes**

Mathieu et Quentin avançaient prudemment, lentement. Mathieu plantait vaillamment ses pitons dans la roche. Il avait l'habitude de la montagne. Il la connaissait suffisamment. Il avait vaincu brillamment la plupart des hauts sommets des Alpes. Il savait que le vent qui soufflait violemment et la neige qui tombait abondamment allaient progressivement rendre leur course difficile.

1. Les mots en couleur sont des adverbes. Quelles informations apportent-ils ?
2. De quels adjectifs qualificatifs proviennent les adverbes en bleu ?
3. Observe l'orthographe des adverbes en jaune et classe-les en deux groupes. Comment se prononcent-ils ?
4. De quels adjectifs qualificatifs proviennent les adverbes en jaune ?

## Je découvre

**1** Chaque adverbe en gras est formé à partir de l'adjectif de la même famille. Que remarques-tu sur l'orthographe ?

prudent → **prudemment**
savant → **savamment**
élégant → **élégamment**
négligent → **négligemment**
méchant → **méchamment**
brillant → **brillamment**
vaillant → **vaillamment**
insolent → **insolemment**
constant → **constamment**
récent → **récemment**
patient → **patiemment**
intelligent → **intelligemment**

**2** Relève les adverbes et indique de quels adjectifs ils proviennent.

La valeur de l'euro a été fixée définitivement le 1er janvier 1999. Les pièces et les billets sont suffisamment différenciés pour être facilement reconnaissables. Les centièmes d'euro sont officiellement appelés « cents », mais on peut évidemment les appeler « centimes ».

**3** De quels adjectifs féminins proviennent ces adverbes ? Que remarques-tu ?

lentement ~ modestement ~ fièrement ~ exactement ~ réellement ~ franchement ~ finement ~ activement ~ follement ~ doucement ~ adroitement ~ finalement.

- En général, les adverbes en « **ment** » sont formés à partir d'**un adjectif qualificatif au féminin** :
*fine → finement ~ folle → follement.*
- Certains adverbes se terminent par « **emment** » ou « **amment** ».
– Si l'adjectif qualificatif se termine par « **ent** », l'adverbe se forme avec « **emment** » :
*prudent → prudemment ~ violent → violemment.*
– Si l'adjectif qualificatif se termine par « **ant** », l'adverbe se forme avec « **amment** » :
*bruyant → bruyamment ~ courant → couramment.*
- Les adverbes sont **invariables**.

## Je m'exerce

**1 * Indique les adjectifs qualificatifs qui correspondent à ces adverbes.**

Exemple : puissamment → puissant.

différemment – précédemment – énormément – abondamment – évidemment – agréablement – impatiemment.

**2 * Indique les adverbes qui correspondent à ces adjectifs qualificatifs.**

Exemple : facile → facilement.

brillant – égal – puissant – intelligent – récent – ardent – tendre – excellent – drôle.

**3 ** À partir de ces groupes de mots, trouve d'abord l'adjectif féminin puis l'adverbe qui correspond. Écris une phrase avec chaque adverbe trouvé.**

Exemple : avec joie → (joyeuse) joyeusement → Sophie prépare ses valises joyeusement.

avec modestie – avec tendresse – avec nervosité – avec gaieté – avec simplicité – avec calme – avec douceur – avec coquetterie – avec banalité – avec difficulté.

**4 ** Réécris ces phrases avec les adverbes qui correspondent aux groupes de mots en gras.**

Victor enfila son manteau **avec rapidité**. – Médor accueille son maître **avec joie**. – Ronaldo frappa le ballon **avec violence**. – Julie avance **avec prudence** sur le lac gelé. – Elle s'habille toujours **avec élégance**.

**5 *** Réécris ces phrases avec les adverbes qui correspondent aux adjectifs qualificatifs entre parenthèses.**

L'araignée s'approche *(progressif)* de sa proie, qui *(innocent)* s'est approchée trop près de la toile... Le pauvre insecte se débat *(vaillant)*, mais il sait que son heure approche *(inévitable)*.

**À deux !**

**Dans le texte *Perdu dans la taïga*, relevez ensemble les adverbes en « ment », « emment » et « amment ». Puis chacun écrit l'adjectif qui correspond aux adverbes relevés. Comparez vos réponses.**

Voir le texte pp. 84 à 86.

Exercices supplémentaires ▶ Fichier Étude de la langue p. 29

# 13 Reconnaître les conjonctions « et » et « ou »

## J'observe

**Questions**

**1.** Malika a-t-elle un ballon bleu ou blanc ?
Malika a-t-elle un ballon bleu et blanc ?

**2.** Est-ce que Claude est un garçon ou une fille ?
Est-ce que Claude est un garçon et une fille ?

**3.** Idriss veut-elle du fromage ou du dessert ?
Idriss veut-il du fromage et du dessert ?

**1. Quel est le mot qui change dans chaque couple de questions ?**
**2. Dans le premier couple de questions, s'agit-il du même ballon ?**
**3. Repère la question qui n'a pas de sens. Explique pourquoi.**

## Je découvre

- **Choisis les mots qui conviennent.**

Grand-père *(ou / et)* Papa vont au marché. ~ Assieds-toi sur cette chaise *(ou / et)* ce fauteuil. ~ Vous allez chez vous *(et / ou)* chez des amis ? ~ Léo *(ou / et)* Sandra sont partis en vacances. ~ Ils vont découvrir la montagne *(et / ou)* faire des randonnées.

- La conjonction **« ou » exprime un choix** : *Je pars avec Léo **ou** Simon. ~ Ton ballon est-il blanc **ou** bleu ? ~ Tu m'écris **ou** tu me téléphones.*
On peut remplacer « ou » par **« ou bien »** : *Je pars avec Léo **ou bien** Simon.*

- La conjonction **« et » sert à réunir** : *Je pars avec Léo **et** Simon. ~ Ton ballon est-il blanc **et** bleu ? ~ Tu m'écris **et** tu me téléphones.*
On peut remplacer « et » par **« et aussi »** : *Je pars avec Léo **et aussi** Simon.*

## Je m'exerce

**1 * Choisis « et » ou « ou », ou les deux quand c'est possible.**

Mon vélo sera rouge *(et / ou)* bleu. – À la dictée, je vais avoir un A *(et / ou)* un B. – Tu veux un bonbon *(et / ou)* un gâteau ? – Mon père est grand *(et / ou)* fort. – Ce bateau a des voiles *(et / ou)* un moteur. – J'ai mangé des fraises *(et / ou)* des framboises. – Tu prends du café *(et / ou)* du thé ?

**2 ** Complète ces phrases avec « et » ou « ou ».**

J'aime le chocolat … le miel. – Tu préfères écrire des lettres … téléphoner ? – Selon la météo, nous irons marcher dans la montagne … visiter le musée. – Dans cette phrase, ce nom est au singulier … au pluriel ?

**À deux !**

**Chacun invente quatre questions comme dans « J'observe » et les pose à l'autre.**

Exercices supplémentaires ▸ Fichier Étude de la langue p. 30

# Utiliser « c'est » et « ce sont »

## J'observe

**Cambriolage**

C'est mon père qui est arrivé le premier à la maison. Ce sont les voisins qui l'avaient prévenu. Des cambrioleurs étaient entrés par effraction et avaient emporté la plupart des meubles. « C'est une chose incroyable ! » s'est-il exclamé. C'est mon grand frère qui était le plus triste. Son ordinateur avait disparu. Malheureusement, ce sont des choses qui arrivent.

**1.** **Dans les phrases en jaune, indique si les verbes sont au singulier ou au pluriel.**
**2.** **Dans la première phrase, remplace « mon père » par « mes parents ». Qu'est-ce qui change ?**
**3.** **Dans la deuxième phrase, remplace « les voisins » par « le voisin ». Qu'est-ce qui change ?**

## Je découvre

● **Mets ces phrases au singulier ou au pluriel.**

C'est un orage qui se prépare. ~ Ce sont les jardiniers qui taillent les haies. ~ Retenir une leçon, c'est une chose qui s'apprend.

● « **Ce** » ou « **c'** » est un pronom démonstratif.
On écrit « **c'est** » devant un nom au singulier et « **ce sont** » devant un nom au pluriel :
*C'est mon chat.* ~ *Ce sont mes chats.*

● En général, après « c'est » ou « ce sont », on trouve **un nom**, **un pronom** ou **un adjectif** :
*C'est mon père qui est arrivé le premier.* ~ *C'est lui qui est arrivé le premier.* ~ *C'est beau !*

● On peut souvent remplacer « **c'** » par « **cela** » : *C'est beau.* → *Cela est beau.*

## Je m'exerce

**1** * **Recopie ces phrases et entoure les groupes nominaux après « c'est » et « ce sont ».**

C'est un petit chien. – Ce sont des oiseaux migrateurs. – C'est un bon camarade. – Ce sont d'excellents amis. – C'est un fruit délicieux.

**2** ** **Complète ces phrases avec « c'est » ou « ce sont ».**

… mon frère qui a gagné. – Maintenant, … à toi de jouer. – … des mouettes qui crient. – Quand tu es parti, … Mathias qui t'a remplacé.

**3** *** **Réécris ces phrases en mettant les noms en gras au singulier ou au pluriel.**

Ce sont de bonnes **nouvelles**. – C'est la **musique** que je préfère. – C'est ce **livre** que je te conseille. – Ce sont de bons **fruits** frais.

**À deux !**

**L'un invente quatre questions, l'autre répond aux questions en utilisant « c'est » ou « ce sont ».**
Exemple : Quels sont les personnages qui mangent les enfants ? → Ce sont les ogres.
**Changez de rôle et recommencez.**

Exercices supplémentaires ▶ Fichier Étude de la langue p. 30

# 14 Reconnaître « leur » et « leurs »

## J'observe

### Les fournitures

C'est la rentrée. Max et Théo vont au supermarché avec leurs parents. Leur maître a préparé une liste de fournitures. Les enfants choisissent leur cartable, leurs cahiers, leur classeur et leurs stylos.

Liste de fournitures
1 cartable
4 cahiers
1 classeur
3 stylos (1 bleu, 1 vert, 1 rouge)

1. **Indique le genre et le nombre de chaque nom en jaune. Quel est le déterminant de chaque nom ?**
2. **Chaque enfant doit-il acheter plusieurs cartables ? Plusieurs cahiers ?**
3. **Remplace « Max et Théo » par « Hassina ». Que deviennent les déterminants ?**

## Je découvre

- **Remplace « Alexis » par « Alexis et Arthur ». Que remarques-tu ?**

Quand Alexis rentre de l'école, il enlève ses chaussures et son manteau, prend son goûter et se prépare à apprendre ses leçons.

- Devant un nom, **« leur » et « leurs » sont des adjectifs possessifs** comme « sa », « son » et « ses ». Ils indiquent qu'il y a **plusieurs possesseurs** :
*Max et Théo vont au supermarché avec leur père.* → C'est le père de Max et de Théo.

- On trouve :
– **« leur » devant un nom singulier :**
*Max et Théo choisissent leur cartable.* → Chaque enfant a un seul cartable.
– **« leurs » devant un nom pluriel :**
*Max et Théo choisissent leurs cahiers.* → Chaque enfant a plusieurs cahiers.

## Je m'exerce

**1 * Complète ces phrases avec « leur » ou « leurs ».**

Nos amis sont venus avec … chien. – … enfants sont insupportables. – Il faut que vous préveniez … parents.

**2 ** Réécris ces phrases en mettant les groupes nominaux en gras au pluriel.**

**Mon ami** m'a donné son T-shirt préféré. – **Le facteur** fait ses tournées sur son vélo. – À 16 h 30, **l'élève** range ses affaires. – **Le serveur** tient son plateau avec difficulté.

**3 *** Complète avec des GN de ton choix.**

Les enfants vendent leurs … . – Ismaël et Gaëtan apprennent leur … .

**À deux !**

**Écrivez des phrases avec « leur » et « leurs » suivis des noms des deux listes. L'un avec la liste 1, l'autre avec la liste 2.**

**1.** balle – raquette – chaussure – serviette.
**2.** balles – raquettes – chaussures – serviettes.

**Échangez vos phrases et vérifiez ensemble.**

Exercices supplémentaires ▶ Fichier Étude de la langue p. 31

# Reconnaître « quel(s) » et « quelle(s) »

## J'observe

**Quel petit frère curieux !**

Mon petit frère ne cessait jamais de poser des questions.
– Quelle langue parlent les Hollandais ?
– Quel ami le Petit Prince rencontre-t-il ?
– Quel est le plus petit animal terrestre ?
– Quels sont les différents pays d'Afrique ?
– Quelles sont leurs capitales ?
Quelles questions ! Je n'avais jamais les réponses et mon petit frère se fâchait de mon ignorance.

**1. Quelle est la nature des mots après les mots en bleu ? Que remarques-tu ?**

**2. Quelle est la nature des mots après les mots en jaune ? Que remarques-tu ?**

## Je découvre

- **Remplace « fleurs » par « fleur », puis par « animaux », puis par « animal ». Que devient le mot en gras ?**

**Quelles** sont les fleurs que tu préfères ?

- On trouve **« quel(s) »** et **« quelle(s) »** au début de certaines **phrases interrogatives ou exclamatives** : *Quel ami le Petit Prince rencontre-t-il ? ~ Quelles questions !*
- En général, ils sont suivis :
– **d'un nom.** Ils s'accordent en genre et en nombre avec ce nom :
*Quelle langue parlent les Hollandais ? ~ Quelles langues parlent les Belges ?*
– **du verbe « être ».** Ils s'accordent en genre et en nombre avec le sujet du verbe :
*Quel est le plus petit animal terrestre ? ~ Quels sont les plus petits animaux terrestres ?*

## Je m'exerce

**1 * Recopie ces phrases, accorde « quel » comme il convient et souligne les noms auxquels il se rapporte.**

*(Quel)* livre vas-tu lire ? – *(Quel)* sont les pays francophones ? – *(Quel)* sont tes meilleures amies ? – *(Quel)* est ta pâtisserie préférée ? – *(Quel)* chance ! – *(Quel)* pâtisseries préfères-tu ? – *(Quel)* exercices as-tu réussis ? – *(Quel)* est le plus grand animal du monde ?

**2 ** Relève, dans les interviews de l'unité 14, toutes les questions qui commencent par « quel », « quels », « quelle » et « quelles ». Indique les noms auxquels ils se rapportent.**

Voir unité 14, pp. 142 à 151.

**À deux !**

**Chacun fait la liste de ce qu'il préfère.**

deux plats – un dessert – deux pâtisseries – un vêtement – une activité sportive.

**Chacun pose à l'autre des questions qui commencent par « quel(s) » ou « quelle(s) ».**

Exercices supplémentaires ▶ Fichier Étude de la langue p. 32

# 15 Reconnaître « où »

## J'observe

**Dialogue**

De retour de vacances, Hugo rencontre un ami et lui demande :
« Où es-tu allé en vacances cette année ?
– Je suis retourné dans la ville où je suis né, au bord de la mer.
– Et qu'as-tu fait là-bas ?
– J'ai revu les rues où je jouais. Je suis retourné sur la plage où je ramassais des coquillages avec mes amis. Et toi, dans quel endroit es-tu allé en vacances ? »

**1.** **Les mots en couleur représentent-ils un lieu ?**

**2.** **Observe la phrase qui commence par le mot en bleu. Comment s'appelle ce type de phrase ?**

**3.** **Combien y a-t-il de propositions dans les phrases contenant les mots en jaune ? Devant le mot « où », trouves-tu un verbe, un nom ou un adjectif qualificatif ?**

## Je découvre

- **Réécris ces phrases en utilisant « où ».**

La rivière dans laquelle je me suis baigné était profonde. ~ Le village dans lequel nous sommes allés est en montagne. ~ Les routes sur lesquelles vous avez fait du vélo sont bien ombragées.

- « **Où** », avec un accent, représente l'endroit, **le lieu** où l'on est, où l'on va ou d'où l'on vient.
- On peut utiliser « où » :
**– pour poser des questions sur un lieu.** On peut le remplacer par **« à quel endroit… ? »** :
*Où es-tu allé en vacances ? → À quel endroit es-tu allé en vacances ?*
*Sais-tu où je suis allé en vacances ? → Sais-tu à quel endroit je suis allé en vacances ?*
**– pour compléter un nom qui désigne un lieu** : *Je suis retourné dans la ville où je suis né.*
- On peut trouver également « d'où », « jusqu'où », « par où ».

## Je m'exerce

**1** * **Réécris ces phrases en remplaçant « où » par « à quel endroit » ou « de quel endroit ».**

Où vas-tu passer tes vacances ? – Je ne sais pas où nous irons. – Dis-moi d'où vient ton ami. – Jusqu'où irez-vous ? – Je ne sais pas où on peut le trouver. – Où as-tu appris à dessiner ? – Il faut que je sache où nous allons. – Sais-tu d'où vient la pomme de terre ?

**2** ** **Pose les questions pour obtenir ces réponses.**

J'ai passé mes vacances à la montagne. – Vincent part à l'étranger. – Son nouveau professeur vient du Canada. – Le bébé trottine jusqu'à son lit.

**À deux !**

**Sur le modèle de l'exercice 2, l'un invente une réponse, l'autre doit trouver la question qui commence par « où ».**
**Changez de rôle et recommencez.**

Exercices supplémentaires ▸ Fichier Étude de la langue p. 32

# Reconnaître « qu'il(s) » et « qu'elle(s) »

## J'observe

**Le château de sable**

Il fait très chaud. Sur la plage, Mathilde construit un château. Qu'elle joue bien ! Au sommet de la tour, elle a placé des coquillages qu'elle a ramassés au bord de la mer. Qu'il est solide, ce château ! Maintenant, la mer l'entoure mais il est toujours debout. Mathilde sait qu'il va s'écrouler mais elle espère qu'il résistera longtemps.

**1.** Remplace « Mathilde » par « Samir ». Que deviennent les mots en bleu ?

**2.** Remplace « château » par « forteresse ». Que deviennent les mots en jaune ?

**3.** De quels mots sont composés les groupes de mots en couleur ? Par quoi sont-ils reliés ?

## Je découvre

- **Remplace « L'hirondelle et l'alouette » par « Le pigeon et le moineau ». Que remarques-tu ?**

L'hirondelle et l'alouette apportent les brindilles qu'elles ont ramassées dans les champs. C'est cela qu'elles utilisent pour construire leur nid.

- **Qu'il(s)** et **qu'elle(s)** sont composés de **« que »**, qui s'écrit **« qu' »** devant une voyelle, et des pronoms personnels **« il » / « ils »** ou **« elle » / « elles »**.
- On peut les trouver :

**– dans une phrase exclamative.** On peut les remplacer par **« comme il(s) / elle(s) »** :
*Qu'elle joue bien !* → *Comme elle joue bien !* ~ *Qu'il joue bien !* → *Comme il joue bien !*
**– dans une proposition subordonnée** :
*Mathilde sait qu'il va s'écrouler.* (il = le château)
*Le château qu'elle construit est solide.* (elle = Mathilde)

## Je m'exerce

**1 *** **Réécris ces phrases en remplaçant « qu'elle » et « qu'elles » par « qu'il » ou « qu'ils ».**

Les vêtements qu'elle porte sont beaux. – J'aimerais qu'elle m'appelle. – Crois-tu qu'elle viendra ? – Je pense qu'elles viendront.

**2 **** **Conjugue les verbes entre parenthèses au présent de l'indicatif.**

Le livre qu'il *(lire)* est magnifique. – C'est la première fois qu'elle *(venir)*. – Ils regardent un tableau qu'ils *(aimer)*. – Les poires qu'ils *(vendre)* sont mûres.

**3 ***** **Complète ces phrases avec « qu'elle » ou « qu'elles ».**

La lettre … m'a écrite est belle. – J'ai peur … tombent. – Je me demande ce … disent. – … sont jolies ! – Le chalet … a acheté est très spacieux.

**À deux !**

**L'un invente une phrase avec « qu'il », l'autre avec « qu'elle ». Échangez vos phrases et réécrivez-les en remplaçant « qu'il » et « qu'elle » par « qu'ils » et « qu'elles ».**

Exercices supplémentaires ▶ Fichier Étude de la langue p. 31

# 1 À quoi sert la conjugaison ?



## J'observe

**La pâte à crêpes**

**1.**

– Verser 200 g de farine dans un saladier.
– Mettre 80 g de sucre, 3 cuillerées à soupe d'huile, une pincée de sel.
– Casser 3 œufs entiers.
– Verser 1/2 litre de lait.
– Parfumer avec un sachet de sucre vanillé.
– Mélanger le tout.
– Laisser reposer une heure.
La pâte est prête.

**2.**

« Maman, comment fait-on les crêpes ?
– Si tu veux, Louise, je te lis la recette, et tu prépares la pâte en même temps.
– D'accord.
– Alors, tu verses 200 g de farine dans un saladier. Ensuite, tu mets 80 g de sucre, 3 cuillerées à soupe d'huile et une pincée de sel. Tu casses 3 œufs entiers, tu verses 1/2 litre de lait, et tu parfumes avec un sachet de sucre vanillé. Tu mélanges le tout. Tu laisses reposer une heure. »

**1.** **Sais-tu qui prépare la pâte à crêpes dans le texte 1 ? Et dans le texte 2 ?**

**2.** **Sais-tu à quel moment se déroule la préparation de la pâte à crêpes dans le texte 2 : au moment où Louise et sa mère parlent ? Avant ? Après ?**

**3.** **Relève les verbes de ces deux textes. À quelles formes sont-ils ?**

## Je découvre

**1** **Peux-tu savoir qui fait les actions dans ces phrases ? Pourquoi ?**

Établir la liste des participants. ~ Préparer les étiquettes. ~ Utiliser les ordinateurs de la classe. ~ Compter les dossards. ~ Téléphoner à un camarade.

**2** **Peux-tu savoir à quel moment se déroulent les actions dans ce texte ? Pourquoi ?**

Aujourd'hui, nous préparons la prochaine rencontre sportive avec l'école voisine. Le maître répartit les responsabilités. Une équipe établit la liste des participants, une autre s'occupe des étiquettes pour les dossards. Nous utilisons les ordinateurs de la classe. En fin de matinée, tout le matériel est prêt.

**3** **Classe les verbes de ce texte en deux groupes :**
***les verbes à l'infinitif / les verbes conjugués.***

Renart rêvait de humer les délicieux jambons et de les manger ! Il avait aperçu les trois jambons d'Ysengrin suspendus au plafond. Le soir, il revient chez son oncle Ysengrin, ouvre le toit, décroche les jambons et les emporte chez lui pour les cacher dans la paille de son lit.

D'après *Le roman de Renart*.

- Quand un verbe est à **l'infinitif**, **on ne sait pas qui** fait l'action, ni **quand** se déroule cette action : *Verser le lait.* (infinitif)

- **La conjugaison** des verbes sert à indiquer :
– **La personne qui fait l'action.** La terminaison du verbe porte la marque de la personne :
*Louise verse le lait.* (3e pers. du sing.) → On sait qui verse le lait : c'est Louise.
*Baptiste et Robin versent le lait.* (3e pers. du pl.) → On sait qui verse le lait : ce sont Baptiste et Robin.
– **Le moment où se déroule l'action.** La terminaison du verbe porte la marque du temps : *Louise prépare* (présent) / *préparait* (passé) / *préparera* (futur) *des crêpes.*

- Pour préciser quand se déroulent les actions, on peut aussi employer des mots qui indiquent le temps :
*hier ~ autrefois ~ aujourd'hui ~ actuellement ~ demain ~ bientôt…*

## Je m'exerce

**1 * Pour chaque verbe conjugué, indique la personne de la conjugaison.**

« Je sais ce que nous allons faire, dit la souris la plus âgée. Nous allons nous mettre sur la tête et nous serons dans le bon sens. »
Très obéissantes, toutes les souris se mirent sur la tête et, au bout de quelque temps, elles eurent une congestion cérébrale et s'effondrèrent l'une après l'autre sur le sol.

R. Dahl, *Les souris tête en l'air.*

**2 * Pour chaque verbe conjugué, indique le temps de la conjugaison.**

Les loups repèrent une proie à son odeur. – Charlie jouera avec Céline. – Les paysans récoltaient les noix. – Nous avons chanté à la chorale. – Vous mangez des pommes ? – Gabriel téléphonait à Driss.

**3 ** Choisis les formes verbales qui conviennent.**

Adeline *(travaillent / travaille)* tard. – Nous *(déjeunons / déjeune)*. – Giovanni *(visitez / visitera)* le musée. – J'*(apprends / apprenons)* l'anglais. – Tu *(manges / mange)* des frites. – Amandine *(part / partiez)* en train.

**4 *** Réécris ces phrases en mettant les sujets et les verbes au pluriel.**

Le loup attaque le cerf. – La perdrix s'envolait. – Mon frère a préparé des crêpes. – Le poulain gambade dans la prairie. – Je prenais des photos. – Tu voyageras en autobus. – L'oiseau plane au-dessus des montagnes. – Le jardinier plantait des salades. – Tu es au cours moyen. – Le cheval franchit la rivière.

**5 *** Mets les verbes entre parenthèses au présent de l'indicatif.**

Nous *(courir)* au stade. – Dorian *(sauter)* de joie. – Clément et Margaux *(jouer)*.

**À deux !**

**L'un conjugue les verbes au présent, l'autre à l'imparfait.**
Dans le salon, le chat *(ronronner)* devant le feu. Morgane *(avaler)* un bol de chocolat et moi, j'*(écouter)* ma musique préférée. Papa et maman *(être)* dans le jardin et *(discuter)* avec le voisin.
**Échangez vos textes et vérifiez ensemble.**

Exercices supplémentaires ▶ Fichier Étude de la langue p. 33

# 2 Identifier l'infinitif et le groupe du verbe



## J'observe

**L'obscurité**

On peut la voir, on ne peut la sentir,
On ne peut l'entendre, on ne peut la respirer.
Elle s'étend derrière les étoiles et sous les collines,
Elle remplit les trous vides.
Elle vient d'abord et suit après.
Elle termine la vie.

J. R. R. Tolkien, *Bilbo le Hobbit*, trad. de F. Ledoux

1. **Relève les verbes de cette énigme. Sont-ils tous conjugués ?**
2. **Si tu cherches les verbes de ce poème dans un dictionnaire, comment seront-ils écrits ?**
3. **Indique l'infinitif des verbes conjugués et observe leur terminaison. Puis classe-les selon leur terminaison.**

## Je découvre

**1 Complète ces verbes conjugués à la 1re personne du pluriel au présent de l'indicatif. Que remarques-tu ?**

Nous grand… . ~ Nous chant… . ~ Nous fin… notre goûter. ~ Nous roug… . ~ Nous sal… notre chemise. ~ Nous récolt… le blé. ~ Nous démol… l'immeuble. ~ Nous garn… la tarte de confiture. ~ Nous cueill… des fleurs. ~ Nous bât… la maison. ~ Nous récit… un poème. ~ Nous rempl… notre verre. ~ Nous brun… au soleil.

**2 Relève seulement les verbes du 2e groupe.**

sentir ~ pâlir ~ courir ~ rougir ~ noircir ~ venir ~ verdir ~ gémir ~ tenir ~ jaunir ~ mentir ~ réfléchir ~ dormir ~ obéir ~ ouvrir.

**3 Indique l'infinitif de ces verbes et relève les verbes du 1er groupe.**

je bois ~ j'ai vu ~ vous chantez ~ je partirai ~ je criais ~ tu écris ~ je grossis ~ ils mangent ~ je prenais ~ je joue ~ je lis ~ je lie ~ il plie.

**4 Dans le texte *Ali de Bassora*, lignes 1 à 8, relève les verbes à l'infinitif et indique leur groupe.**

Voir le texte pp. 27-28.

- On désigne un verbe par **son infinitif :** *le verbe « chanter ».*
- Un verbe se compose :

– **du radical** qui indique ce que veut dire le verbe : *chant/-er.*

– **d'une terminaison** qui varie en fonction de la personne et du temps : *chant/-er ~ je chant/-e ~ nous chant/-ions.*

- Les terminaisons permettent de reconnaître **le groupe du verbe** :

– **1^er^ groupe :** les verbes qui se terminent par **« er »** à l'infinitif (sauf « aller » : 3^e^ groupe) : *aimer ~ chanter ~ crier ~ manger ~ parler...*

– **2^e^ groupe :** les verbes qui se terminent par **« ir »** à l'infinitif et **« issons »** à la 1^re^ personne du pluriel au présent de l'indicatif : *finir (nous finissons) ~ grandir (nous grandissons)...*

– **3^e^ groupe :** tous les autres verbes qui se terminent à l'infinitif par :
**« re »** : *boire ~ connaître ~ faire ~ coudre ~ lire ~ peindre...*
**« ir »** : *courir (nous courons) ~ dormir (nous dormons)...*
**« oir »** : *pouvoir ~ devoir ~ voir ~ s'asseoir...*

## Je m'exerce

**1 * Recopie ces phrases, entoure les verbes à l'infinitif et souligne les verbes conjugués.**

Je vais partir demain. – Ma petite sœur n'arrête pas de crier. – Je perds mon temps à chercher un livre. – Avant de partir, tu feras ta valise. – Lucas ne cesse de pleurer.

**2 * Indique l'infinitif de ces verbes.**

Exemple : nous appellerons → verbe « appeler ».

vous viendrez – les enfants courent – nous réussissons – ils peuvent – nous buvons – tu peux – je vais.

**3 ** Classe ces verbes dans un tableau.**

perdre – se taire – parler – venir – unir – commencer – vieillir – chercher – recevoir – dire – lire – choisir.

| 1^er^ groupe | 2^e^ groupe | 3^e^ groupe |
|---|---|---|
| | | |

**4 ** Trouve l'intrus dans chaque liste.**

**1.** grandir – partir – grossir – maigrir.

**2.** manger – chercher – mordre – tomber.

**3.** boire – comprendre – saisir – courir.

**5 *** Indique le groupe des verbes de ce texte. Tu peux utiliser un dictionnaire.**

Poil de carotte se met à trembler dans les ténèbres. Elles sont si épaisses qu'il se croit aveugle. Parfois une rafale l'enveloppe, comme un drap glacé. Le mieux est de se précipiter vers les poules, la tête en avant. Tâtonnant, il saisit le crochet de la porte.

D'après J. Renard, *Poil de carotte.*

**À deux !**

**Dans le texte *Ali de Bassora*, lignes 28 à 45, l'un cherche quatre verbes du 1^er^ groupe et un verbe du 2^e^ groupe, l'autre cherche six verbes du 3^e^ groupe.**
**Échangez vos réponses et indiquez l'infinitif de chaque verbe. Vous pouvez utiliser un dictionnaire.**

Voir le texte pp. 27-28.

Exercices supplémentaires ▶ Fichier Étude de la langue p. 34

# 3 Utiliser le présent de l'indicatif



## J'observe

### L'accident

GABRIELLE – Bonjour Fred, je te dérange, tu travailles ?

FRED – Mais non, je range mes livres ; je t'écoute.

GABRIELLE – Voilà, hier soir, je sonne à la porte d'Albert. Pas de réponse. J'entre et je vois Albert sur un escabeau, une éponge mouillée à la main en train de nettoyer son lustre. Je lui dis : « Attention, Albert, l'eau conduit l'électricité. » À ce moment, il tombe et se casse une jambe. Il est à l'hôpital. Je viens de le quitter. Le problème, c'est que, demain, je pars en voyage très tôt et, ce soir, je dors chez ma grand-mère.

FRED – Ne t'en fais pas, je passe le voir en fin d'après-midi.

1. À quel temps les verbes en jaune sont-ils conjugués ?
2. Repère les verbes qui indiquent :
   – une action qui se passe au moment où les personnages parlent ;
   – une action qui s'est passée avant ;
   – une action qui se passera après.
3. Dans quelle phrase Gabrielle parle-t-elle d'un fait qui est toujours vrai ?

## Je découvre

**1** **Relève, parmi les verbes en gras, ceux qui indiquent une action qui s'est déjà réalisée. Comment le sais-tu ?**

Mardi dernier, Chloé **rentre** de l'école, **pose** son cartable dans l'entrée et **se prépare** un goûter. Elle **s'installe** confortablement devant la télévision, **allume** le poste et **entend** une information : « Les Jeux olympiques **commencent** dans trois jours. »

**2** **Relève les verbes conjugués au présent de l'indicatif. Pourquoi sont-ils au présent ?**

Blotti sur son coussin, le chat ronronnait. Soudain, il aperçut une souris dans l'obscurité du grenier. Le chat est un félin. Ses yeux voient dans le noir. Ses moustaches se mirent à frémir. Sa queue se dressa. Il commença à avancer silencieusement.

**3** **Relève les verbes conjugués au présent de l'indicatif et indique leur infinitif. Parmi ces verbes, certains indiquent des actions qui se sont déjà réalisées : lesquels ?**

Depuis le début de l'année, on organise un conseil des élèves tous les vendredis. La semaine dernière, on entre en classe. Timothée prend la parole. Il s'étonne parce qu'il n'a pas eu de réponse à une question écrite. Julien préside le conseil ; il lui demande s'il a déposé sa question dans la boîte aux lettres. « Non ! » répond Timothée. Tout s'explique !

On utilise **le présent de l'indicatif** :
- pour raconter **des événements qui se passent au moment où l'on parle** : *Je range mes livres.* ~ *Je t'écoute.*
- pour évoquer **des événements qui se sont passés avant ou qui se passeront après le moment où l'on parle** : *Voilà, hier soir, je sonne à la porte d'Albert.* (avant) ~ *Demain, je pars en voyage.* (après)
- pour exposer **un fait qui se produit souvent ou qui est toujours vrai** : *L'eau conduit l'électricité.* ~ *Chloé va à la piscine tous les mercredis.*

## Je m'exerce

**1 * Recopie les verbes conjugués au présent de l'indicatif.**

« Bonté divine, s'écria la souris, nous devons nous trouver au plafond !
– Je crois que la tête me tourne, fit une troisième.
– Tout le sang me monte au cerveau, s'exclama une autre.
– Voilà qui est terrible ! dit la souris la plus âgée, qui portait de longues moustaches. »

R. Dahl, *Les souris tête en l'air.*

**2 * Choisis les verbes conjugués au présent de l'indicatif.**

Jeanne ne *(s'ennuiera / s'ennuie)* jamais ; elle *(a / avait)* son petit programme. Premièrement, elle *(fila / file)* dans la cuisine chercher son goûter : jus d'orange, pain et chocolat. Deuxièmement, elle *(pose / posait)* le tout sur un plateau. Et troisièmement, elle *(s'installera / s'installe)* confortablement devant la télé.

Tu peux vérifier avec le texte p. 8, lignes 6 à 11.

**3 ** Mets les verbes entre parenthèses au présent de l'indicatif.**

Chaque année, en février, les enfants *(prendre)* des cours de ski. Très vite, ils *(savoir)* glisser, virer et s'arrêter. Ils *(être)* heureux de prendre le téléski ; ils *(tenir)* fermement la barre jusqu'au sommet. Là, ils *(voir)* le deltaplane s'élancer vers la vallée. En fin de journée, ils *(venir)* en salle de jeux et *(dire)* à leurs parents tout ce qu'ils ont fait.

**4 ** Classe ces phrases dans un tableau.**

Une haquenée est un cheval de taille moyenne. – Chaque matin, le soleil se lève à l'est. – Je sors à l'instant de l'école. – Demain, la marquise sort à cinq heures. – Les Parisiens prennent la Bastille le 14 juillet 1789. – Rien ne sert de courir, il faut partir à point.

| | |
|---|---|
| **L'événement se passe au moment où l'on parle.** | |
| **L'événement s'est passé avant le moment où l'on parle.** | |
| **L'événement se passera après le moment où l'on parle.** | |
| **On expose un fait qui est toujours vrai.** | |

**5 *** Réécris ce texte au présent de l'indicatif.**

Les toupies étalaient leurs couleurs vives ; les bateaux étiraient leurs belles voiles blanches. Les automates avaient chacun leur clé ; les dînettes brillaient dans leurs boîtes. Il y avait des tambours et des avions.

D'après R. Godden, *Prune et Fleur de Houx*, trad. de T. Brisac © Gallimard.

**À deux !**

**Cherchez des renseignements sur le guépard. Puis, à tour de rôle, ajoutez une phrase au présent de l'indicatif pour continuer ce texte.**
Le guépard est l'animal terrestre le plus rapide. Il...

Exercices supplémentaires ▶ Fichier Étude de la langue p. 35

# 4 Conjuguer au présent de l'indicatif (1)



## J'observe

### Un nouveau jour

Léa regarde par la fenêtre. « Un nouveau jour commence », annonce-t-elle.
Elle range son pyjama sous son oreiller.
À la cuisine, son frère et sa mère débarrassent déjà la table :
« Nous rangeons le petit déjeuner et nous commençons la vaisselle ! »
Ils regardent Léa avec de grands yeux :
« C'est l'anniversaire de mamie aujourd'hui. Tu oublies tout en ce moment !
– Vous partez tout de suite ? Et moi ? Je me dépêche !
– Oui, nous patientons, mais pas trop longtemps. »

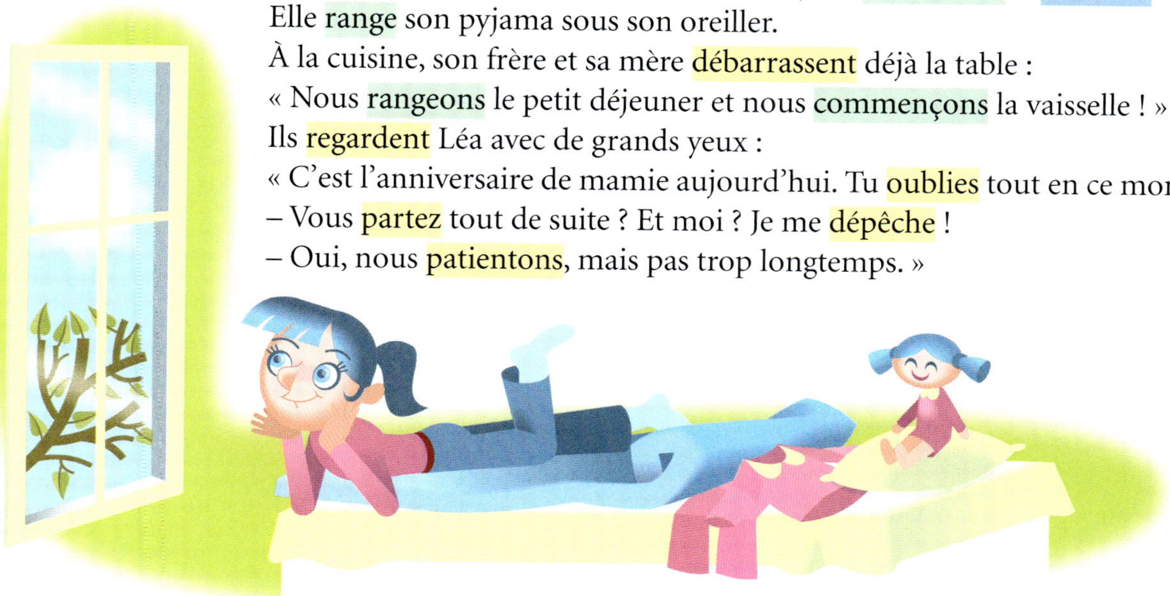

1. **À quel temps les verbes en couleur sont-ils conjugués ? Quel est le groupe de ces verbes ?**
2. **À quelles personnes sont-ils conjugués ? Repère les terminaisons de chaque personne.**
3. **Observe les verbes en vert. Quel est leur infinitif ? À quelles personnes sont-ils conjugués ? Que remarques-tu dans l'orthographe du radical ?**

## Je découvre

**1 Dans le texte *Un nouveau jour*, conjugue le verbe en bleu à la 1re personne du pluriel. Qu'est-ce qui change dans l'orthographe du radical ?**

**2 Indique à quelles personnes sont conjugués les verbes en gras. Que remarques-tu ?**

**1.** Après la course, je **souffle**, je **vacille** et je **tombe** sur la piste. ~ Après la course, nous **soufflons**, nous **vacillons** et nous **tombons** sur la piste.

**2.** Après la course, je ne **prononce** plus un mot, j'**avance** lentement, je **commence** à reprendre mon souffle. ~ Après la course, nous ne **prononçons** plus un mot, nous **avançons** lentement, nous **commençons** à reprendre notre souffle.

**3.** Après la course, je **range** mes chaussures, je m'**allonge** sur le banc, je **songe** à ma performance. ~ Après la course, nous **rangeons** nos chaussures, nous nous **allongeons** sur le banc, nous **songeons** à nos performances.

- **Au présent de l'indicatif, les terminaisons** des verbes du **1^er^ groupe** sont :

| 1er groupe | | | |
|---|---|---|---|
| je | -e | nous | -ons |
| tu | -es | vous | -ez |
| il | -e | ils | -ent |

- En général, **le radical** des verbes du **1^er^ groupe** est **identique** à celui de leur infinitif : *parler* → *je parle / nous parlons* ~ *chanter* → *je chante / nous chantons.*

⚠ Le radical de certains verbes **change à la 1^re^ personne du pluriel** :
– les verbes en **« cer »** s'écrivent avec **« ç »** (c cédille) : *lancer* → *nous lançons* ;
– les verbes en **« ger »** s'écrivent avec **« ge »** : *manger* → *nous mangeons.*

Tableaux de conjugaison p. 272 à p. 274.

## Je m'exerce

**1 * Recopie seulement les verbes du 1^er^ groupe.**

je glisse – je mets – il traverse – je prends – il sait – nous exerçons – je viens – il protège – il connaît – il dit – vous avancez.

**2 * Complète ces phrases avec les pronoms personnels sujets qui conviennent.**

… arrivons à l'heure au théâtre. – … passez par ce chemin ? – … avançons doucement. – … rêves de partir en voyage. – … m'abonne à une nouvelle revue. – … corrigent l'exercice. – … téléphone à Ahmed.

**3 * Réécris ces phrases en remplaçant « vous » par « je », puis par « ils ».**

Vous allumez la radio. – Vous partez au gymnase. – Vous récitez vos leçons. – Vous observez un aigle. – Vous dansez. – Vous apportez vos affaires. – Vous gonflez les pneus. – Vous menacez de partir.

**4 ** Mets ces verbes à la 1^re^ personne du singulier, puis à la 1^re^ personne du pluriel au présent de l'indicatif.**

charger – plaisanter – arriver – lancer – plonger – téléphoner – remplacer.

**5 ** Mets les verbes entre parenthèses au présent de l'indicatif.**

Nabil *(lancer)* la balle. – Laure *(s'élancer)* et *(rattraper)* la balle. – Nous *(observer)* le jeu avec attention. – Nous *(juger)* que les deux joueurs sont très bons. – Nous *(féliciter)* tout le monde.

**6 *** Réécris ce texte au présent de l'indicatif.**

James Cook commença sa carrière de marin à 18 ans. Très vite, on le jugea comme un grand navigateur. Le 3 juin 1769, l'Amirauté lui confia une mission à Tahiti. Son équipage diminua, frappé par la fièvre de la malaria. Pour préserver ses marins des maladies, il confectionna un procédé de préparation et de conservation des aliments qui contribua à enrayer ces maux.

**À deux !**

**Chacun écrit une phrase avec chaque verbe à mettre au présent de l'indicatif.**

prononcer – articuler – soulever – tracer – voyager.

**Comparez vos phrases. Sont-elles correctes ?**

Exercices supplémentaires ▶ Fichier Étude de la langue p. 36

# 5 Conjuguer au présent de l'indicatif (2)



## J'observe

### Une séance d'histoire

Nous faisons une leçon sur la Préhistoire. Le maître nous décrit la vie des hommes préhistoriques : « Les hommes de la Préhistoire font de beaux outils en pierre, en bois et en os. Ils peignent des scènes de la vie quotidienne sur les parois des cavernes. »
C'est alors que nous entendons des bruits bizarres dans le couloir. Nous voyons Antoine devant la porte et nous prenons tous un air étonné.
« Je peux entrer ? Je suis en retard », dit-il.
Antoine va à sa place. Le maître veut continuer ses explications, mais il rit : Antoine a de grandes chaussures rouges et jaunes et un gros nez rouge. Il est en costume de clown !

1. À quel temps les verbes en couleur sont-ils conjugués ?
   Quel est le groupe de ces verbes ?
2. À quelles personnes sont-ils conjugués ? Repère les terminaisons de chaque personne.
3. Trouve l'infinitif de chaque verbe en couleur.
   Compare le radical de chaque verbe conjugué avec le radical de son infinitif.
   Que remarques-tu dans l'orthographe du radical des verbes en jaune ?
   Et des verbes en bleu ?

## Je découvre

**1** Indique l'infinitif des verbes en gras. Que remarques-tu aux 1re et 2e personnes du singulier ?

Tu **peux** boire du lait ? ~ Je **veux** bien un verre de lait. ~ Tu **bois** du lait. ~ Je **fais** mon travail. ~ Nous **allons** au bois. ~ Vous **pouvez** monter ? ~ Elles **veulent** danser. ~ Nous **faisons** un bouquet. ~ Tu **vois** un film. ~ Je **peux** entrer ? ~ Tu **veux** une glace ? ~ Je **vois** un film. ~ Il **peut** monter.

**2** Indique l'infinitif des verbes en gras. Que remarques-tu ?

Je **vais** chez le dentiste. ~ Vous **allez** en vacances ? ~ Vous **faites** du sport ? ~ Je **fais** de mon mieux. ~ Nous **faisons** de la randonnée. ~ Ils **vont** vers la forêt. ~ Ils **font** du ski.

**3** Repère les verbes conjugués au présent de l'indicatif et indique leur infinitif.

En septembre 1940, à Montignac-sur-Vézère, Marcel partit en promenade avec trois camarades et son chien Robot. Soudain, à l'entrée d'un terrier, le chien gratte, frétille de la queue et glisse dans un trou profond. Marcel le suit et retrouve Robot cinq mètres plus bas. Il appelle ses amis qui le rejoignent. Marcel frotte une allumette. Il est ému. La lumière tremblotante de l'allumette fait surgir une chose incroyable ! Les quatre garçons et le chien ont une vision fantastique : ils voient sur les parois d'une grotte des peintures d'animaux. Ils venaient de découvrir la grotte de Lascaux !

- **Au présent de l'indicatif**, les **terminaisons** des verbes des **2e et 3e groupes** sont :

| 2e et 3e groupes | | | |
|---|---|---|---|
| je | -s | nous | -ons |
| tu | -s | vous | -ez |
| il | -t ou -d | ils | -ent |

⚠ Les verbes « **vouloir** » et « **pouvoir** » se terminent par « **x** » à la 1re et à la 2e personne du singulier : *je veux / tu veux ~ je peux / tu peux.*

- **Le radical** des verbes du **2e groupe** est **identique** à celui de leur infinitif : *finir → je finis / nous finissons.*
- **Le radical** des verbes du **3e groupe** est souvent **différent** de celui de leur infinitif : *aller → je vais / nous allons ~ faire → je fais / ils font ~ venir → je viens / nous venons ~ prendre → je prends / nous prenons ~ voir → je vois / nous voyons.*
- Les verbes « **être** » et « **avoir** » sont irréguliers. Il faut **apprendre leur conjugaison** par cœur.

Tableaux de conjugaison p. 272 à p. 274.

## Je m'exerce

**1 * Recopie seulement les verbes conjugués aux 1re et 2e personnes du singulier.**

tu fais – nous voulons – je veux – je vais – vous pouvez – tu peux – ils vont – je peux – vous faites – ils peuvent – elles veulent – tu veux.

**2 * Réécris ces phrases en remplaçant « vous » par « tu », puis par « ils ».**

Vous êtes sportif ? – Vous faites de la natation ? – Vous allez bien ? – Vous voulez jouer ? – Vous pouvez chanter ?

**3 ** Complète ces phrases avec les verbes indiqués au présent de l'indicatif.**

**Aller :** Luc et Omar … au cinéma. – Tu … à l'école ? – Je … jouer avec mon chat.
**Prendre :** Papa … le journal. – Tu … ton temps. – Je … mon parapluie.
**Venir :** Je … de Marseille. – Mon frère … dîner. – Tu … à 16 heures.
**Vouloir :** Hugo et Léo … partir en camping. – Je … bien, dit Léo. – Tu … participer au projet ?
**Faire :** Je … un gâteau. – Nous … du bruit. – Vous … des bêtises.
**Voir :** Il … dans le noir. – Nous … grand-père par la fenêtre. – Flora et Alex … Émilie à 17 heures.

**4 *** Mets les verbes entre parenthèses au présent de l'indicatif.**

La bouche *(pousser)* un petit soupir, comme si cela n'avait pas grande importance.
– En ce cas, tu perdras deux petits centimètres de ta taille. Ce n'*(être)* pas grand-chose, deux centimètres, et, de toute façon, nous ne te demanderons que des choses faciles à réaliser !
Jeanne *(faire)* la moue. Rapetisser comme ça, ça ne lui *(dire)* trop rien. Elle n'*(avoir)* pas envie de finir par ressembler à une fourmi. D'un autre côté, cela ne *(pouvoir)* lui arriver que si elle se *(tromper)* souvent.
Or la bouche lui a promis que les épreuves étaient faciles. Au bout de quelques secondes, elle *(prendre)* sa décision.

Tu peux vérifier avec le texte p. 11, lignes 13 à 22.

### À deux !

**Chacun écrit une phrase avec chaque verbe conjugué.**

êtes – vont – fais – veux – pouvons – veulent – peux – avez.

**Comparez vos phrases. Sont-elles correctes ?**

Exercices supplémentaires ▸ Fichier Étude de la langue p. 37

# 6 Utiliser et conjuguer le présent de l'impératif



## J'observe

### En classe

Mademoiselle Lafleur, notre maîtresse, entra dans la classe et nous dit :
– Sortez vos cahiers de brouillon, nous allons faire des opérations.
Elle regarda Victor et ajouta :
– Va au tableau. Prends une craie et fais cette multiplication.
Elle s'aperçut rapidement qu'il ne connaissait pas ses tables et lui conseilla :
– Apprends tes tables de multiplication si tu veux réussir.

**1.** **Quel verbe mademoiselle Lafleur utilise-t-elle pour donner un ordre à toute la classe ?**

**2.** **Quels verbes mademoiselle Lafleur utilise-t-elle pour donner des ordres à Victor ?**

**3.** **Quel verbe mademoiselle Lafleur utilise-t-elle pour donner un conseil à Victor ?**

## Je découvre

**1** **Dans le texte *En classe*, cherche le sujet des verbes. Que remarques-tu ?**

**2** **Relève les verbes de ce poème qui donnent des conseils.**

### Conseils donnés par une sorcière

*(À voix basse, avec un air épouvanté, à l'oreille du lecteur.)*

Retenez-vous de rire
dans le petit matin !

N'écoutez pas les arbres
qui gardent les chemins !

Ne dites votre nom
à la terre endormie
qu'après minuit sonné !

À la neige, à la pluie
ne tendez pas la main !

N'ouvrez votre fenêtre
qu'aux petites planètes
que vous connaissez bien !

Confidence pour confidence :
vous qui venez me consulter,
méfiance, méfiance !
On ne sait pas ce qui peut arriver.

J. Tardieu, « Monsieur Monsieur », dans *Le fleuve caché* © Gallimard.

## 6 Utiliser et conjuguer le présent de l'impératif

● On utilise **le présent de l'impératif** pour **donner un ordre ou un conseil** :
*Va au tableau. ~ Apprends tes leçons si tu veux réussir.*

● **Au présent de l'impératif :**
– Le verbe s'emploie **sans sujet exprimé** : *Sortez vos cahiers.*
– Le verbe se conjugue seulement à **trois personnes** :
*Prends une craie.* (2e pers. du sing.) ~ *Prenons une craie.* (1re pers. du pl.) ~
*Prenez une craie.* (2e pers. du pl.)

● **Le radical** des verbes est **identique** à celui du présent de l'indicatif, sauf pour « être » et « avoir ».

● **Les terminaisons** sont :

| 1er groupe | 2e et 3e groupes |
|---|---|
| -e<br>-ons<br>-ez | -s<br>-ons<br>-ez |

| Être | Avoir |
|---|---|
| sois<br>soyons<br>soyez | aie<br>ayons<br>ayez |

⚠ **Deux exceptions** à apprendre par cœur :
– **« aller »** à la 2e personne du singulier : *va* ;
– **« faire »** à la 2e personne du pluriel : *faites*.

Tableaux de conjugaison p. 272 à p. 274.

## Je m'exerce

**1 * Recopie les verbes au présent de l'impératif et indique leur infinitif.**

Finis ta soupe. – Reviens de bonne heure. – Éteins la télévision à 10 heures. – Si Julien n'est pas rentré, téléphone-moi. – Faisons un peu de musique.

**2 ** Mets les verbes entre parenthèses au présent de l'impératif à la personne indiquée.**

*(Aller, 1re personne du pluriel)* à la piscine. – *(Faire, 2e personne du pluriel)* un gâteau. – *(Écouter, 2e personne du singulier)* tes parents. – *(Venir, 2e personne du singulier)* me voir.

**3 ** Mets ces verbes au présent de l'impératif à toutes les personnes.**

partir – faire – peindre – crier – aller.

**4 *** Réécris ces phrases au présent de l'impératif à la forme affirmative, puis à la forme négative.**

Vous ferez la vaisselle. – Vous direz la vérité. – Tu bats les œufs. – Nous fermons la porte.

**5 *** Mets les verbes entre parenthèses au présent de l'impératif à la 2e personne du singulier.**

Le renard lui dit :
– *(Regarder)*.
– Eh bien, *(descendre)*.
– Oh ! quelle meule de fromage, qu'elle est grosse, *(regarder)* cette meule de fromage, lui crie-t-il depuis le fond.
Alors, il dit au loup :
– *(Monter)* dans l'autre seau.
Comme le loup était plus lourd que le renard, il a été vite au fond, puis le renard au-dessus.
– Eh bien, tu voulais me manger ; eh bien, ce coup-ci, *(remonter)* ; je suis sauvé.

Tu peux vérifier avec le texte p. 6, lignes 20 à 30.

**À deux !**

**Chacun donne trois conseils pour apprendre une poésie en utilisant l'impératif. Échangez vos phrases et indiquez l'infinitif et les personnes des verbes.**

Exercices supplémentaires ► Fichier Étude de la langue p. 38

# 7 Utiliser l'imparfait de l'indicatif



## J'observe

### L'orage

Comme tous les ans au printemps, Florent partait en voyage. Au début du mois d'avril, il s'arrêtait au village et passait quelques nuits chez son ami Arthur.

Ce jour-là, un vent glacial poussait de gros nuages noirs. La route était déserte. Le temps se faisait de plus en plus menaçant.

Florent était grand et fort et ne craignait personne. Il marchait tranquillement quand soudain un éclair zébra le ciel. La foudre tomba sur un chêne. Florent s'arrêta net et la peur l'envahit.

1. **Cette histoire est-elle racontée au passé, au présent ou au futur ?**
2. **Dans le premier paragraphe, que sais-tu des habitudes de Florent ?**
   **À quel temps les verbes sont-ils conjugués ?**
3. **Dans le deuxième paragraphe, que sais-tu du « décor », du cadre de l'histoire ?**
   **À quel temps les verbes sont-ils conjugués ?**
4. **Dans le dernier paragraphe, à quel temps les verbes qui décrivent Florent sont-ils conjugués ?**
5. **Quels événements arrivent soudainement ?**
   **Les verbes sont-ils au même temps que les autres verbes du texte ?**

## Je découvre

● **Relève les verbes à l'imparfait qui indiquent les habitudes d'Olivier et ceux qui décrivent son sommeil.**

Olivier se couchait toujours très tard. Tous les soirs, il lisait longtemps car il avait du mal à s'endormir. Ce matin-là, Olivier faisait la grasse matinée. Il rêvait d'aventures et de trésors. Il dormait profondément quand un bruit de klaxon le réveilla. Olivier se leva, se pencha à la fenêtre. Il aperçut alors Émilie qui l'attendait depuis longtemps déjà.

- L'imparfait de l'indicatif est un temps du **passé**.
- On utilise **l'imparfait de l'indicatif** :

– pour décrire **des habitudes passées ou des faits passés qui se répètent régulièrement** :
*Comme tous les ans au printemps, Florent partait en voyage.*

– pour préciser **le « décor », le cadre** d'une histoire :
*La route était déserte.*

– pour faire **le portrait** d'un personnage :
*Florent était grand et fort et ne craignait personne.*

– pour décrire **une action en train de se dérouler** :
*Florent marchait tranquillement quand soudain un éclair zébra le ciel.*

## Je m'exerce

**1 * Recopie les verbes à l'imparfait de l'indicatif et indique leur infinitif.**

Il tenta de se relever, mais ses genoux tremblaient si fort qu'il dut aussitôt s'asseoir sur le sol. D'un bref regard en arrière, il chercha le tunnel pour s'y réfugier, mais la porte disparut. Seul le grand mur brun se dressait derrière lui.

D'après R. Dahl, *James et la grosse pêche*,
trad. de M. Orange © Gallimard Jeunesse.

**2 * Choisis les verbes conjugués qui conviennent le mieux. Souligne les verbes qui servent à faire le portrait du chien.**

Les oreilles de mon chien *(pendaient / pendirent)* presque jusqu'au sol. Son poil *(était / fut)* roux. Il *(parut / paraissait)* calme et *(sembla / semblait)* inoffensif. Un jour, le facteur *(voulait / voulut)* déposer un paquet derrière le portail. Mon chien *(bondit / bondissait)* et lui *(mordait / mordit)* la main.

**3 * Complète ces phrases avec les pronoms personnels sujets qui conviennent.**

La semaine dernière, … avais un rhume. – … étions très fatigués après la randonnée. – Faisais-… tes devoirs ? – … écrivaient souvent à leurs grands-parents. – … preniez le train tous les jours. – … venait toujours le voir quand … était à l'hôpital.

**4 ** Mets les verbes entre parenthèses à l'imparfait de l'indicatif.**

Samir *(dessiner)* très bien. – Les branches *(casser)* quand nous *(grimper)* dessus. – Vous *(cuisiner)* d'excellents gâteaux. – La pluie *(tomber)* violemment. – Je *(regarder)* la pluie tomber. – Tous les soirs, tu *(partir)* à la pêche.

**5 ** Réécris ce texte à l'imparfait de l'indicatif.**

Tous les jours, nous allons à la plage. Avec ma sœur, nous faisons des châteaux. Vers quatre heures, nous allons nous baigner. Nos parents viennent avec nous. Papa nous arrose et nous fait rire. Ensuite, il nous apprend à nager.

**6 *** Réécris ce texte en commençant par « Tous les dimanches, mon grand-père allait ».**

Mon grand-père va à la pêche. Il reste des heures au bord de l'eau. Il connaît tous les secrets pour attraper le poisson. Il ne rentre jamais bredouille. Nous mangeons plusieurs fois par semaine le poisson qu'il rapporte.

**À deux !**

**L'un écrit cinq questions en utilisant des verbes à l'imparfait de l'indicatif, l'autre répond par une phrase négative.**

Exemple : Alliez-vous à l'école le jeudi ?
→ Non, nous n'allions pas à l'école le jeudi.

Exercices supplémentaires ▶ Fichier Étude de la langue p. 39

# 8 Utiliser le passé simple et le passé composé de l'indicatif

## J'observe

**La chienne d'Annette**

Comme chaque soir, Annette, la petite fille de la ferme du Grand-Morne, ramenait ses moutons. Elle arrivait en vue de la bergerie quand elle entendit un cri.
Elle se retourna et vit un chien qui agressait les moutons.
La chienne d'Annette se porta en avant pour défendre ses moutons. La petite bergère voulut aller au secours de sa vieille chienne. Alors la bête enragée mordit la fillette cruellement.

D'après C. Ganzin, *Sauvée par M. Pasteur*, dans *Le coin lecture n° 3* © MDI.

Ma chère Marie,
Sais-tu ce qui est arrivé lundi ? Comme chaque soir, Annette, la petite fille de la ferme du Grand-Morne, ramenait ses moutons. Elle arrivait en vue de la bergerie quand elle a entendu un cri.
Elle s'est retournée et a vu un chien qui agressait les moutons.
La chienne d'Annette s'est portée en avant pour défendre ses moutons.
La petite bergère a voulu aller au secours de sa vieille chienne.
Alors la bête enragée a mordu la fillette cruellement.

**1.** **Ces deux textes racontent la même histoire. Lequel est une lettre ? Lequel est un extrait de roman ?**

**2.** **Compare les verbes dans les deux textes. Sont-ils tous conjugués aux mêmes temps ?**

## Je découvre

**1** **Relève les verbes conjugués à l'imparfait de l'indicatif, puis relève les verbes conjugués à un autre temps.**

La dernière de ces baraques était une boutique de bimbeloterie, toute reluisante de clinquants, de verroteries et de choses magnifiques en fer-blanc. Au premier rang, il y avait une immense poupée haute de près de deux pieds. Elle était vêtue d'une robe de crêpe rose avec des épis d'or sur la tête et elle avait de vrais cheveux et des yeux en émail.
Au moment où Cosette sortit, son seau à la main, elle ne put s'empêcher de lever les yeux sur cette prodigieuse poupée. La pauvre enfant s'arrêta pétrifiée.

D'après V. Hugo, *Les Misérables*.

**2** **Dans le texte ci-dessus, indique les phrases qui servent à décrire, puis celles qui font avancer l'histoire. Que remarques-tu ?**

- Pour raconter des événements passés, on peut utiliser plusieurs temps du passé :

– **l'imparfait** (pour décrire) **avec le passé simple** (pour les actions soudaines).
Ils s'utilisent surtout **à l'écrit** (conte, roman…) :
*Elle arrivait en vue de la bergerie quand elle entendit un cri.*

– **l'imparfait** (pour décrire) **avec le passé composé** (pour les actions soudaines).
Ils s'utilisent surtout **à l'oral** ou **à l'écrit** pour rendre le récit plus familier, (lettres, articles de journal, journaux intimes) :
*Elle arrivait en vue de la bergerie quand elle a entendu un cri.*

⚠ On ne peut pas employer le passé simple et le passé composé ensemble dans un même texte.

## Je m'exerce

**1 * Recopie seulement les verbes au passé composé de l'indicatif.**

Ils ont pris le gros camion, et ils sont entrés avec lui dans ma tête. Une fois là, ils se sont mis à tirer, à pousser, à déplacer, à bousculer, à basculer, à rouler, à transbahuter… Ça me faisait dans les oreilles un vacarme effroyable ! Pendant ce temps, je gardais la bouche ouverte, pour leur donner de l'air, et les yeux bien écarquillés, afin qu'ils puissent voir où ils mettaient les pieds !

P. Gripari, *Contes de la Folie Méricourt* © Grasset Jeunesse.

**2 * Recopie seulement les verbes au passé simple de l'indicatif.**

Sachant à peine ce qu'il faisait, attiré par une sorte d'aimant invisible et impérieux, James Henry Trotter se mit à marcher à pas lents vers la pêche géante. Il enjamba la cloison et leva les yeux sur ses flancs gigantesques et bombés. Puis il étendit la main et la toucha avec précaution, du bout des doigts.

R. Dahl, *James et la grosse pêche*, trad. de M. Orange © Gallimard Jeunesse.

**3 ** Réécris cette phrase en remplaçant « je » par « tu », puis par « il ». N'oublie pas de transformer les deux adjectifs possessifs !**

Sur mon vélo, je roulais à toute allure. Une voiture arriva, je freinai comme un fou, mais je terminai ma course dans une meule de foin.

**4 *** Ce texte est un extrait de roman. Choisis les formes verbales qui conviennent le mieux.**

La terre *(se mit / s'est mise)* à trembler légèrement, mais j'*(étais / ai été)* trop faible pour réagir. Un soleil froid me *(a fait / fit)* soulever les paupières, avant de s'éclipser dans l'ombre d'un de ces piliers de pierre. Horreur ! Ce dernier *(s'est penché / se pencha)* vers moi. Il *(a chanté / chantait)* d'une voix incroyablement douce. Ma raison *(fut / était)*-elle à ce point altérée ? *(Fut / Était)*-ce un rêve ? une hallucination ?

Tu peux vérifier avec le texte p. 64, lignes 9 à 13.

**5 *** Ce texte est un extrait d'article de journal. Choisis les formes verbales qui conviennent le mieux.**

Hier, l'équipe du Portugal *(gagna / a gagné)* le match. Les joueurs *(ont été / étaient)* fatigués, mais ils *(ont su / surent)* défendre leur camp quand les Italiens *(attaquaient / attaquèrent)*. L'entraîneur *(a félicité / félicita)* son équipe.

**À deux !**

**Écrivez trois phrases en utilisant l'imparfait et le passé composé de l'indicatif. L'un écrit le début de la phrase à l'imparfait, l'autre la suite au passé composé.**
Exemple : Sami **hurlait**, quand le maître **est entré** dans la classe.

Exercices supplémentaires ▶ Fichier Étude de la langue p. 40

# 9 Conjuguer au passé simple de l'indicatif

## J'observe

**Simon et la grenouille**

Une petite grenouille verte sauta sous les pieds de Simon. Il voulut la prendre. Elle lui échappa. Il la poursuivit et la manqua trois fois de suite. Enfin, il la saisit par l'extrémité de ses pattes de derrière et se mit à rire.

D'après Guy de Maupassant, *Contes et Nouvelles*.

**1.** **Cette histoire est-elle racontée au passé, au présent ou au futur ?**

**2.** **À quelle personne les verbes sont-ils conjugués ? À quels groupes appartiennent-ils ?**

**3.** **Relève les verbes conjugués et classe-les selon leur terminaison. Que remarques-tu ?**

## Je découvre

**1** **Relève les verbes conjugués du 1er groupe.**
**À quelle personne sont-ils conjugués ? Que remarques-tu ?**
**Relève les verbes conjugués du 3e groupe.**
**À quelle personne sont-ils conjugués ? Que remarques-tu ?**

**Petit-Lynx**

Un petit lynx
perdit sa famille.
Il s'en alla tout seul
Et il commença à apprendre les choses.
Il se mit en route.

Un printemps il vit
arriver des oiseaux.
Il en goûta quelques-uns.
Il en apprit le goût.

Un été il faillit
se noyer, mais il vit son visage
un long moment
dans ce lac.
Il apprit alors son visage.

Un automne il fut aussi grand
que ses parents
et cela le fit penser
à eux.
C'est ainsi qu'il apprit
à se souvenir.

Un jour, dans le froid de l'hiver,
il trouva un oiseau gelé.
C'est ainsi qu'il apprit les larmes. […]
Il resta penché sur lui un long moment. […]

J. Roubaud et F. Delay,
*Partition rouge. Poèmes et chants des Indiens d'Amérique du Nord*,
coll. « Points Poésie », 2007
© Le Seuil, 1998.

**2** **Certaines phrases de *Simon et la grenouille* ont été réécrites en changeant les sujets. Lis-les en les complétant comme il convient.**

**1.** Je sautai sous les pieds de Simon. Il voulut me prendre. Je lui … .

**2.** Une petite grenouille verte sauta sous mes pieds. Je … la prendre. Je lui … .

**3.** Une petite grenouille verte sauta sous les pieds de Simon et de Malik. Ils … la prendre.

**4.** Des petites grenouilles vertes sautèrent sous les pieds de Simon. Il voulut les prendre. Elles lui … .

● **Au passé simple de l'indicatif, les terminaisons** sont :

| | 1er groupe | 2e groupe et certains verbes du 3e groupe | Certains verbes du 3e groupe |
|---|---|---|---|
| je | -ai | -is | -us |
| tu | -as | -is | -us |
| il | -a | -it | -ut |
| nous | -âmes | -îmes | -ûmes |
| vous | -âtes | -îtes | -ûtes |
| ils | -èrent | -irent | -urent |

| Être | | Avoir | |
|---|---|---|---|
| je | fus | j' | eus |
| tu | fus | tu | eus |
| il | fut | il | eut |
| nous | fûmes | nous | eûmes |
| vous | fûtes | vous | eûtes |
| ils | furent | ils | eurent |

⚠ **Deux exceptions** à apprendre par cœur :
– **« tenir »** : *je tins ~ tu tins ~ il tint ~ nous tînmes ~ vous tîntes ~ ils tinrent* ;
– **« venir »** : *je vins ~ tu vins ~ il vint ~ nous vînmes ~ vous vîntes ~ ils vinrent.*

● **Le radical** des verbes du **3e groupe** est souvent **différent** de celui de leur infinitif : *faire* → *je fis* ~ *prendre* → *je pris* ~ *pouvoir* → *je pus.*

⚠ Il ne faut pas confondre la terminaison **« ai » du passé simple** avec la terminaison **« ais » de l'imparfait** : *je sautai* (passé simple) ~ *je sautais* (imparfait).

Tableaux de conjugaison p. 272 à p. 274.

## Je m'exerce

**1 * Recopie seulement les verbes du 1er groupe.**

je mangeai – je battis – je criai – je dormis – je demandai – je craignis – je peignis – je courus – je grandis – je marchai.

**2 ** Mets ces verbes à la 1re personne du singulier au passé simple de l'indicatif, puis classe-les.**

conjuguer – gagner – courir – rire – prendre – partir – connaître – acheter – perdre – franchir.

| « ai » | « is » | « us » |
|---|---|---|
| | | |

**3 ** Mets ces verbes au trois personnes du singulier du présent de l'indicatif, puis du passé simple de l'indicatif. Que remarques-tu ?**

finir – bâtir – mincir – grandir – grossir.

**4 ** Réécris ces phrases en remplaçant « je » par « tu », puis par « il », puis par « ils ».**

Je grimpai aux arbres. – J'oubliai mon cartable. – Je sciai une planche. – Je réunis mes amis. – Je partis tôt ce matin-là. – Je reconnus Sandra.

**5 *** Choisis les verbes qui conviennent.**

Le maître des lieux *(commença / commençai)* par s'asseoir sur la banquette de pierre. Puis il se *(levèrent / leva)* et *(vint / vinrent)* vers nous. Il *(fis / fit)* le tour de notre groupe, cependant que nos cœurs, saisis d'épouvante à la vue de son effroyable aspect, battaient à se rompre. Il *(étendit / étendis)* la main, et c'est sur moi que celle-ci *(choisîmes / choisit)* de s'abattre. Je *(devint / devins)* semblable à un mort. Il *(m'empoigna / m'empoignas)* et m'*(élevai / éleva)* jusqu'à sa face hideuse, me tournant et me retournant comme fait le boucher en quête de quelque brebis bien grasse.

Tu peux vérifier avec le texte p. 69, lignes 30 à 36.

**À deux !**

**Écrivez trois phrases en utilisant l'imparfait et le passé simple de l'indicatif.
L'un écrit le début à l'imparfait, l'autre la suite au passé simple.**
Exemple : Théo **hurlait**, quand le maître **entra** dans la classe.

Exercices supplémentaires ► Fichier Étude de la langue p. 41

# 10 Conjuguer au passé composé de l'indicatif (1)

## J'observe

**On a réparé la maison de Lucas**

Le mois dernier, la pluie est entrée chez Lucas. La tempête a fait beaucoup de dégâts sur le toit. Ses parents ont eu de la chance : ils ont trouvé une entreprise très rapidement. Le couvreur a remplacé des tuiles. Et puis, les peintres sont entrés en action ; ils ont installé un échafaudage pour refaire les plafonds. Pendant plusieurs jours, Lucas a travaillé au son de la radio des peintres. Au début, cela l'a dérangé. Mais trois jours après, Lucas et les peintres sont devenus amis. Lucas leur a offert un de ses CD préférés. En fin de semaine, les travaux se sont terminés et les parents de Lucas ont été très contents.

**1.** **À quel temps les verbes sont-ils conjugués ?**

**2.** **Quel est l'infinitif des verbes conjugués avec l'auxiliaire « avoir » ?**

**3.** **Quel est l'infinitif des verbes conjugués avec l'auxiliaire « être » ?**

**4.** **Un verbe est utilisé deux fois. Que remarques-tu ?**
**Relève les deux formes avec leur sujet. Explique ce qui change.**

## Je découvre

**1** **Choisis l'auxiliaire qui convient.**

Les Soto *(ont / sont)* bien arrivés à l'heure du déjeuner. Ils m'*(ont / sont)* apporté le ciment et les petites souris. Il y en a une qui nous *(est / a)* filé entre les doigts sur le palier et elle *(a / est)* entrée dans l'appartement du monsieur tout bleu. On *(a / est)* entendu des cris et des hurlements à l'intérieur et aussi des coups si forts que nous n'*(sommes / avons)* pas osé sonner pour la réclamer.

Tu peux vérifier avec le texte p. 99, lignes 1 à 5.

**2** **Dans le texte ci-dessus, relève les participes passés des verbes conjugués avec l'auxiliaire « être ». Explique leur terminaison.**

● **Le passé composé** d'un verbe est formé de deux mots : **l'auxiliaire « avoir » ou « être » au présent de l'indicatif** et **le participe passé du verbe.**

*Nous avons réparé la maison. ~ Les peintres sont arrivés hier.*

verbe « réparer » au passé composé — verbe « arriver » au passé composé

● Avec l'auxiliaire **« avoir », le participe passé ne s'accorde pas** avec le sujet : *Nous avons réparé la maison.*

● Avec l'auxiliaire **« être », le participe passé s'accorde** en genre et en nombre avec le sujet :

*La pluie est entrée chez Lucas.* (sujet féminin singulier)

*Les peintres sont entrés en action.* (sujet masculin pluriel)

## Je m'exerce

**1 * Recopie seulement les verbes conjugués au passé composé de l'indicatif avec leur sujet.**

Le magicien a mis la boîte sur la table. Il a pris sa baguette et a frappé sur le couvercle. Aussitôt, un petit génie est sorti, un nuage s'est formé, puis on a aperçu un théâtre miniature fermé par un rideau rouge. On a entendu les trois coups qui annonçaient que la pièce allait commencer.

**2 * Choisis l'auxiliaire qui convient.**

Guignol *(a / est)* arrivé silencieusement, il *(est / a)* dérobé deux gâteaux et il *(est / a)* reparti. Mais le pâtissier l'*(est / a)* aperçu et l'*(est / a)* attrapé. Guignol *(a / est)* demandé pardon. Dans la salle, les applaudissements *(sont / ont)* crépité.

**3 ** Complète ces phrases avec les pronoms personnels sujets qui conviennent.**

L'année dernière, … suis parti en Égypte. – … sont retournées se coucher. – … a bu tout son biberon. – … sont sortis prendre l'air. – … avons lu ce livre en classe.

**4 ** Choisis les participes passés qui conviennent.**

Nous avons *(dit / dits)* au revoir et nous sommes *(parti / partis)*. – Victor et Alban sont *(montés / montée)* au grenier et ont *(lus / lu)* des bandes dessinées. – Elle est *(devenu / devenue)* actrice et a aussi *(réalisée / réalisé)* des films. – Ils sont *(parties / partis)* comme ils sont *(venus / venu)*.

**5 ** Mets les verbes entre parenthèses au passé composé de l'indicatif.**

Le lendemain, Pinocchio *(aller)* à l'école. Les enfants de la classe *(devenir)* cruels avec lui. L'un *(arracher)* son cartable, l'autre *(tirer)* sur ses vêtements ; un autre *(essayer)* de lui attacher des ficelles aux bras et aux jambes.

D'après C. Collodi, *Pinocchio*.

**6 *** Réécris ce texte en commençant par « la pâtissière », puis par « les pâtissières ».**

Le pâtissier est arrivé tôt ce matin. Il a confectionné un gâteau délicieux. Il a sorti du four un grand moule. Puis il est sorti de la pâtisserie pour acheter les derniers ingrédients au marché. Il est revenu avec des cerises confites et il a disposé les cerises en cercle sur le gâteau.

**7 *** Réécris ce texte en mettant les verbes en gras au passé composé de l'indicatif.**

À l'action ! Vassioutka **se releva** rapidement sur un genou et **tenta** dans l'enchaînement de mettre en joue l'oiseau soudain inquiet. Il **maîtrisa** enfin le tremblement qui agitait ses mains, la mire **cessa** de danser, elle **se fixa** sur le tétras…

V. Astafiev, *Perdu dans la taïga* © Castor Poche-Flammarion.

**À deux !**

**Dans le texte *Les déménageurs*, relevez les verbes conjugués au passé composé de l'indicatif. Classez-les en fonction de l'auxiliaire utilisé.**

Voir le texte pp. 16-17.

Exercices supplémentaires ▶ Fichier Étude de la langue p. 42

# 11 Conjuguer au passé composé de l'indicatif (2)

## J'observe

**Où est passé le chat ?**

Ce soir, comme d'habitude, maman a donné à manger à notre chat Poussy, puis il a déguerpi dans le jardin. Après le dîner, nous avons cherché notre chat, mais il n'était plus là. On était inquiets parce qu'il faisait froid.
On était en train de le chercher lorsque, soudain, papa a cru entendre un bruit. Nous avons compris où était Poussy : dans la cabane à outils !
J'ai couru, j'ai ouvert la porte et j'ai découvert Poussy. J'ai pris mon chat dans les bras. Il s'est blotti contre moi.

1. **À quel temps les verbes en couleur sont-ils conjugués ?**
2. **Quel est le groupe des verbes en jaune ?**
   **Quelle est la terminaison de leur participe passé ?**
3. **Quel est le groupe des verbes en bleu ?**
   **Quelle est la terminaison de leur participe passé ?**
4. **Quel est le groupe des verbes dans les autres couleurs ?**
   **Quelles sont les différentes terminaisons de leur participe passé ?**
5. **À quel temps les autres verbes de ce texte sont-ils conjugués ? Pourquoi ?**

## Je découvre

**1 Indique l'infinitif des verbes conjugués. Classe les participes passés en trois colonnes : *verbes du 1er groupe / verbes du 2e groupe / verbes du 3e groupe.* Que remarques-tu ?**

il est parti ~ il a fini ~ elle a dit ~ je suis resté ~ nous avons chanté ~ tu as grandi ~ j'ai peint ~ il a battu ~ il a mis ~ j'ai escaladé ~ tu es monté ~ ils ont rougi ~ elle a saisi ~ j'ai entendu ~ tu as compris ~ nous avons fait ~ vous avez voulu ~ ils ont pu ~ elle a vu ~ tu es venu ~ j'ai pris.

**2 Indique l'infinitif de ces verbes conjugués au passé composé.**

j'ai été content ~ nous avons eu de la chance ~ tu as été malade ~ j'ai eu tort ~ vous avez eu raison ~ ils ont été agréables ~ elle a été délicieuse ~ ils ont eu chaud ~ nous avons été satisfaits ~ vous avez été chanceux ~ tu as eu de la fièvre ~ il a eu un problème.

**3 Mets les verbes entre parenthèses à l'imparfait ou au passé composé. Explique tes choix.**

L'autre soir, la nuit *(tomber)*. La lune *(briller)*. L'ombre des arbres *(dessiner)* des formes terrifiantes. Soudain, j'*(entendre)* un grognement derrière moi. Je *(se mettre)* à courir. Arrivé chez moi, je me *(retourner)* et j'*(voir)* une ombre…

CONJUGAISON

- Au passé composé, **les terminaisons du participe passé** sont :
– **« é »** pour les verbes du **1er groupe** : *j'ai mangé ~ tu as chanté* ;
– **« i »** pour les verbes du **2e groupe** : *j'ai fini ~ tu as grandi* ;
– **« i »**, **« is »**, **« u »** ou **« t »** pour les verbes du **3e groupe** :
*je suis parti ~ tu as pris ~ il a vu ~ nous avons écrit.*

- **Le radical** du participe passé des verbes du **3e groupe** est souvent **différent** de celui de leur infinitif :
*prendre → pris ~ découvrir → découvert ~ savoir → su.*

- Le participe passé du verbe **« avoir »** est **« eu »** : *j'ai eu.*
Le participe passé du verbe **« être »** est **« été »** : *j'ai été.*

⚠ Il ne faut pas confondre la terminaison **« é » du participe passé** avec les terminaisons **« ais »** et **« ait » de l'imparfait** :
*Le pianiste donnait un concert lorsque le gardien a donné l'alerte.*

Tableaux de conjugaison p. 272 à p. 274.

## Je m'exerce

**1 * Classe ces participes passés dans un tableau.**

mis – uni – terminé – sali – tenu – couvert – puni – dit – peint – souffert – conquis – gagné.

| 1er groupe | 2e groupe | 3e groupe |
|---|---|---|
| | | |

**2 * Classe les participes passés de ces verbes dans un tableau.**

prendre – ouvrir – suivre – sourire – teindre – garder – dessiner – grossir – moisir – noircir – allumer – venir – boire.

| « é » | « i » | « is » | « u » | « t » |
|---|---|---|---|---|
| | | | | |

**3 ** Choisis les formes verbales qui conviennent.**

Au début de l'année, nos correspondants sont venus à l'école. Toute la classe *(était / est)* mobilisée pour les accueillir. Nous *(faisons / avons fait)* un journal pour rendre compte de l'événement. Chacun *(a choisi / choisit)* un thème pour écrire un article. Certains *(écrivent / ont écrit)* des charades et des jeux. Nos parents *(sont / étaient)* très intéressés. Beaucoup *(demanderont / ont demandé)* la date de notre prochaine publication.

**4 ** Complète ces phrases avec le participe passé des verbes entre parenthèses.**

Nous avons *(dire)* au revoir. – Il a *(faire)* ce qu'il a *(pouvoir)*. – Tu l'as *(vouloir)*. – Je suis *(monter)* à l'étage. – Vous avez *(voir)* ce film. – Il est *(aller)* à la piscine. – Il est *(partir)* comme il est *(venir)*. – Elle a *(grandir)*. – J'ai *(apercevoir)* un oiseau, puis je l'ai *(peindre)*. – Tu as *(aimer)* cette chanteuse et tu as *(acheter)* son disque. – Tu as *(finir)* ton exercice.

**5 *** Mets les verbes entre parenthèses au passé composé ou à l'imparfait de l'indicatif, comme il convient.**

Les vacances *(commencer)* depuis deux jours. Hier, le chat *(tomber)* dans le puits. Nous *(appeler)* les pompiers. Un pompier *(descendre)* avec une échelle. Le chat l'*(attendre)*. Il *(trembler)*. Le pompier *(remonter)*. Le chat *(être)* tout sale. Nous *(frotter)* son poil pendant qu'il *(reprendre)* ses esprits.

**À deux !**

**Chacun écrit une phrase avec chaque verbe à mettre au passé composé.**
danser – courir – bondir – sauter – dîner – atteindre – mettre.
**Comparez vos phrases. Sont-elles correctes ?**

Exercices supplémentaires ▶ Fichier Étude de la langue p. 43

# 12 Conjuguer au futur simple de l'indicatif

## J'observe

### Quand Zoé sera grande

Quand je serai grande, je serai grande comme mon papa. Je n'irai plus à l'école et personne ne criera plus : « Zoé, tu vas apprendre tes leçons ! » Je m'habillerai toute seule et je visiterai les grands magasins. Mes parents diront : « Elle peut faire ce qu'elle veut. Elle est grande maintenant. » Je me paierai des bonbons et des gâteaux. Je marcherai dans les flaques d'eau. Je sortirai la nuit. Ce sera merveilleux quand je serai grande !

1. Zoé parle-t-elle de maintenant, d'avant ou de plus tard dans l'avenir ?
2. Relève les verbes qui indiquent ce que fera Zoé quand elle sera grande. À quel temps sont-ils conjugués ?
3. Indique l'infinitif des verbes que tu as relevés. Compare les formes à l'infinitif avec les formes conjuguées. Que remarques-tu ?
4. Prononces-tu toutes les lettres dans les deux verbes en jaune ?

## Je découvre

**1** **Réécris le texte *Quand Zoé sera grande* en remplaçant :**
- « je » par « elle » ;
- « je » par « nous » et « Zoé » par « Zoé et Marie » ;
- « je » par « elles » et « Zoé » par « Zoé et Marie ».

**Fais toutes les transformations nécessaires.**

**2** **Dans les textes que tu as réécrits pour l'exercice 1, entoure toutes les terminaisons de ces verbes.**

être ~ aller ~ crier ~ s'habiller ~ visiter ~ payer ~ marcher ~ sortir.

● En général, on utilise **le futur simple de l'indicatif** pour indiquer qu'**une action peut ou doit se produire dans l'avenir** : *Je m'habillerai toute seule.* ~ *Je sortirai la nuit.*
verbe « s'habiller » au futur simple — verbe « sortir » au futur simple

● Au futur, tous les verbes ont **les mêmes terminaisons** :

| 1er, 2e et 3e groupes | | Être | | Avoir | |
|---|---|---|---|---|---|
| je -rai<br>tu -ras<br>il -ra | nous -rons<br>vous -rez<br>ils -ront | je serai<br>tu seras<br>il sera | nous serons<br>vous serez<br>ils seront | j' aurai<br>tu auras<br>il aura | nous aurons<br>vous aurez<br>ils auront |

● En général, dans les verbes du 1er et du 2e groupe, on retrouve **l'infinitif** du verbe : *je mangerai* ~ *je finirai.*

● **Le radical** des verbes du **3e groupe** est souvent **différent** de celui de leur infinitif : *venir → je viendrai ~ voir → je verrai ~ vouloir → je voudrai.*

⚠ Il ne faut pas oublier le **« e » muet** dans certains verbes du **1er groupe** :
– les verbes en **« ier »**, **« uer »** et **« ouer »** :
*plier → je plierai ~ éternuer → j'éternuerai ~ jouer → je jouerai ;*
– les verbes en **« yer »** où **« y »** se change en **« i »** devant le **« e » muet** :
*aboyer → aboiera.*

Tableaux de conjugaison p. 272 à p. 274.

## Je m'exerce

**1 * Réécris ces phrases au futur simple de l'indicatif.**

Tu manges toute ta soupe. – L'avion survole l'aéroport. – Je porte un panier très lourd. – Nous nous mettons au travail. – Le chien aboie. – Vous jouez aux échecs ? – Camille et Olivier remercient le boulanger. – Le chêne plie mais ne rompt pas.

**2 * Complète ces phrases avec les pronoms personnels sujets qui conviennent.**

… chercheront le voleur. – … monterai à cheval. – … tracera son portrait. – … quitterez la maison. – … écrirons à nos parents. – … mangeras ce que tu voudras.

**3 ** Indique l'infinitif de ces verbes.**

nous courrons – ils viendront – vous irez – vous aurez – il sera – je pourrai – tu feras – vous verrez – tu jetteras – ils appelleront.

**4 ** Mets les verbes entre parenthèses au futur simple de l'indicatif.**

Quand il *(se réveiller)*, le soleil *(être)* haut dans le ciel. Jules *(sortir)* de la cabane en clignant des yeux. Il *(se mettre)* à marcher. Il *(escalader)* la dune et il *(apercevoir)* la mer. Il *(entendre)* le bruit des vagues. Il *(se baigner)* dans l'eau fraîche.

**5 *** Réécris le texte de l'exercice 4 en remplaçant « il » et « Jules » par « tu ».**

**À deux !**

**Chacun écrit trois phrases au futur simple de l'indicatif sur ce qu'il fera quand il sera grand.**
**Échangez vos phrases, puis lisez-les en remplaçant « je » par « tu ».**
Exemple : Quand je serai grand, je voyagerai dans le monde entier. → Quand tu seras grand, tu voyageras dans le monde entier.

Exercices supplémentaires ▶ Fichier Étude de la langue p. 44

# 13 Utiliser le futur simple de l'indicatif et le présent du conditionnel



## J'observe

**Voyage en Égypte**

**1.** L'été prochain, nous irons en Égypte. Nous ferons enfin ce voyage. Nous visiterons les pyramides. Nous naviguerons sur le Nil et nous admirerons les temples de Karnak et de Louxor. Je prendrai des photos.

**2.** « Pourrais-tu, s'il te plaît, me prêter ton catalogue de tourisme ?

– Bien sûr, Lucie. Vous comptez partir en voyage ?

– Peut-être. Si David **était** enfin disponible, nous irions en Égypte. Nous ferions enfin ce voyage. Nous visiterions les pyramides. Nous naviguerions sur le Nil et nous admirerions les temples de Karnak et de Louxor. Je prendrais des photos. »

**1.** **Les verbes en jaune sont-ils conjugués au même temps dans les deux textes ?**

**2.** **Dans un des deux textes, il n'est pas du tout sûr que le voyage ait lieu ; cela dépend d'une condition. Laquelle ? À quel temps est conjugué le verbe en gras ?**

**3.** **Dans quelle phrase du texte 2 trouves-tu une formule de politesse ?**

## Je découvre

**1 Pour chaque phrase, indique l'explication qui te semble juste.**

**1.** *On exprime un doute.* ~ **2.** *C'est un souhait.* ~ **3.** *Il y a une condition.* ~ **4.** *C'est une formule de politesse.*

Auriez-vous la gentillesse de me prêter votre livre ? ~ Je vous le prêterais bien volontiers s'il était à moi. ~ L'orage ferait de gros dégâts. ~ Selon les informations, le feu détruirait une partie de la forêt. ~ Si mes parents étaient d'accord, je viendrais ce soir. ~Vincent voudrait être chercheur.

**2 Choisis les verbes qui conviennent.**

Si tu étais sage, tu *(auras / aurais)* un gâteau. ~ Quand tu seras sage, tu *(auras / aurais)* un gâteau. ~ Si Léo rentrait tôt, nous *(irons / irions)* au cinéma. ~ Quand Anna rentrera, nous *(irons / irions)* au cinéma. ~ Si tu savais mieux skier, nous *(descendrons / descendrions)* des pistes noires. ~ Quand tu sauras mieux skier, nous *(descendrons / descendrions)* des pistes noires.

CONJUGAISON

- On utilise **le futur simple de l'indicatif** quand **on est presque sûr** qu'un événement aura lieu : *L'été prochain, nous irons en Égypte.*
- On utilise **le présent du conditionnel** quand **on n'est pas sûr** qu'un événement aura lieu :

– On exprime **un doute** : *L'orage ferait de gros dégâts.*

– On exprime **un souhait** ou **un rêve** : *Vincent voudrait être chercheur.*

– L'événement dépend d'**une condition**. On utilise souvent une phrase qui commence par « si » et dont le premier verbe est à l'imparfait :
*Si mes parents étaient* (imparfait) *d'accord, je viendrais* (conditionnel) *ce soir.*

– On fait **une demande avec politesse** :
*Auriez-vous la gentillesse de me prêter votre livre ?*

Tableaux de conjugaison p. 272 à p. 274.

## Je m'exerce

**Tu peux utiliser les tableaux de conjugaison pour faire les exercices de cette page.**

**1 * Recopie seulement les verbes conjugués au présent du conditionnel.**

**1.** Si j'étais riche, j'aurais une maison au cœur de la montagne. Je cultiverais toutes sortes de fleurs et je leur parlerais tous les matins.

**2.** Magali rêve d'être actrice. Elle serait une star, elle tournerait dans les plus grands films.

**3.** Selon nos informations, les astronautes seraient sur le point de rentrer dans l'atmosphère.

**4.** Pourriez-vous me prêter votre stylo ? Et pourrais-je vous emprunter cette gomme ?

**2 ** Choisis les verbes qui conviennent le mieux.**

Si vous le voulez, je vous *(attendrais / attendrai)* à l'entrée du stade. – Si vous le vouliez, je vous *(attendrais / attendrai)* à l'entrée du stade. – S'il pleuvait encore, la rivière *(finira / finirait)* par sortir de son lit. – S'il pleut encore demain, la rivière *(finira / finirait)* par sortir de son lit. – Si notre train arrive à l'heure, nous *(pourrons / pourrions)* faire la visite complète du château. – Si notre train arrivait à l'heure, nous *(pourrons / pourrions)* faire la visite complète du château.

**3 ** Choisis les verbes qui conviennent.**

Si les poissons *(sauraient / savaient)* marcher
ils *(aimeraient / aimaient)* bien aller le jeudi au marché.
Si les canards *(sauraient / savaient)* parler
ils *(aimeraient / aimaient)* bien aller le dimanche au café.
Et si les escargots *(sauraient / savaient)* téléphoner
ils *(resteraient / restaient)* toujours au chaud dans leur coquille.

Tu peux vérifier avec le texte p. 81, Je lis en réseau.

**4 *** Mets les verbes entre parenthèses au temps qui convient le mieux : futur simple de l'indicatif ou présent du conditionnel.**

D'après les prévisions météorologiques, la tempête *(devoir)* s'arrêter à l'aube. – *(Pouvoir)*-vous, s'il vous plaît, me prêter votre journal ? – L'exposition *(s'achever)* le 15 avril. – Lucile a le fou rire ; pour un peu, elle en *(pleurer)*.

**À deux !**

**Chacun complète ces phrases en utilisant le futur simple de l'indicatif ou le présent du conditionnel.**

Si j'étais un Indien d'Amérique, je .... – Si les mots étaient des oiseaux, .... – Quand elle croquera la pomme, .... .

**Comparez vos phrases.**

Exercices supplémentaires ▶ Fichier Étude de la langue p. 45

# 14 Des verbes irréguliers du 3e groupe



## J'observe

**À la plage**

Nous habitons la cité des Fleurs. Tous les mercredis, je sors avec mon petit frère Adrien. Nous prenons la route de la plage et nous rejoignons la mer en une demi-heure. Adrien craint beaucoup l'eau. Il reste sur la plage et moi je vais au large. Je peux nager très loin, mais je ne veux pas laisser Adrien seul trop longtemps. Quand j'atteins la grosse bouée qui délimite la zone de baignade, je reviens vers le sable.

1. À quel temps les verbes de ce texte sont-ils conjugués ?
2. Trouve l'infinitif des verbes conjugués. À quels groupes appartiennent-ils ?
3. Compare le radical de chaque verbe conjugué avec le radical de son infinitif. Que remarques-tu dans l'orthographe du radical ?

## Je découvre

**1 Mets les verbes en gras à l'imparfait, puis au futur. Que remarques-tu ?**

Je **peins** mon vélo. ~ Tu **rejoins** ton groupe. ~ J'**éteins** la lumière. ~ Nous **faisons** un match. ~ Tu **veux** jouer ? ~ Je **peux** jouer ? ~ Vous **dites** la vérité ? ~ Tu **sais** beaucoup de choses. ~ Il **voit** un film. ~ Tu **cours** bien vite !

**2 Mets ces verbes à la 1re personne du pluriel, puis à la 3e personne du pluriel au présent de l'indicatif. Que remarques-tu ?**

je pars ~ je sais ~ je prends ~ je bois ~ je viens ~ je vais.

**3 Indique l'infinitif des verbes conjugués. Quelles différences remarques-tu entre le radical du verbe conjugué et le radical de l'infinitif ?**

Je repeignais les murs de la cuisine. ~ Il repeint les murs de la cuisine. ~ Nous éteignions la lumière du salon. ~ Vous rejoignez vos camarades. ~ Les alpinistes atteignirent le sommet. ~ Tu me mens tout le temps. ~ Il me comprenait. ~ Tu viendras me voir demain. ~ Elle prit son vélo. ~ Je pars en Bretagne.

- **Le radical** des verbes du **3e groupe change** souvent.
- Voici quelques verbes que l'on utilise très souvent. Il faut **apprendre leur conjugaison** par cœur :

| Infinitif | Présent | Imparfait | Passé simple | Futur |
|---|---|---|---|---|
| **aller** | je vais/nous allons | j'allais | j'allai | j'irai |
| **croire** | je crois/nous croyons | je croyais | je crus | je croirai |
| **dire** | je dis/vous dites | je disais | je dis | je dirai |
| **faire** | je fais/nous faisons | je faisais | je fis | je ferai |
| **partir** | je pars/nous partons | je partais | je partis | je partirai |
| **pouvoir** | je peux/nous pouvons | je pouvais | je pus | je pourrai |
| **prendre** | je prends/nous prenons | je prenais | je pris | je prendrai |
| **savoir** | je sais/nous savons | je savais | je sus | je saurai |
| **venir** | je viens/nous venons | je venais | je vins | je viendrai |
| **voir** | je vois/nous voyons | je voyais | je vis | je verrai |
| **vouloir** | je veux/nous voulons | je voulais | je voulus | je voudrai |

## Je m'exerce

**1 * Retrouve l'infinitif des verbes conjugués.**

Le bébé malade geint dans son lit. – Tu sens l'odeur de la rose. – Certaines jeunes filles se teignent les cheveux. – Nous reviendrons souvent. – Tu y vas quelquefois.

**2 ** Recopie les verbes conjugués et entoure leur terminaison.**

Les ouvriers repeignent l'école. – Tu pars à onze heures. – Je peux y aller à pied. – Après trois heures de route, Hakim atteint enfin le village. – Je veux écrire à mes grands-parents.

**3 ** Recopie les verbes conjugués et entoure leur radical.**

Nous rejoignons la maison ce matin. – Je sors à 16 h 30 de l'école. – Tu repris ton vélo. – Nous ressentons des douleurs. – Mon père prenait des vacances en Italie.

**4 *** Mets les verbes entre parenthèses à l'imparfait de l'indicatif.**

Tu nous *(joindre)* au téléphone. – Hugo et toi *(craindre)* les araignées. – Les copains et moi *(repeindre)* ton vélo. – Mon pantalon *(déteindre)* à chaque lavage.

**5 *** Mets les verbes entre parenthèses au futur simple de l'indicatif.**

Nous *(pouvoir)* prendre ce train. – Je *(voir)* Judith demain. – Nos amis *(vouloir)* du sucre dans leur café. – Tu *(faire)* ton lit avant de partir. – Vous *(savoir)* demain la bonne nouvelle.

**À deux !**

**Chacun conjugue ces verbes à la 2e personne du singulier, puis à la 3e personne du pluriel : au présent, à l'imparfait, au futur et au passé simple de l'indicatif.**
connaître – tenir – devoir – comprendre – devenir – paraître.
**Soulignez le radical de chaque verbe.**
**Comparez vos réponses.**

Exercices supplémentaires ▶ Fichier Étude de la langue p. 46

# 15 Identifier et utiliser le présent du subjonctif



## J'observe

### Cauchemar

**1.** Benjamin a de la fièvre et son sommeil est agité. Il se réveille en pleine nuit et, apeuré, il appelle sa maman. Elle **vient** le voir et lui prend la main.
« J'ai fait un cauchemar et j'ai peur car il **revient** souvent, dit Benjamin. Tu me **lis** une histoire ? »
Sa maman accepte. Il **peut** se rendormir.

**2.** Benjamin a de la fièvre et son sommeil est agité. Il se réveille en pleine nuit et, apeuré, il appelle sa maman pour qu'elle **vienne** le voir. Elle lui prend la main.
« J'ai fait un cauchemar et j'ai peur qu'il **revienne**, dit Benjamin. Je veux que tu me **lises** une histoire. »
Sa maman accepte afin qu'il **puisse** se rendormir.

1. Ces textes racontent-ils la même histoire ?
2. À quel temps les verbes du texte 1 sont-ils conjugués ?
3. Compare les verbes en gras des textes 1 et 2. Que remarques-tu ?
4. Dans le texte 2, les verbes en gras appartiennent à des propositions subordonnées. Par quels mots commencent ces propositions ?

## Je découvre

**1** **Pour chaque phrase, indique l'explication qui te semble juste.**

**1.** *C'est un ordre, un conseil ou un souhait.* ~ **2.** *C'est une crainte.* ~ **3.** *C'est un but.*

J'ai peur que le vent soit violent. ~ Il est souhaitable que vous les surveilliez. ~ Maman veut que je sois calme. ~ Tout est fait pour que les pompiers soient prêts rapidement. ~ On leur impose un entraînement afin qu'ils puissent réagir vite. ~ Faudra-t-il que nous plongions ? ~ Le maître demande que l'on prenne nos affaires. ~ Les habitants craignent que la tempête ne détruise la digue.

**2** **Réécris les propositions en gras au présent de l'indicatif.**

Exemple : Il faut **que tu viennes tôt.** → Tu viens tôt.

Je veux **que tu partes**. ~ J'aimerais **qu'il aille se coucher**. ~ Il vaut mieux **qu'il finisse son travail**. ~ Je veux **que tu suives ce chemin**. ~ Il lui explique pour **qu'il comprenne**. ~ J'aimerais **que tu puisses lui parler**. ~ Il faut **qu'il pleuve**.

● On utilise souvent **le présent du subjonctif** dans une proposition subordonnée :

– pour donner **un ordre** ou **un conseil** :
*Maman veut que je sois calme.*

– pour exprimer **un souhait** :
*Il est souhaitable que vous les surveilliez.*

– pour exprimer **une crainte** :
*Les habitants craignent que la tempête ne détruise la digue.*

– pour expliquer **un but** :
*On leur impose un entraînement afin qu'ils puissent réagir vite.*

● On emploie toujours le présent du subjonctif après certains verbes suivis de **« que »** :
*il faut que… ~ il vaut mieux que… ~ il est bon que… ~ je doute que… ~ je veux que… ~ je crains que…*

Tableaux de conjugaison p. 272 à p. 274.

## Je m'exerce

**1 * Recopie seulement les verbes conjugués au présent du subjonctif et indique leur infinitif.**

Nous voulons qu'il te fasse des excuses. – Thomas leur a donné son adresse afin qu'ils aillent le voir. – Je t'ouvre la porte afin que tu puisses entrer. – Anna aimerait que tu lui écrives. – Nous ne voulons pas que vous cueilliez les fleurs.

**2 ** Complète ces phrases avec les pronoms personnels sujets qui conviennent.**

Il faut que … viennes. – Nous voulons que … sortiez. – Donne-lui un sécateur pour qu' … taille les rosiers. – Maman éteint la lumière afin que … dormions. – Pourquoi veux-tu que … t'attende ? – Il faut que … veniez.

**3 ** Complète ces phrases avec les verbes de la liste et un complément de ton choix.**

*nourrisse – puisses – prenne – rangions – puissent*

Maman veut que nous … . – Mes voisins aimeraient que je … . – Marie range sa chambre afin que ses amis … . – Mes amis souhaitent que je … . – Je pars pour que tu … .

**4 *** Remplace les propositions subordonnées en gras par un groupe nominal.**

Exemple : Je souhaite **que vous partiez**.
→ Je souhaite votre départ.

J'attends **que vous veniez**. – Alex souhaite **que tu guérisses**. – Je souhaite **que tu sois innocent**. – Nora aimerait **que la pluie arrive**.

**À deux !**

**L'un écrit trois phrases qui commencent par « Je souhaite que » suivi d'une proposition subordonnée avec les groupes de mots proposés.**
partir en vacances – réussir – gagner la course – être heureux – rentrer.
**L'autre remplace les propositions subordonnées par un groupe nominal.**
Exemple : Je souhaite que tu réussisses.
→ Je souhaite ta réussite.
**Changez de rôle et recommencez. Vous pouvez vous aider des tableaux de conjugaison.**

Exercices supplémentaires ► Fichier Étude de la langue p. 47

# 1 À quoi sert le vocabulaire ?

## J'observe

### La partie de football

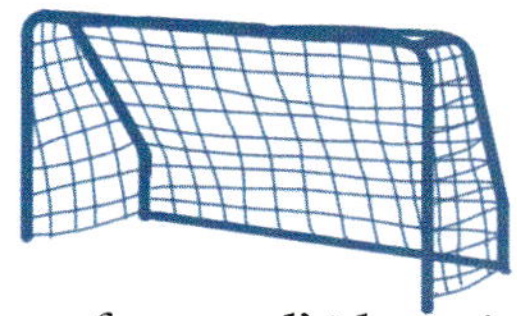

**1.** *Thomas a été témoin d'un incident et le raconte à Damien.*

« Romain et Manu faisaient du foot. Au lieu de prendre le ballon, Romain a fait un truc à Manu et Manu l'a tapé. Après, ils se sont cognés et le prof de gym les a virés tous les deux. »

**2.** *M. Le Mohan, professeur d'éducation physique, raconte l'incident au directeur.*

« Romain et Emmanuel se distrayaient en jouant au football. Au lieu d'intercepter le ballon, Romain a fait un croc-en-jambe à Emmanuel et celui-ci a répliqué par un coup de tête. Une bagarre s'est ensuivie. Il a fallu les exclure du terrain. »

1. **Observe les verbes en jaune dans le texte 1.**
   **Par quels autres verbes sont-ils remplacés dans le texte 2 ? Connais-tu leur sens ?**
2. **Quel texte te permet de reconstituer de façon précise ce qui s'est passé ? Pourquoi ?**
3. **Que penses-tu des expressions en bleu dans le texte 1 ?**
   **Par quelles autres expressions sont-elles remplacées dans le texte 2 ?**
4. **À ton avis, pourquoi M. Le Mohan n'utilise-t-il pas les mêmes mots que Thomas ?**

- **Le vocabulaire** est l'ensemble des mots que l'on utilise dans une langue. Connaître les mots d'une langue et leur sens permet :
  – **d'exprimer ses idées** de façon claire et précise ;
  – **de choisir les mots** les mieux adaptés à la situation (niveaux de langue) ;
  – **de comprendre** les textes qu'on lit et les paroles de ceux qui nous parlent.
- Étudier le vocabulaire, c'est apprendre le sens des mots en utilisant **un dictionnaire**, en s'aidant **des mots qui sont autour** (le contexte) ou **des mots de la même famille**.

## Je m'exerce

**1 * Réécris ce texte en remplaçant certains mots par les mots de la liste pour le rendre plus précis.**

*pain et chocolat – son goûter – dans la cuisine – télé – jus d'orange – plateau*

Jeanne a son petit programme. Premièrement, elle file là-dedans chercher un truc : quelque chose à boire, quelque chose à manger. Deuxièmement, elle pose le tout sur un bidule. Troisièmement, elle s'installe confortablement devant la chose.

Tu peux vérifier avec le texte p. 8, lignes 6 à 11.

**2 ** Classe ces mots selon la situation :** ***tu t'adresses à un ami / au boulanger / tu écris au directeur de l'école.***

drôle – marrant – hilarant – craindre – avoir peur – flipper – logement – maison – baraque.

**3 *** Devine le sens des mots en gras d'après le contexte et grâce au mot « vitre ».**

Le **vitrier** a remplacé un carreau dans la cuisine. – Les poissons morts ont l'œil **vitreux**. – On a **vitrifié** le parquet du salon.

Exercices supplémentaires ► Fichier Étude de la langue p. 48

VOCABULAIRE

# 2 Avec mon dictionnaire

## J'observe

**1.** Lis les définitions de « boucher ».
Pourquoi y a-t-il deux fois ce mot ? Que veulent dire les abréviations « n. m. », « n. f. », « v. » et « adj. » ?

**2.** Dans l'article du nom « boucher », cherche un mot qui se prononce de la même manière mais qui s'écrit différemment : comment est-ce indiqué ?

**3.** D'après l'article de dictionnaire, combien de sens peut avoir le verbe « boucher » ?

**4.** Dans l'article du verbe « boucher », cherche un verbe de sens contraire, puis un verbe de sens voisin : comment est-ce indiqué ?

① **boucher** n. m., **bouchère** n. f. ✦ Personne qui vend de la viande. *Il va chez le boucher acheter un rôti.* ⊃ homonyme : bouchée.
➤ **boucherie** n. f. ✦ Magasin où l'on vend de la viande.

② **boucher** v. (conjug. 1) **1.** *Boucher un trou,* le remplir pour le fermer. → **combler.** *Le maçon a bouché les fissures du mur avec du plâtre.* **2.** *Boucher une bouteille,* la fermer avec un bouchon. ⊐ contr. **déboucher.** **3.** *Théo se bouche le nez car le fromage sent mauvais,* il se pince le nez avec les doigts. **4.** Empêcher le passage. *Un embouteillage bouche la rue,* empêche que l'on puisse circuler. → **bloquer** et aussi **bouchon ; encombrer, obstruer.** **5.** *Boucher la vue,* empêcher de voir. *Ce vilain mur bouche la vue.* → **cacher.**

➤ **bouché, bouchée** adj. **1.** Fermé, obstrué. *Le lavabo est bouché,* quelque chose empêche l'eau de s'écouler. **2.** *Avoir le nez bouché,* plein de sécrétions épaisses. **3.** Familier. *Être bouché,* ne pas comprendre très vite ni très facilement. → **borné,** ② **obtus.** ⊐ contr. **intelligent, vif.**

*Le Robert Junior 8-11 ans*

● On utilise **le dictionnaire** pour :
– vérifier **l'orthographe** d'un mot : *boucher / bouchée* ;
– connaître **la catégorie** d'un mot et **le genre** d'un nom :
*verbe (v.), nom masculin (n. m.) ou féminin (n. f.), adjectif (adj.), adverbe (adv.)* ;
– connaître **les définitions** d'un mot et ses différents sens ;
– chercher des mots de **la même famille, des synonymes** ou **des contraires.**

## Je m'exerce

**Utilise un dictionnaire pour faire les exercices de cette page.**

**1 *** **Indique si ces mots sont des noms masculins (n. m.) ou féminins (n. f.), des verbes (v.), des adjectifs (adj.) ou des adverbes (adv.).**

grève – différent – tellement – pitrerie – jouer – moue – soupir – bref – sellette – trop – grave – rougir – sentir – seconde – cri – crier – souvent.

**2 **** **Retrouve les mots qui sont à la fois des noms et des adjectifs qualificatifs.**

accessoire – exemplaire – long – patient – monstrueux – gourmand – grand – rocheux – ridicule – terminal – verbal – prêt – standard.

**3 ***** **Réécris chaque phrase en remplaçant le mot « boucher » par un synonyme. Tu peux t'aider des articles de dictionnaire ci-dessus.**

Pour éviter de tomber dans le trou, il faudrait le boucher. – Pour éviter de renverser la bouteille de jus, il faudrait la boucher. – Pour éviter de sentir cette mauvaise odeur, il faudrait se boucher le nez.

**À deux !**

**Dans le texte *Les déménageurs*, repérez le mot « chœur ».**
**L'un indique la définition du mot, l'autre indique un mot qui se prononce de la même manière mais qui s'écrit différemment.**
**Vérifiez ensemble dans un dictionnaire.**

Voir le texte pp. 16-17.

Exercices supplémentaires ▶ Fichier Étude de la langue p. 49

# 3 Les différents sens d'un mot

## J'observe

### Une opération délicate

La chirurgienne a réussi une opération délicate : enlever un calcul d'une taille importante dans le rein gauche de monsieur Placet, un informaticien de renommée mondiale. Le médecin n'avait qu'une faible chance de réussir. Pour la remercier, le célèbre patient lui a offert un ordinateur portable extrêmement puissant : celui-ci effectue des calculs rapides, pas moins de sept milliards d'opérations à la seconde. La chirurgienne a été très touchée par cette délicate attention.

**1.** **Cherche le sens des mots en jaune dans un dictionnaire. Que remarques-tu ?**

**2.** **Cherche les mots en bleu dans un dictionnaire. Quel est leur sens dans le texte ?**

- Un mot peut avoir **plusieurs sens** :

*opération* → *intervention chirurgicale*
→ *calcul mathématique*

- Dans une phrase, pour savoir quel sens du mot est utilisé, il faut repérer les mots qui sont autour. C'est ce que l'on appelle **le contexte** :

*opération* → *intervention chirurgicale : médecin ~ enlever un calcul ~ rein*
→ *calcul mathématique : ordinateur ~ effectue des calculs rapides*

## Je m'exerce

**1** * **Remplace le mot « grand » par les adjectifs de même sens de la liste.**

*illustre – vaste – violent – noble – varié*

un grand vent → un vent … – un grand homme → un homme … – une grande âme → une âme … – un grand choix → un choix … – une grande plaine → une … plaine.

**2** * **Complète ces phrases avec les mots qui conviennent. Puis donne leurs définitions.**

*propre – retraite*

Thomas utilise ses … affaires. – Âgé de 65 ans, Yves part à la … . – Après un long combat, l'armée a dû effectuer une … stratégique. – La nappe n'est plus très … .

**3** ** **Remplace les verbes « donner » et « passer » par des verbes de sens voisin.**

Tu peux passer chez le boulanger en rentrant ? – Pour aller à Rome, je passe par Genève. – Ton mal de tête peut passer si tu te reposes. – Il lui a donné du travail. – Il a donné l'heure à un passant.

**4** *** **Écris une phrase avec les mots en gras utilisés dans un autre sens.**

Exemple : Il a touché le **cœur** de la cible. *(le centre)* → Il a un cœur de sportif. *(l'organe)*

L'été, il y a du **monde** dans les rues. – Il habite sur la **côte** pendant l'hiver. – Lucile écrit une **lettre** à son frère. – Les lecteurs du journal apprécieront cet **article**.

Exercices supplémentaires ▶ Fichier Étude de la langue p. 50

# 4 Sens courant et sens particulier

## J'observe

**1.** Le joueur de tir à l'arc s'avance. Bien qu'au sommet de sa carrière, il a toujours peur. Nerveusement, il tire sur le col pointu de sa chemise, ajuste son arc et tire une flèche.

**2.** Les Alpes forment le plus grand massif montagneux d'Europe. Les sommets les plus élevés sont le mont Blanc et les Grandes Jorasses dans les Alpes du Nord. Le versant externe de l'arc alpin se nomme les Préalpes. En été, les Alpes offrent de belles randonnées près des cols.

**1. Quels sont les noms répétés dans ces deux textes ?**

**2. Quel est le sens du nom « sommet » dans le texte 1 ? Et dans le texte 2 ?**

- Certains mots ont un sens courant et un sens particulier :
  – **Le sens courant** est le sens utilisé habituellement dans **la vie courante**.
  – **Le sens particulier** est un sens utilisé dans **un domaine spécialisé** : scientifique, géographique, informatique…

*col* → *partie du vêtement qui entoure le cou* → sens courant
→ *passage entre deux sommets montagneux* → sens particulier en géographie

- En général, dans un dictionnaire, le sens courant est avant le sens particulier.

## Je m'exerce

Tu peux utiliser un dictionnaire pour faire les exercices de cette page.

**1 * Classe les sens de ces mots dans un tableau, puis indique le domaine auquel ils appartiennent : *scolaire*, *astronomique* ou *typographique*.**

**1. un contrôle :** une vérification – un devoir en classe.

**2. l'espace :** le cosmos – la place.

**3. l'accent :** la prononciation – le signe.

| Sens courant | Sens particulier | Domaine |
|---|---|---|
| | | |

**2 ** Écris des phrases avec ces mots. Emploie-les dans le sens particulier indiqué.**

solide *(sens en physique)* – intersection *(sens en mathématique)* – pavillon *(sens en marine)* – trapèze *(sens en géométrie)* – sommet *(sens en géométrie)*.

**3 ** Écris des phrases avec ces mots. Emploie-les dans leur sens courant.**

arc – centre – côté – rayon.

**4 *** Écris deux phrases avec chacun de ces mots. Emploie-les dans leur sens courant, puis dans le sens particulier indiqué.**

une note *(sens en musique)* – une échelle *(sens en géographie)* – une souris *(sens en informatique)* – un but *(sens en sport)* – une lentille *(sens en optique)* – un bassin *(sens en anatomie)*.

Exercices supplémentaires ▶ Fichier Étude de la langue p. 51

# 5 Les synonymes

## J'observe

### Le Caire

Chaque matin, au lever du soleil, une haute silhouette traverse d'un pas alerte l'un des faubourgs surpeuplés du Caire, descend la colline, se faufile parmi les tas d'ordures et grimpe dans un autocar bondé pour se rendre à la chapelle. La messe terminée, elle retourne vers ce que beaucoup appellent un endroit hideux, couvert de pauvres cabanes, gravit la colline de Zabbaline où les éboueurs l'attendent dans ces cabanes sans fenêtres, faites avec des bidons de pétrole, des cartons d'emballage, immense butte qu'entourent des immondices qui pourrissent au soleil.

D'après D. Cowley, *Sœur Emmanuelle*, D. R.

1. **Cherche la définition des mots « colline » et « butte » dans un dictionnaire. Que remarques-tu ?**
2. **Quels sont les deux mots qui veulent dire « déchets » ? « monter » ? « plein » ?**

- Lorsque l'on peut **remplacer un mot par un autre mot** sans changer le sens de la phrase, on dit que ces deux mots sont **des synonymes**.
- On utilise les synonymes pour :
  – **éviter les répétitions** : *grimper / gravir* ;
  – **adapter son langage** : *surpeuplé* (soutenu) / *bondé* (courant) ;
  – **exprimer des nuances, des degrés** : *ordures* (terme courant) / *immondices* (terme fort).
- En général, dans un dictionnaire, les synonymes d'un mot sont indiqués.

## Je m'exerce

**1 * Réécris ces expressions en remplaçant le verbe « faire » par le synonyme qui convient.**

*étudier – construire – composer – établir – adresser – laver – pratiquer*

faire du ski : … – faire la vaisselle : … – faire de l'anglais : … – faire une liste : … – faire une maison : … – faire un bouquet : … – faire ses adieux : … .

**2 ** Chasse l'intrus dans chaque liste.**

1. colossal – énorme – plein – immense.
2. magnifique – drôle – beau – merveilleux.
3. incorrect – étranger – faux – inexact.
4. fort – costaud – fragile – puissant.
5. nouveau – récent – rare – neuf.

**3 *** Complète chaque liste par un mot qui a le même sens que les deux autres.**

**1.** colorer / peindre / … – **2.** employer / se servir de / … – **3.** voir / distinguer / … – **4.** s'amuser / plaisanter / … – **5.** s'en aller / se retirer / … – **6.** se reposer / se délasser / … .

**4 *** Remplace les mots en gras par des synonymes.**

Ils ont pris l'**énorme** camion, et ils sont entrés avec lui dans ma **caboche**. Une fois là, ils se sont mis à tirer, à pousser, à **bouger**, à bousculer, à basculer, à rouler, à transbahuter… Ça me faisait dans les oreilles un **bruit épouvantable** ! Pendant ce temps, je **conservais** la bouche **béante**, pour leur **fournir** de l'air, et les yeux bien écarquillés.

Tu peux comparer avec le texte p. 16, lignes 3 à 7.

Exercices supplémentaires ► Fichier Étude de la langue p. 52

# 6 Les niveaux de langue

## J'observe

### En voilà des manières !

**1.** J'ai commencé par faire un tri, car il y avait des trucs pourris. J'ai demandé aux déménageurs :
– Vous n'êtes pas fatigués ?
– Nous, fatigués ? Jamais !
Ils ont chargé le camion. À la fin, ils étaient claqués, et moi, j'avais une bonne envie d'aller pioncer.

**2.** J'ai commencé par faire un tri, car il y avait des objets abîmés. J'ai demandé aux déménageurs :
– Vous n'êtes pas fatigués ?
– Nous, fatigués ? Jamais !
Ils ont chargé le camion. À la fin, ils étaient fatigués, et moi, j'avais une bonne envie d'aller dormir.

**3.** J'ai commencé par faire un tri, car il y avait des bibelots détériorés. J'ai demandé aux déménageurs :
– Vous n'êtes pas fatigués ?
– Nous, fatigués ? Jamais !
Ils ont chargé le camion. À la fin, ils étaient fourbus, et moi, j'avais une bonne envie d'aller prendre du repos.

D'après P. Gripari, *Les contes de la Folie Méricourt,* illustration de C. Lapointe © Grasset Jeunesse.

**1.** **Les trois textes racontent-ils la même histoire ?**

**2.** **Que penses-tu des expressions en jaune dans le texte 1 ? Compare-les à celles des textes 2 et 3.**

- Selon **les personnes** à qui l'on s'adresse et **la situation**, on ne s'exprime pas de la même manière : on adapte son **niveau de langue**.
- À l'oral comme à l'écrit, on distingue principalement :
  – **le niveau familier** utilisé avec des personnes très proches : *pioncer* ;
  – **le niveau courant** utilisé avec des personnes moins proches : *dormir* ;
  – **le niveau soutenu** utilisé avec des personnes que l'on ne connaît pas, des personnes plus âgées et dans des lettres officielles : *prendre du repos*.

## Je m'exerce

**1 *** **Indique pour chaque phrase le niveau de langue : familier (F), courant (C), soutenu (S).**

1. La vieille dame est tombée sur le trottoir. – La vieille s'est étalée sur le bitume. – La dame âgée a fait une chute sur le bas-côté de la rue.

2. Pouah ! Comment peux-tu bouffer ça ? – Dis donc ! Comment peux-tu te nourrir ainsi ? – Oh ! Comment peux-tu manger ça ?

3. Ali revint à temps pour savourer la sentence du cadi. – Ali revint rapidement pour apprécier la décision du juge. – Ali se ramena pour écouter le jugement du chef.

**2 **** **Choisis les expressions qui conviennent en respectant le niveau de langue.**

Au moment où Cosette sortit, son seau à la main, si morne et si *(accablée / fatiguée / crevée)* qu'elle fût, elle ne put s'empêcher de lever les yeux vers cette *(extraordinaire / dingue / prodigieuse)* poupée.

V. Hugo, *Les Misérables*.

Tu peux vérifier avec le texte p. 40, lignes 34 à 36.

**À deux !**

**L'un cherche un terme familier pour ces mots, l'autre un terme soutenu.**
ami – manger – regarder – sale – gentil.
**Êtes-vous d'accord ?**

Exercices supplémentaires ▶ Fichier Étude de la langue p. 53

# 7 La famille d'un mot

## J'observe

### Chez le dentiste

À 17 h 00, Anissa a rendez-vous chez le dentiste. Il doit lui enlever une dent cariée. Elle a peur de se retrouver édentée, mais le dentiste la rassure : « Ta dent va vite repousser ! Pas besoin de dentier ou d'appareil dentaire. Mais maintenant, n'oublie pas d'utiliser du dentifrice ! »

**1.** **Quel élément les mots « dentiste » et « édentée » ont-ils en commun ?**

**2.** **Repère tous les mots qui sont formés à partir de cet élément.**

**3.** **Comment le verbe « enlever » est-il formé ?**

**4.** **Connais-tu des mots formés à partir du mot « peur » ? Indique-les.**

- Tous les mots que l'on peut former **à partir d'un même élément** constituent **une famille de mots.** Cet élément commun s'appelle **le radical** :
Avec le radical « dent », on peut former : *dentiste* ~ *édenté* ~ *dentaire.*
- Pour former des mots à partir d'un radical, on ajoute une lettre ou un groupe de lettres **avant** ou **après** le radical :
*dent* (radical) + *ifrice* → *dentifrice* ~ *é* + *dent* (radical) + *é* → *édenté.*

⚠ Parfois, le radical change : *seul* ~ *seulement* ~ *solitaire.*

## Je m'exerce

**1** * **Trouve pour chacun de ces mots deux mots de la même famille.**

soigneusement – couleur – grandir – frais – rapidement – meuble – lire – rond.

**2** ** **Chasse l'intrus dans chaque famille de mots.**

**1. soleil :** parasol – solaire – solitaire – solarium.
**2. seul :** soliste – solitude – insolation – isoler.
**3. jouet :** joyau – jouable – joueur – jouer.
**4. vin :** vigneron – vigne – vignette – vignoble.
**5. plaisir :** plaisantin – plainte – plaisanter.

**3** ** **Classe ces mots par famille et indique le radical.**

un bonjour – une visière – aujourd'hui – la vision – ajouré – viser – le journal – la journée – toujours – dévisager – la vue – le séjour – voir.

**4** *** **Trouve le verbe qui correspond à chacun de ces mots et emploie-le dans une phrase.**

progressivement – une inondation – le galop – une balançoire – le débarquement – une multiplication.

**À deux !**

**L'un donne un mot de son choix et l'autre cherche des mots de la même famille.**
Exemple : **fleur** → fleuriste – fleurir.
**Changez de rôle et recommencez.**

Exercices supplémentaires ► Fichier Étude de la langue p. 54

# 8 Les préfixes (1)

## J'observe

**Que de mots !**

multiprise micro-ordinateur SUPERMARCHÉ
microscope minigolf multiforme multicolore
polygone monosyllabe SUPERSTAR
SUPERMAN monoski microphone
minibus minijupe polyglotte

1. Repère les mots qui commencent de la même façon.
2. Compare les mots « minigolf », « minibus » et « minijupe ».
Quel est leur sens ? Qu'est-ce qui change ? Qu'est-ce qui ne change pas ?
3. Fais de même avec les autres mots qui commencent de la même façon.

- **Un préfixe** est une lettre ou un groupe de lettres placé **devant le radical** d'un mot pour former un nouveau mot.
- Certains préfixes indiquent :

– **la taille** : « mini » (petit), « micro » (très petit), « super » (grand)
→ *minigolf ~ microscope ~ supermarché* ;
– **la quantité** : « mono » et « uni » (un seul), « poly » et « multi » (plusieurs), « bi » (deux), « tri » (trois)
→ *monoski ~ uniforme ~ polygone ~ multicolore ~ bicyclette ~ triangle.*

## Je m'exerce

Tu peux utiliser un dictionnaire pour faire les exercices de cette page.

**1 * Trouve les mots qui correspondent à ces définitions. Ils comportent tous un préfixe.**

une petite chaîne hifi – un mot qui n'a qu'une seule syllabe – un vélo qui a trois roues.

**2 ** Repère les préfixes et indique le sens de ces mots.**

superproduction – microclimat – unilatéral – multiforme – monotone – polyphonie – microfilm – monologue – unicolore – multiplication.

**3 *** Complète avec les préfixes qui conviennent.**

*uni – bi – multi – micro*

…jambiste – …mensuel – …lingue – …pède – …-ondes.

### À deux !

**Pendant deux minutes, chacun cherche des mots formés avec ces préfixes.**
mono – uni – bi – tri – quadri – déca – hecto – kilo – centi – milli.
**Comparez vos réponses.**
**Puis donnez le sens de ces préfixes.**

Exercices supplémentaires ► Fichier Étude de la langue p. 55

# 9 Les préfixes (2)

## J'observe

**Que de mots !**

antibrouillard réanimer PARASOL
prédire RÉAPPARAÎTRE rebondir
postposer anticalcaire antidérapant recentrer
réchauffer antigivre remonter
PARATONNERRE préhistoire postnatal

1. Repère les mots qui commencent de la même façon.
2. Compare les mots « réanimer », « réapparaître » et « remonter ».
   Quel est leur sens ? Qu'est-ce qui change ? Qu'est-ce qui ne change pas ?
3. Fais de même avec les autres mots qui commencent de la même façon.

Il existe **de nombreux préfixes**. Certains permettent d'indiquer :
- **la répétition** ou **le retour en arrière** : « re » et « ré » → *recentrer* ~ *réapparaître* ;
- **l'opposition** ou **la lutte** : « anti » et « para » → *antibrouillard* ~ *paratonnerre* ;
- **la situation dans le temps**, avant et après : « pré » et « post » → *préhistoire* ~ *postnatal.*

## Je m'exerce

Tu peux utiliser un dictionnaire pour faire les exercices de cette page.

**1 * Chasse l'intrus dans chaque liste.**

1. recommencer – récolter – recopier.
2. prévenir – prévoir – préciser.
3. parallèle – parapluie – parapente.

**2 ** Repère les préfixes et indique le sens de ces mots.**

rétablir – antivol – paravent – prédisposer – retouche – antidote – paramédical – anticorps – antigel – préfixe.

**3 *** Complète avec les préfixes qui conviennent.**

*re – ré – para – anti – pré*

…position – …chute – …écrire – …tour – … nucléaire.

**À deux !**

**Chacun écrit des phrases qui expriment la répétition à partir de ces verbes.**

faire – lire – écrire – conduire – voir.

**Comparez vos phrases. Avez-vous trouvé les mêmes verbes ?**

Exercices supplémentaires ▶ Fichier Étude de la langue p. 56

# 10 Les suffixes (1)

## J'observe

### Le grand magasin

Le matin, six mille employés entrent par un portillon dans le grand magasin : du boulanger au parfumeur, du restaurateur à la mercière, sans oublier le coiffeur, le chausseur et la vendeuse de meubles. Des gardiens contrôlent l'entrée. Une blondinette à chemisette rouge et à casquette court de caisse en caisse.

**1. Relève tous les noms de métiers et indique pour chacun un mot de la même famille. Repère ce qui change.**

**2. Comment le mot « chemisette » est-il formé ? Quel est son sens ? Existe-t-il dans ce texte d'autres mots construits de la même manière ?**

- **Un suffixe** est une lettre ou un groupe de lettres placé **après le radical** d'un mot pour former un nouveau mot.
- Certains suffixes indiquent :

– **des noms de métiers :** « ateur »/« atrice », « er »/« ère », « eur »/« euse », « ien »/« ienne », « ier »/« ière »
→ *restaurateur/atrice ~ boucher/ère ~ vendeur/euse ~ gardien/ienne ~ épicier/ière* ;

– **quelque chose de plus petit :** « et », « ette », « elle », « elet », « elette », « icule », « ille », « illon », « in », « eau », « on », « eron »
→ *coffret ~ chemisette ~ margelle ~ coquelet ~ côtelette ~ monticule ~ brindille ~ oisillon ~ enfantin ~ chevreau ~ autruchon ~ moucheron.*

## Je m'exerce

**1 * Trouve le nom des petits de ces animaux.**
l'aigle – l'âne – le lion – la girafe – le canard – le chat – l'oiseau.

**2 * Trouve le métier correspondant à chacun de ces noms.**
police – pharmacie – danse – agriculture – magie – dessin – poisson – conseil.

**3 * Écris le féminin des métiers que tu as trouvés à l'exercice 2.**

**4 ** Trouve le mot qui désigne quelque chose de plus petit.**
Exemple : botte → bottine.
statue – tarte – tour – table – nappe – chaîne – porte – goutte – mignon – pièce – gentil – cloche.

**À deux !**

**À partir du radical de ces mots, chacun ajoute un suffixe et écrit une phrase.**
comédie – chanson – pot – croûte – mur – ski – arbre – horloge.
**Comparez vos phrases. Avez-vous trouvé les mêmes mots ?**

Exercices supplémentaires ▶ Fichier Étude de la langue p. 57

# 11 Les suffixes (2)



## J'observe

**Navigation**

Cette année, Maëlle a fait un voyage bien instructif : elle était sur un bateau avec des Anglais, des Italiens, des Gallois, des Allemands et des Danois. Sur le pont, les agréables soirées déclenchaient des discussions toujours joyeuses et certains contemplaient la beauté de la lune bleutée, d'autres chantonnaient sur des rythmes paisibles. Les plus frileux sautillaient en grelottant un peu.

1. **Relève tous les noms de nationalité et indique pour chacun le nom du pays qui correspond. Repère ce qui change.**
2. **Que signifie chaque mot en jaune ? Ces mots sont-ils des verbes, des noms, des adjectifs ?**
3. **De quels mots plus simples proviennent-ils ?**

- Il existe **de nombreux suffixes**. Certains permettent d'indiquer :
– **la nationalité, l'origine** : « ais », « ois », « ain », « ien », « an », « and »
→ *Anglais ~ Danois ~ Romain ~ Italien ~ Afghan ~ Allemand* ;
– **des petites actions qui se répètent** : « iller », « otter », « onner »
→ *sautiller ~ grelotter ~ chantonner* ;
– **une qualité, une propriété** : « té », « able », « eux », « ible », « if »
→ *beauté ~ bleuté ~ agréable ~ frileux ~ paisible ~ instructif.*

## Je m'exerce

**1 * Indique le radical de ces mots.**

un Marocain – un Français – clignoter – maladif – craintif – mâchonner – mordiller – siffloter – habitable – paresseux – propreté – coléreux – détestable – un Alsacien – affirmatif – capable – émotif – inventif – sainteté.

**2 ** Trouve un mot qui appartient à la même famille que chacun de ces mots en utilisant des suffixes.**

humain – à tâtons – peur – exploser – ami – bonheur – clou – générosité – définir – détruire – gai – acide – plier.

**3 *** Complète ces phrases avec des mots formés à partir des mots en gras.**

Il aime rendre **service**, il est .... – Son père est né en Norvège, il est .... – Depuis son accident, Marc reste **immobile**, mais il supporte mal .... – Magali aime le **sirop** de fraise, elle ... son verre savoureusement.

**À deux !**

**À partir du radical de ces mots, chacun ajoute un suffixe et écrit une phrase.**

Canada – généreux – mordre – siffler – rire – plainte.

**Comparez vos phrases. Avez-vous trouvé les mêmes mots ?**

Exercices supplémentaires ▶ Fichier Étude de la langue p. 58

# 12 Des mots latins et grecs

## J'observe

### 1. Figures géométriques

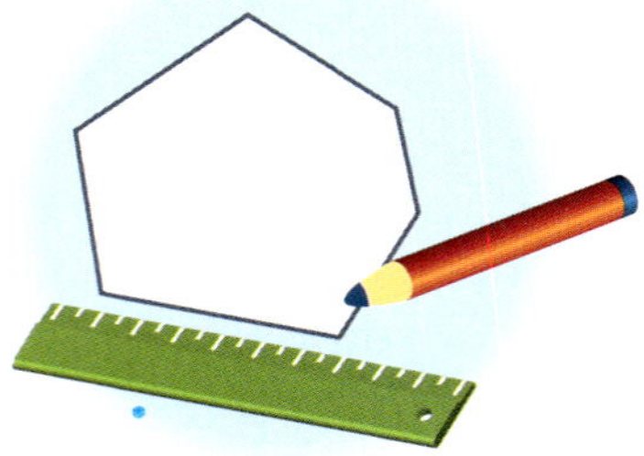

Un hexagone est formé de plusieurs triangles. Certains de ces triangles sont isocèles, d'autres équilatéraux, d'autres enfin rectangles. Toutes ces figures sont des polygones. Tu peux mesurer leur périmètre avec ton décimètre.

### 2. L'éducation de Gargantua

Je veux, mon fils, que tu lises les cartes qui forment la géographie, que du ciel tu connaisses l'astronomie et surtout pas l'astrologie. Les autres matières : arithmétique, géométrie, musique mais aussi géologie et biologie doivent être tes plus fidèles amies.

D'après F. Rabelais, *Gargantua*.

**1.** Dans le texte 1, observe les mots en jaune. Comment sont-ils formés ? Que remarques-tu ?

**2.** Cherche leur sens et leur origine dans un dictionnaire.

**3.** Dans le texte 2, observe les mots en jaune. Que désignent-ils ? Comment sont-ils formés ?

**4.** Cherche leur origine dans un dictionnaire.

- **La langue française** vient, en grande partie, d'une langue ancienne, **le latin**. Elle a aussi emprunté des mots au **grec ancien**.
- De nombreux **mots scientifiques** sont en fait des mots **composés de mots d'origine grecque ou latine**. Ces mots sont généralement employés dans **un sens particulier** :

– quelques mots d'**origine latine** :
*équilatéral* = *équi* (égal) + *latéral* (côté) → dont les côtés sont égaux
*un rectangle* = *rect* (droit) + *angle* (angle) → dont les angles sont droits
– quelques mots d'**origine grecque** :
*la géographie* = *géo* (terre) + *graphie* (écrire) → la description de la Terre
*la biologie* = *bio* (vie) + *logie* (étude) → l'étude de la vie

## Je m'exerce

**1 *** **Trouve deux mots français à partir de chacun de ces mots d'origine grecque ou latine.**

**1. grec :** bio – astro – auto – télé.

**2. latin :** vidéo – inter – super – pré.

**2 **** **Retrouve quatre mots français formés à partir de ces mots d'origine grecque ou latine.**

| | | | |
|---|---|---|---|
| **1.** hippo | **2.** astro | **3.** micro | **4.** géo |
| **a.** nomie | **b.** drome | **c.** logue | **d.** scope |

**3 ***** **Complète les phrases avec ces expressions d'origine latine. Tu peux utiliser un dictionnaire.**

*bis – a priori – ex æquo – in extremis – via*

Les deux coureurs cyclistes sont arrivés premiers .... – Elle habite 15 ... , rue de la Gare. – ... , nous devrions avoir un beau soleil sur la région. – Il a dû courir pour attraper ... le dernier métro. – Tu vas de Lille à Marseille ... Paris.

Exercices supplémentaires ▶ Fichier Étude de la langue p. 59

# 13 Des mots venus d'ailleurs

## J'observe

**Surprise au supermarché !**

Après une fermeture pour travaux, le supermarché a rouvert ses portes. Les étalagistes ont rangé le lait pasteurisé près des packs de bière, les paquets de spaghettis près des pizzas et du couscous. Le rayon des pulls a remplacé le rayon des tennis. Les sweat-shirts et les shorts sont côte à côte au fond du magasin. Deux nouveautés : à la cafétéria, un espace est réservé à la vente de sandwichs et de plats cuisinés, et un stand expose des fruits exotiques.

1. **Connais-tu l'origine des mots « sandwich » et « pasteurisé » ? Cherche ces mots dans un dictionnaire.**

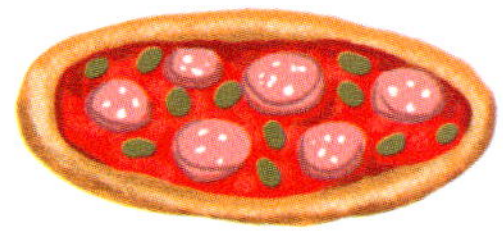

2. **Les mots en jaune sont d'origine étrangère. De quels pays viennent-ils ? Tu peux utiliser un dictionnaire.**

- Certains mots français ont pour origine **des noms de personnes** ayant existé :
  – *Lord Sandwich :* aristocrate britannique du XVIII$^{e}$ siècle qui ne voulait pas interrompre ses parties d'échecs et pour qui son cuisinier inventa une façon de se nourrir vite, le sandwich.
  – *Louis Pasteur :* savant français du XIX$^{e}$ siècle qui découvrit un procédé pour conserver les aliments, la pasteurisation.
- Certains mots viennent **d'autres langues** :
  – de l'anglais : *pull ~ tennis ~ pack ~ sweat-shirt ~ short ~ stand ~ bermuda* ;
  – de l'italien : *spaghetti ~ pizza* ;
  – de l'arabe : *couscous.*

## Je m'exerce

Tu peux utiliser un dictionnaire pour faire les exercices de cette page.

**1 * Retrouve les bonnes définitions de ces mots d'origine étrangère.**

**1.** *robot* – **2.** *amiral* – **3.** *iceberg* – **4.** *confettis*

**a.** Officier commandant une flotte. (de l'arabe)
**b.** Mécanisme qui peut remplacer le travail de l'homme dans certains cas. (du tchèque)
**c.** Petits papiers multicolores utilisés lors de fêtes. (de l'italien)
**d.** Bloc de glace sur les mers polaires. (de l'anglais)

**2 ** Trouve les mots qui correspondent à ces définitions et cherche leur origine.**

Sport qui consiste à mettre un ballon dans un panier. – Homme d'équipage à bord d'un navire. – Tenue pour dormir. – Récipient pour mettre les déchets. – Fête où l'on se déguise. – Bâton de cire dont on fait brûler la mèche pour s'éclairer.

**3 *** Cherche l'origine de ces mots et emploie-les dans une phrase.**

cédérom – hamburger – kit – disquette – vidéoclip – airbag – bonsaï – hamster – harem – interview – poncho – almanach.

**À deux !**

**Chacun cherche un mot anglais qu'on emploie souvent en français à la place de ces expressions.**

la fin de semaine – la course à pied – la restauration rapide – un courrier électronique – changer de chaîne de télévision – un gardien de but – un petit boulot.

**Comparez vos réponses. Avez-vous trouvé les mêmes mots ?**

Exercices supplémentaires ► Fichier Étude de la langue p. 60

# 14 Des mots pour dire ce que l'on ressent

## J'observe

### Panique…

Au bureau, j'ai reçu un coup de téléphone de mon voisin. Au son de sa voix, j'ai ressenti une légère inquiétude : « Venez vite, on entend du bruit dans votre maison, j'ai appelé les gendarmes. » Sur le chemin du retour, l'angoisse me serrait la gorge. Quand j'arrivai à la maison, les gendarmes étaient là. On entendait toujours cet étrange bruit. Tout le monde était effrayé. Soudain, une grosse masse noire bougea, cria, grogna, hurla. Mon sang se glaça dans mes veines. Pris de panique, nous nous allongeâmes sur le sol. Nous étions épouvantés. Incapable de bouger, je relevai cependant la tête et vis l'ourse qui s'enfuyait dans la forêt avec ses petits.

**1. Quels sont les mots ou les expressions qui indiquent que les personnages ont peur ?**

**2. Classe ces mots et ces expressions du sentiment le plus faible au sentiment le plus fort.**

- De nombreux mots et expressions permettent d'**exprimer ce que l'on ressent** : un sentiment de peur, de joie, de colère, d'envie…
- Les sentiments peuvent être **plus ou moins forts** :
*la peur → inquiétude, angoisse, effroi, panique, épouvante.*

## Je m'exerce

**1 * Complète ces phrases avec les mots de la liste. Fais tous les accords nécessaires.**

*heureux – plaisir – comblé – satisfait*

La neige tombe en abondance, les moniteurs de ski sont … . – La fête de Noël est un événement … . – Fais-moi … en finissant ton travail. – Je n'ai pas fait de faute, je suis … .

**2 * Retrouve pour chaque sentiment l'attitude qui correspond.**

| | |
|---|---|
| **1.** l'inquiétude | **a.** Avoir les cheveux qui se dressent sur la tête. |
| **2.** l'effroi | **b.** Plisser le front. |
| **3.** le chagrin | **c.** Les yeux se remplissent de larmes. |
| **4.** la tendresse | **d.** Tous les soirs, sa mère venait l'embrasser. |

**3 ** Cherche pour chaque attitude le sentiment qui correspond. Écris ensuite une phrase avec chacun d'eux.**

être tendre – être gai – broyer du noir – avoir les nerfs à vif – voir rouge.

**4 *** Dans le texte *Le troisième voyage de Sindbad le marin*, des lignes 16 à 39, relève les expressions qui indiquent ce que ressentent les personnages.**

Voir le texte pp. 68-69.

**À deux !**

**Chacun écrit une phrase qui exprime ces sentiments.**

la timidité – la colère – la peur – la joie.

**Pour chaque sentiment, comparez vos phrases : laquelle exprime le sentiment le plus fort ?**

Exercices supplémentaires ► Fichier Étude de la langue p. 61

# 15 Jouer avec les mots



## J'observe

**1. Ne pas confondre…**

l'opéra et l'apéro – le linge qui est dans le sac et le singe qui est dans le lac – un chapeau marron et un chameau pas rond – un bouchon et un bon chou – un papa dans une couchette et un Papou dans une cachette – un mot grec et un gros mec.

**2. Échange…**

tapis noir contre patinoire – trois pièces à Sète contre sept pièces à Troyes – dix mètres de toile contre dix toiles de maître – Mikado contre dix mokas.

J. Martin et R. Le Goistre, *La vie des mots et l'ami des veaux*, avec l'aimable autorisation des Éditions Albin Michel.

**3. Un mot pour un autre**

Mon fils se bat à l'école. La semaine dernière, il s'est fendu l'arcade souricière et, à l'hôpital, on lui a fait trois points de soudure. En plus, on m'a accablé de reproches car il avait aussi un bouchon de cire humaine : c'est pour ça qu'il entendait mal !

**1. Observe les lettres en jaune dans le texte 1. Que remarques-tu ?**

**2. Observe les mots en bleu dans le texte 2. Comment se prononcent-ils ? Sais-tu comment on appelle ces mots ?**

**3. Dans le texte 3, repère les mots qui ont été utilisés à la place d'autres mots. Quel effet cela produit-il ?**

- En manipulant les mots, on peut créer **des jeux de mots** souvent drôles.
- Il existe différentes façons de **jouer avec les mots** :

– **La contrepèterie** joue sur les sonorités et le sens des mots en inversant des lettres : *opéra et apéro.*

– **Le calembour** joue sur les sonorités et l'écriture en remplaçant un mot par un autre qui se prononce de la même manière (un homonyme) ou qui lui ressemble : *trois et Troyes ~ arcade souricière au lieu d'arcade sourcilière.*

## Je m'exerce

**1 * Que remarques-tu de curieux dans ces deux phrases ?**

1. Tous les matins, je me lève de bonheur.
J. Prévert
2. Il n'y a que la vérité qui baisse.

**2 ** Recopie ces phrases et entoure les groupes de lettres sur lesquelles on a construit des contrepèteries.**

Voici l'étang hanté où Marie se mira. – Les écoliers de Landerneau ; les écolos de l'an dernier. – Quand ça pollue, ça pue, l'eau ! – Qu'ont mangé les doux requins ? Les deux rouquins. – Qui se cache derrière le banc gris ? Le brigand ! – Le pain frais est fin prêt.

**3 ** Invente des phrases contenant ces homonymes.**

1. sans – sang – s'en – cent.
2. quart – car.
3. sept – Sète – set.

**4 *** Retrouve les vrais titres de ces livres.**

Le Cha**u**d **B**êta – Mau**d**it **B**ic – La **T**erre des **B**ougons.

J. Martin et R. Le Goistre, *La vie des mots et l'ami des veaux* © Albin Michel.

**À deux !**

**Inventez des phrases comme dans l'exercice 1.**

Exercices supplémentaires ▶ Fichier Étude de la langue p. 62

# Les fonctions dans la phrase

**Sujet :**

Nicolas raconte sa journée à sa sœur.
Le jeune garçon raconte sa journée à sa sœur.
Il raconte sa journée à sa sœur.

**Complément d'objet direct (COD) :**

Nicolas raconte sa journée à sa sœur.
Nicolas la raconte à sa sœur.
Nicolas dit à sa sœur que sa journée s'est bien passée.

**Complément d'objet indirect (COI) :**

Nicolas parle à sa sœur.
Nicolas lui parle.

**Attribut du sujet :**

Nicolas semble content.
Nicolas est un jeune garçon.

**Complément circonstanciel (CC) :**

Le soir, Nicolas raconte sa journée à sa sœur.
Nicolas raconte sa journée à sa sœur avec passion.
Demain, Nicolas racontera sa journée d'école à sa sœur.
Nicolas racontait sa journée à sa sœur lorsque sa mère est arrivée.

# L'accord de l'adjectif qualificatif épithète et attribut

**Dans le groupe nominal, le déterminant et l'adjectif qualificatif épithète s'accordent en genre et en nombre avec le nom.**

**Dans la phrase, l'adjectif qualificatif attribut s'accorde en genre et en nombre avec le sujet.**

| | Masculin | Féminin |
|---|---|---|
| Singulier | Le petit poulet est blanc.<br>épithète — attribut | La petite poule est blanche.<br>épithète — attribut |
| Pluriel | Les petits poulets sont blancs.<br>épithète — attribut | Les petites poules sont blanches.<br>épithète — attribut |

# L'accord du verbe avec son sujet

■ **Le verbe s'accorde en nombre et en personne avec son sujet.**

| | |
|---|---|
| Le sujet est au singulier.<br>→ Le verbe est au singulier. | Le poisson nage.<br>GN sujet sg – verbe sg<br><br>Le poisson nage, mange et dort.<br>GN sujet sg – verbe sg – verbe sg – verbe sg<br><br>Le poisson qui nage se dirige vers le large.<br>GN sujet sg – pronom qui remplace « le poisson » – verbe sg – verbe sg |
| Le sujet est au pluriel.<br>→ Le verbe est au pluriel. | Les poissons nagent.<br>GN sujet pl – verbe pl<br><br>Les poissons nagent, mangent et dorment.<br>GN sujet pl – verbe pl – verbe pl – verbe pl<br><br>Le poisson et la tortue nagent.<br>GN sujet sg – GN sujet sg – verbe pl<br><br>Les poissons qui nagent se dirigent vers le large.<br>GN sujet pl – pronom qui remplace « les poissons » – verbe pl – verbe pl |

# Les déterminants

| | Masculin singulier | Féminin singulier | Masculin ou féminin pluriel |
|---|---|---|---|
| Articles définis | le, l' | la, l' | les |
| Articles indéfinis | un | une | des |
| Adjectifs démonstratifs | ce, cet | cette | ces |
| Adjectifs possessifs | mon, ton, son,<br>notre, votre, leur | ma, ta, sa,<br>notre, votre, leur | mes, tes, ses,<br>nos, vos, leurs |

# Les pronoms

| | Singulier | Pluriel |
|---|---|---|
| Pronoms personnels sujets | je, tu, il, elle, on | nous, vous, ils, elles |
| Pronoms personnels COD | me, te, le, la, l' | nous, vous, les |
| Pronoms personnels COI | me, te, lui | nous, vous, leur |
| Pronom relatif sujet | qui | |
| Pronom relatif COD | que | |

| | Présent de l'indicatif | Imparfait de l'indicatif | Passé composé de l'indicatif | Passé simple de l'indicatif | Futur simple de l'indicatif | Présent de l'impératif | Présent du conditionnel | Présent du subjonctif |
|---|---|---|---|---|---|---|---|---|
| Auxiliaire<br>AVOIR | j'ai<br>tu as<br>il/elle/on a<br>nous avons<br>vous avez<br>ils/elles ont | j'avais<br>tu avais<br>il/elle/on avait<br>nous avions<br>vous aviez<br>ils/elles avaient | j'ai eu<br>tu as eu<br>il/elle/on a eu<br>nous avons eu<br>vous avez eu<br>ils/elles ont eu | j'eus<br>tu eus<br>il/elle/on eut<br>nous eûmes<br>vous eûtes<br>ils/elles eurent | j'aurai<br>tu auras<br>il/elle/on aura<br>nous aurons<br>vous aurez<br>ils/elles auront | aie<br>ayons<br>ayez | j'aurais<br>tu aurais<br>il/elle/on aurait<br>nous aurions<br>vous auriez<br>ils/elles auraient | que j'aie<br>que tu aies<br>qu'il/elle/on ait<br>que nous ayons<br>que vous ayez<br>qu'ils/elles aient |
| Auxiliaire<br>ÊTRE | je suis<br>tu es<br>il/elle/on est<br>nous sommes<br>vous êtes<br>ils/elles sont | j'étais<br>tu étais<br>il/elle/on était<br>nous étions<br>vous étiez<br>ils/elles étaient | j'ai été<br>tu as été<br>il/elle/on a été<br>nous avons été<br>vous avez été<br>ils/elles ont été | je fus<br>tu fus<br>il/elle/on fut<br>nous fûmes<br>vous fûtes<br>ils/elles furent | je serai<br>tu seras<br>il/elle/on sera<br>nous serons<br>vous serez<br>ils/elles seront | sois<br>soyons<br>soyez | je serais<br>tu serais<br>il/elle/on serait<br>nous serions<br>vous seriez<br>ils/elles seraient | que je sois<br>que tu sois<br>qu'il/elle/on soit<br>que nous soyons<br>que vous soyez<br>qu'ils/elles soient |
| Modèle des verbes du 1er groupe<br>CHANTER | je chante<br>tu chantes<br>il/elle/on chante<br>nous chantons<br>vous chantez<br>ils/elles chantent | je chantais<br>tu chantais<br>il/elle/on chantait<br>nous chantions<br>vous chantiez<br>ils/elles chantaient | j'ai chanté<br>tu as chanté<br>il/elle/on a chanté<br>nous avons chanté<br>vous avez chanté<br>ils/elles ont chanté | je chantai<br>tu chantas<br>il/elle/on chanta<br>nous chantâmes<br>vous chantâtes<br>ils/elles chantèrent | je chanterai<br>tu chanteras<br>il/elle/on chantera<br>nous chanterons<br>vous chanterez<br>ils/elles chanteront | chante<br>chantons<br>chantez | je chanterais<br>tu chanterais<br>il/elle/on chanterait<br>nous chanterions<br>vous chanteriez<br>ils/elles chanteraient | que je chante<br>que tu chantes<br>qu'il/elle/on chante<br>que nous chantions<br>que vous chantiez<br>qu'ils/elles chantent |
| Modèle des verbes se terminant par « ger »<br>MANGER | je mange<br>tu manges<br>il/elle/on mange<br>nous mangeons<br>vous mangez<br>ils/elles mangent | je mangeais<br>tu mangeais<br>il/elle/on mangeait<br>nous mangions<br>vous mangiez<br>ils/elles mangeaient | j'ai mangé<br>tu as mangé<br>il/elle/on a mangé<br>nous avons mangé<br>vous avez mangé<br>ils/elles ont mangé | je mangeai<br>tu mangeas<br>il/elle/on mangea<br>nous mangeâmes<br>vous mangeâtes<br>ils/elles mangèrent | je mangerai<br>tu mangeras<br>il/elle/on mangera<br>nous mangerons<br>vous mangerez<br>ils/elles mangeront | mange<br>mangeons<br>mangez | je mangerais<br>tu mangerais<br>il/elle/on mangerait<br>nous mangerions<br>vous mangeriez<br>ils/elles mangeraient | que je mange<br>que tu manges<br>qu'il/elle/on mange<br>que nous mangions<br>que vous mangiez<br>qu'ils/elles mangent |
| Modèle des verbes se terminant par « cer »<br>LANCER | je lance<br>tu lances<br>il/elle/on lance<br>nous lançons<br>vous lancez<br>ils/elles lancent | je lançais<br>tu lançais<br>il/elle/on lançait<br>nous lancions<br>vous lanciez<br>ils/elles lançaient | j'ai lancé<br>tu as lancé<br>il/elle/on a lancé<br>nous avons lancé<br>vous avez lancé<br>ils/elles ont lancé | je lançai<br>tu lanças<br>il/elle/on lança<br>nous lançâmes<br>vous lançâtes<br>ils/elles lancèrent | je lancerai<br>tu lanceras<br>il/elle/on lancera<br>nous lancerons<br>vous lancerez<br>ils/elles lanceront | lance<br>lançons<br>lancez | je lancerais<br>tu lancerais<br>il/elle/on lancerait<br>nous lancerions<br>vous lanceriez<br>ils/elles lanceraient | que je lance<br>que tu lances<br>qu'il/elle/on lance<br>que nous lancions<br>que vous lanciez<br>qu'ils/elles lancent |



N° projet : 10143346
Dépôt légal : mars 2009-Imprimé en Italie par NIIAG

| | Présent de l'indicatif | Imparfait de l'indicatif | Passé composé de l'indicatif | Passé simple de l'indicatif | Futur simple de l'indicatif | Présent de l'impératif | Présent du conditionnel | Présent du subjonctif |
|---|---|---|---|---|---|---|---|---|
| Modèle des verbes du 2ᵉ groupe<br>FINIR | je finis<br>tu finis<br>il/elle/on finit<br>nous finissons<br>vous finissez<br>ils/elles finissent | je finissais<br>tu finissais<br>il/elle/on finissait<br>nous finissions<br>vous finissiez<br>ils/elles finissaient | j'ai fini<br>tu as fini<br>il/elle/on a fini<br>nous avons fini<br>vous avez fini<br>ils/elles ont fini | je finis<br>tu finis<br>il/elle/on finit<br>nous finîmes<br>vous finîtes<br>ils/elles finirent | je finirai<br>tu finiras<br>il/elle/on finira<br>nous finirons<br>vous finirez<br>ils/elles finiront | finis<br>finissons<br>finissez | je finirais<br>tu finirais<br>il/elle/on finirait<br>nous finirions<br>vous finiriez<br>ils/elles finiraient | que je finisse<br>que tu finisses<br>qu'il/elle/on finisse<br>que nous finissions<br>que vous finissiez<br>qu'ils/elles finissent |
| Verbes du 3ᵉ groupe<br>ALLER | je vais<br>tu vas<br>il/elle/on va<br>nous allons<br>vous allez<br>ils/elles vont | j'allais<br>tu allais<br>il/elle/on allait<br>nous allions<br>vous alliez<br>ils/elles allaient | je suis allé(e)<br>tu es allé(e)<br>il/elle/on est allé(e)<br>nous sommes allé(e)s<br>vous êtes allé(e)s<br>ils/elles sont allé(e)s | j'allai<br>tu allas<br>il/elle/on alla<br>nous allâmes<br>vous allâtes<br>ils/elles allèrent | j'irai<br>tu iras<br>il/elle/on ira<br>nous irons<br>vous irez<br>ils/elles iront | va<br>allons<br>allez | j'irais<br>tu irais<br>il/elle/on irait<br>nous irions<br>vous iriez<br>ils/elles iraient | que j'aille<br>que tu ailles<br>qu'il/elle/on aille<br>que nous allions<br>que vous alliez<br>qu'ils/elles aillent |
| DIRE | je dis<br>tu dis<br>il/elle/on dit<br>nous disons<br>vous dites<br>ils/elles disent | je disais<br>tu disais<br>il/elle/on disait<br>nous disions<br>vous disiez<br>ils/elles disaient | j'ai dit<br>tu as dit<br>il/elle/on a dit<br>nous avons dit<br>vous avez dit<br>ils/elles ont dit | je dis<br>tu dis<br>il/elle/on dit<br>nous dîmes<br>vous dîtes<br>ils/elles dirent | je dirai<br>tu diras<br>il/elle/on dira<br>nous dirons<br>vous direz<br>ils/elles diront | dis<br>disons<br>dites | je dirais<br>tu dirais<br>il/elle/on dirait<br>nous dirions<br>vous diriez<br>ils/elles diraient | que je dise<br>que tu dises<br>qu'il/elle/on dise<br>que nous disions<br>que vous disiez<br>qu'ils/elles disent |
| FAIRE | je fais<br>tu fais<br>il/elle/on fait<br>nous faisons<br>vous faites<br>ils/elles font | je faisais<br>tu faisais<br>il/elle/on faisait<br>nous faisions<br>vous faisiez<br>ils/elles faisaient | j'ai fait<br>tu as fait<br>il/elle/on a fait<br>nous avons fait<br>vous avez fait<br>ils/elles ont fait | je fis<br>tu fis<br>il/elle/on fit<br>nous fîmes<br>vous fîtes<br>ils/elles firent | je ferai<br>tu feras<br>il/elle/on fera<br>nous ferons<br>vous ferez<br>ils/elles feront | fais<br>faisons<br>faites | je ferais<br>tu ferais<br>il/elle/on ferait<br>nous ferions<br>vous feriez<br>ils/elles feraient | que je fasse<br>que tu fasses<br>qu'il/elle/on fasse<br>que nous fassions<br>que vous fassiez<br>qu'ils/elles fassent |
| PARTIR | je pars<br>tu pars<br>il/elle/on part<br>nous partons<br>vous partez<br>ils/elles partent | je partais<br>tu partais<br>il/elle/on partait<br>nous partions<br>vous partiez<br>ils/elles partaient | je suis parti(e)<br>tu es parti(e)<br>il/elle/on est parti(e)<br>nous sommes parti(e)s<br>vous êtes parti(e)s<br>ils/elles sont parti(e)s | je partis<br>tu partis<br>il/elle/on partit<br>nous partîmes<br>vous partîtes<br>ils/elles partirent | je partirai<br>tu partiras<br>il/elle/on partira<br>nous partirons<br>vous partirez<br>ils/elles partiront | pars<br>partons<br>partez | je partirais<br>tu partirais<br>il/elle/on partirait<br>nous partirions<br>vous partiriez<br>ils/elles partiraient | que je parte<br>que tu partes<br>qu'il/elle/on parte<br>que nous partions<br>que vous partiez<br>qu'ils/elles partent |

| Verbes du 3e groupe | Présent de l'indicatif | Imparfait de l'indicatif | Passé composé de l'indicatif | Passé simple de l'indicatif | Futur simple de l'indicatif | Présent de l'impératif | Présent du conditionnel | Présent du subjonctif |
|---|---|---|---|---|---|---|---|---|
| PRENDRE | je prends<br>tu prends<br>il/elle/on prend<br>nous prenons<br>vous prenez<br>ils/elles prennent | je prenais<br>tu prenais<br>il/elle/on prenait<br>nous prenions<br>vous preniez<br>ils/elles prenaient | j'ai pris<br>tu as pris<br>il/elle/on a pris<br>nous avons pris<br>vous avez pris<br>ils/elles ont pris | je pris<br>tu pris<br>il/elle/on prit<br>nous prîmes<br>vous prîtes<br>ils/elles prirent | je prendrai<br>tu prendras<br>il/elle/on prendra<br>nous prendrons<br>vous prendrez<br>ils/elles prendront | prends<br>prenons<br>prenez | je prendrais<br>tu prendrais<br>il/elle/on prendrait<br>nous prendrions<br>vous prendriez<br>ils/elles prendraient | que je prenne<br>que tu prennes<br>qu'il/elle/on prenne<br>que nous prenions<br>que vous preniez<br>qu'ils/elles prennent |
| VENIR | je viens<br>tu viens<br>il/elle/on vient<br>nous venons<br>vous venez<br>ils/elles viennent | je venais<br>tu venais<br>il/elle/on venait<br>nous venions<br>vous veniez<br>ils/elles venaient | je suis venu(e)<br>tu es venu(e)<br>il/elle/on est venu(e)<br>nous sommes venu(e)s<br>vous êtes venu(e)s<br>ils/elles sont venu(e)s | je vins<br>tu vins<br>il/elle/on vint<br>nous vînmes<br>vous vîntes<br>ils/elles vinrent | je viendrai<br>tu viendras<br>il/elle/on viendra<br>nous viendrons<br>vous viendrez<br>ils/elles viendront | viens<br>venons<br>venez | je viendrais<br>tu viendrais<br>il/elle/on viendrait<br>nous viendrions<br>vous viendriez<br>ils/elles viendraient | que je vienne<br>que tu viennes<br>qu'il/elle/on vienne<br>que nous venions<br>que vous veniez<br>qu'ils/elles viennent |
| VOIR | je vois<br>tu vois<br>il/elle/on voit<br>nous voyons<br>vous voyez<br>ils/elles voient | je voyais<br>tu voyais<br>il/elle/on voyait<br>nous voyions<br>vous voyiez<br>ils/elles voyaient | j'ai vu<br>tu as vu<br>il/elle/on a vu<br>nous avons vu<br>vous avez vu<br>ils/elles ont vu | je vis<br>tu vis<br>il/elle/on vit<br>nous vîmes<br>vous vîtes<br>ils/elles virent | je verrai<br>tu verras<br>il/elle/on verra<br>nous verrons<br>vous verrez<br>ils/elles verront | vois<br>voyons<br>voyez | je verrais<br>tu verrais<br>il/elle/on verrait<br>nous verrions<br>vous verriez<br>ils/elles verraient | que je voie<br>que tu voies<br>qu'il/elle/on voie<br>que nous voyions<br>que vous voyiez<br>qu'ils/elles voient |
| POUVOIR | je peux<br>tu peux<br>il/elle/on peut<br>nous pouvons<br>vous pouvez<br>ils/elles peuvent | je pouvais<br>tu pouvais<br>il/elle/on pouvait<br>nous pouvions<br>vous pouviez<br>ils/elles pouvaient | j'ai pu<br>tu as pu<br>il/elle/on a pu<br>nous avons pu<br>vous avez pu<br>ils/elles ont pu | je pus<br>tu pus<br>il/elle/on put<br>nous pûmes<br>vous pûtes<br>ils/elles purent | je pourrai<br>tu pourras<br>il/elle/on pourra<br>nous pourrons<br>vous pourrez<br>ils/elles pourront | On ne l'utilise pas. | je pourrais<br>tu pourrais<br>il/elle/on pourrait<br>nous pourrions<br>vous pourriez<br>ils/elles pourraient | que je puisse<br>que tu puisses<br>qu'il/elle/on puisse<br>que nous puissions<br>que vous puissiez<br>qu'ils/elles puissent |
| VOULOIR | je veux<br>tu veux<br>il/elle/on veut<br>nous voulons<br>vous voulez<br>ils/elles veulent | je voulais<br>tu voulais<br>il/elle/on voulait<br>nous voulions<br>vous vouliez<br>ils/elles voulaient | j'ai voulu<br>tu as voulu<br>il/elle/on a voulu<br>nous avons voulu<br>vous avez voulu<br>ils/elles ont voulu | je voulus<br>tu voulus<br>il/elle/on voulut<br>nous voulûmes<br>vous voulûtes<br>ils/elles voulurent | je voudrai<br>tu voudras<br>il/elle/on voudra<br>nous voudrons<br>vous voudrez<br>ils/elles voudront | On ne l'utilise pas. | je voudrais<br>tu voudrais<br>il/elle/on voudrait<br>nous voudrions<br>vous voudriez<br>ils/elles voudraient | que je veuille<br>que tu veuilles<br>qu'il/elle/on veuille<br>que nous voulions<br>que vous vouliez<br>qu'ils/elles veuillent |